história da revolução cubana

Aviva Chomsky

tradução de Guilherme Miranda

veneta

TÍTULO ORIGINAL *A History of the Cuban revolution*
AUTOR Aviva Chomsky

TRADUÇÃO Guilherme Miranda
REVISÃO TÉCNICA Luiz Bernardo Pericás
REVISÃO Ieda Lebensztayn e Cristiane Maruyama
CAPA E PROJETO GRÁFICO Gustavo Piqueira | Casa Rex

SERPENTE

DADOS INTERNACIONAIS DE CATALOGAÇÃO NA PUBLICAÇÃO – CIP

C548 Chomsky, Aviva
História da revolução cubana / Aviva Chomsky. Tradução de Guilherme Miranda. Apresentação de Rogério de Campos. – São Paulo: Veneta, 2015.
172 p.; il.

ISBN 978-85-63137-40-1

1. Movimento Político. 2. Revolução. 3. Socialismo. 4. Revolução Cubana. 5. História da Revolução Cubana de 1959. 6. Cuba. 7. História de Cuba. 8. Relações Internacionais. 9. História Econômica. 10. História Social. I. Título. II. Miranda, Guilherme, Tradutor. III. Campos, Rogério de.

CDU 32(729.1)
CDD 320.972

CATALOGAÇÃO ELABORADA POR RUTH SIMÃO PAULINO

EDITORA VENETA
Rua Araújo, 124 1º andar 01220-020 São Paulo SP
www.veneta.com.br | *contato@veneta.com.br*

Introdução

Antes mesmo que Fidel pudesse entrar vitorioso em Havana, a bandeira de seu grupo guerrilheiro já havia sido hasteada no Rio de Janeiro. Era já o final de 1958, mas a possibilidade da vitória da revolução em Cuba ainda parecia algo longínquo quando "o Comitê de Exilados Cubanos colocou a bandeira do Movimento 26 de Julho no alto do Pão de Açúcar e os principais jornais deram o fato na primeira página", conta o historiador João dos Santos Filho, da Universidade de Maringá. O Comitê não reunia mais que vinte pessoas, incluindo alguns simpatizantes brasileiros, mas, afinal, a revolução não começou com aqueles poucos guerrilheiros sobreviventes de Sierra Maestra? Então, apesar de pequeno, o Comitê, liderado pelo ex-líder estudantil cubano José Venegas Valdespino, soube fazer o seu trabalho de divulgação: também estendeu a bandeira do M-26-7 no Viaduto do Chá, em São Paulo, promoveu um ato de protesto na Cinelândia, publicou panfletos denunciando as atrocidades de Fulgencio Batista e fizeram chegar à Câmara de Deputados uma moção de repúdio ao governo do ditador cubano. Por fim, no dia 28 de dezembro, o

Comitê anunciou uma greve de fome até que o governo brasileiro rompesse as relações diplomáticas com Cuba. Tal greve não foi necessária. Como se sabe, na manhã do primeiro dia de janeiro de 1959, Batista encheu seu avião com os tesouros que pôde carregar e partiu de Havana para o exílio.

O Brasil vivia tempos de otimismo, e é de se imaginar que foi sorrindo muito que, dias depois, o presidente Juscelino Kubitschek recebeu o Comitê de Exilados Cubanos. Eles pediam que o Brasil reconhecesse o novo governo cubano e uma ajuda para voltar ao seu país. Juscelino não só emprestou um DCE 3, da Força Aérea, como garantiu que o grupo fizesse uma escala em Brasília para ver as obras da nova capital. Eles voltaram para Cuba no dia 18 de janeiro de 1959.

Pouco mais de cinquenta anos depois, cubanos, profissionais da área da saúde, chegavam ao Brasil para participar do programa Mais Médicos, uma tentativa de resolver o problema da carência de médicos no interior do Brasil e nas periferias das grandes cidades. Em diversos aeroportos, porém, o desembarque desses profissionais teve cenas vergonhosas de grupos direitistas brasileiros vaiando e ofendendo os cubanos: "escravos", "macacos" e, é claro, "volta para Cuba".

"Volta para Cuba" (e sua variação: "Vai para Cuba") tornou-se uma das frases favoritas da direita no grande debate que acontece nas ruas brasileiras. Mesmo anarquistas e trotskistas, que têm pouca ou nenhuma simpatia por Fidel, muitos dos quais jamais pisaram em Cuba, são intimados por direitistas a "voltarem" para Cuba. E cada publicação de algum comentário de intelectual de esquerda, a respeito de alguma ditadura sustentada pelos Estados Unidos, é religiosamente seguida de uma avalanche de cartas de leitores reclamando de Fidel não ter sido citado, acompanhadas quase sempre da intimação: "Vai para Cuba".

Por outro lado, a visita ao Brasil da polêmica blogueira anticastrista Yoani Sanchéz também foi acompanhada de diversos tumultos provocados por grupos de esquerda pró-Castro, bem destacados pela grande imprensa brasileira. E, durante décadas, qualquer crítica feita no campo da esquerda ao regime cubano também corria o risco de ser soterrada por acusações de "pró-imperialismo" e "americanismo".

Ao longo desses quase sessenta anos, Cuba foi o país, afora os Estados Unidos, que mais influência teve no debate político brasileiro.

Nos primeiros anos do regime de Fidel Castro, os governos brasileiros não compartilharam a hostilidade norte-americana contra a ilha. Até porque os revolucionários cubanos eram bem mais populares em toda a América Latina que o governo de Eisenhower, que, ao visitar o Brasil, em fevereiro de 1960, foi saudado pela União Nacional dos Estudantes com a faixa "*We like Fidel Castro*" (os universitários brasileiros não estavam sozinhos: uma pesquisa realizada pelo Instituto Gallup no início dos anos 1960 mostrou que, mesmo nos Estados Unidos, apenas 24% da população era a favor de uma intervenção armada em Cuba).

Em agosto do mesmo ano, Juscelino orientou o chanceler Horácio Lafer que, nos debates a respeito da questão cubana, mantivesse "extrema cautela" e que o Brasil deveria "conservar a mais completa independência e falar uma linguagem clara, amiga, franca e firme, tanto aos norte-americanos quanto aos cubanos".

Seja por temor da opinião pública interna, por algum senso de justiça, por desejo já antigo de conquistar certa independência em política externa ou por simples desejo de barganhar seu apoio em troca de maior apoio econômico por parte dos Estados Unidos, o fato é que o Brasil não só manteve certa neutralidade, como fez o Itamaraty ser protagonista de diversas tentativas de pacificar as relações entre os Estados Unidos e Cuba. O historiador Moniz Bandeira conta em seu livro *De Martí a Fidel – A Revolução Cubana e a América Latina* que foi muito por causa da resistência brasileira que os Estados Unidos não conseguiram o aval para que uma força militar pan-americana invadisse Cuba:

> A posição do Brasil dificultava enormemente a estratégia dos EUA, via OEA, para destruir o regime revolucionário em Cuba. E Kennedy demonstrou sua preocupação ao receber as credenciais de Roberto Campos, designado embaixador em Washington (...). E Roberto Campos, com toda a franqueza, respondeu a Kennedy não haver clima no Brasil para o apoio a qualquer ação coletiva contra Cuba, nem sob a forma de intervenção militar nem sequer moderadamente, sob forma de Reunião de Consulta, rompimento de relações ou bloqueio.

Fidel veio ao Brasil cinco meses depois da vitória da revolução. Foi recebido no aeroporto pelo presidente Juscelino e, como todos os visitantes ilustres que passavam pelo país na época, teve um almoço no Palácio das Laranjeiras e foi levado para Brasília, para ver as obras da nova capital. Jânio Quadros por sua vez chegou a visitar Cuba, em abril de 1960, em meio à sua campanha a presidente. E encontrou-se com Che Guevara, que, aparentemente, tinha a simpatia generalizada dos diplomatas brasileiros. O embaixador Vasco Leitão da Cunha (que depois seria o primeiro ministro das Relações Exteriores da Ditadura Militar) se disse impressionado "com sua correção": "um homem sério", "magnífico, homem de palavra". E outro diplomata brasileiro, José Maria Ruiz de Gamboa, chegou a lamentar que o "comandante Guevara, sendo argentino, infelizmente para nós não é o Chanceler de Cuba".

Naquele momento, eram vários os livros sobre Cuba nas livrarias brasileiras. O primeiro deles foi lançado ainda em 1959: *Sierra Maestra: a Revolução de Fidel Castro*, escrito pelo repórter Armando Gimenez. A ele se seguiram vários outros, como *Cuba, vanguarda e farol da América* (de Nery Machado) *e Vais bem, Fidel* (de Jurema Finamour), este último com prefácio de Leonel Brizola. Além disso, "diversos comitês de apoio a Cuba (com participantes tão distintos como trotskistas, comunistas, petebistas, pessebistas, acadêmicos, sindicalistas e estudantes) começaram a surgir no Brasil", diz Luiz Bernardo Pericás no prefácio para a edição cubana de seu livro *Che Guevara e o debate econômico em Cuba*. "Basta lembrar do Encontro Estadual dos Amigos de Cuba, em julho de 1961, na sede do sindicato dos metalúrgicos de São Paulo, cuja comissão organizadora incluía nomes como o jovem luxemburguista Michael Löwy, o historiador Caio Prado Júnior e o físico Mario Schenberg".

No caso da votação pela expulsão de Cuba da OEA, em 1962, o Brasil foi um dos seis países que se abstiveram. Parece pouco, mas foi uma demonstração de certa independência, no contexto de Guerra Fria, tanta era a pressão norte-americana.

Mais surpreendente ainda foi a condecoração de Che Guevara com a Grã-Cruz da Ordem do Cruzeiro do Sul por Jânio Quadros em 1961. Foi um evento cercado de grande polêmica na imprensa, no congresso e entre militares. Alguns comandantes ameaçaram devolver as próprias condecorações. E houve até um princípio de motim do Batalhão de Guarda. O governador do estado da Guanabara, Carlos Lacerda, aproveitou a oportunidade para entregar as chaves do estado para Manuel Antonio (Tony) Varona, líder da anticastrista Frente Democrática Cubana.

Já antes de 1964, houve uma aproximação de Cuba com as Ligas Camponesas, de Francisco Julião, que chegou a falar na criação de centros de treinamento de guerrilha no Brasil.

Após o golpe de 1964, uma das primeiras medidas dos generais foi romper as relações diplomáticas com Cuba. E apoiar a ordem norte-americana para que todos os países americanos rompessem não só as relações diplomáticas com Cuba, mas também suspendessem todo intercâmbio comercial, direto ou indireto, com a ilha.

Cuba tornou-se então um dos principais destinos para os exilados brasileiros. E foi a grande inspiração para a luta armada no Brasil. Já em 1966, no mesmo momento em que Che

Guevara partia à Bolívia, para sua última guerra, o Movimento Nacionalista Revolucionário iniciava sua desastrosa tentativa de recriar a Sierra Maestra na Serra de Caparaó, na divisa de Minas com Espírito do Santo. O MNR não só se inspirava na revolução cubana, como também tinha algum tipo de apoio financeiro de Cuba. Apesar do fracasso em Caparaó (os guerrilheiros foram presos antes mesmo de disparar o primeiro tiro), diversos outros grupos vieram na sequência. Para irritação até de Moscou, Cuba tornou-se, pelo menos na propaganda, um centro de treinamento de guerrilheiros terceiro mundistas. O objetivo: criar uma, duas, três Cubas. É em Cuba, em uma entrevista para a rádio Havana, que Carlos Marighella anuncia seu rompimento com o PCB, que era contra a luta armada.

A historiadora Denise Rollenberg conta em seu livro *O apoio de Cuba à luta armada no Brasil: o treinamento guerrilheiro* (editora Mauad, 2001) o quanto a Ditadura brasileira acreditou na propaganda cubana:

> Nos anos 1960 e 1970, uma mística envolvia a experiência do treinamento guerrilheiro em Cuba. E essa mística não envolveu unicamente a esquerda que buscava se preparar para enfrentar o sistema capitalista e o regime civil-militar instaurado em 1964. A documentação dos arquivos da repressão – trabalho de pesquisa, objetivos, preocupações, termos usados, e, sobretudo, o tratamento dado a quem havia passado pelo treinamento – mostra a importância que lhe era atribuída. Em novembro de 1972, por exemplo, o Centro de Informações do Exército organizou e fez circular pelos diversos órgãos de informação um dossiê detalhado de 107 páginas, com dados e fotos sobre todos os 216 militantes treinados ou suspeitos de treinados em Cuba.

Foi Cuba e não a URSS o grande inimigo externo da Guerra Fria particular dos generais brasileiros. O apoio cubano à esquerda brasileira tomou proporções surreais na imaginação e na propaganda da direita brasileira. A passagem (ou suposta passagem) por Cuba bastava como sentença de morte para militantes pegos pela repressão. "Dizia-se 'a ilha' ou 'ponto 1' e todos nós sabíamos que era Cuba, nome tão impronunciável como nossos nomes", conta o jornalista, e ex-preso político, Flávio Tavares.

A morte de Che Guevara, Marighella e o alinhamento completo de Fidel com a URSS marcaram o final do apoio cubano à expansão do movimento guerrilheiro pela América do Sul. A inspiração da minguante luta armada que entrou pelos anos 1970 no Brasil não era mais Cuba e sim o modelo maoísta, importado da China. Mesmo assim, e mesmo com o aniquilamento dessas últimas tentativas de luta armada no início dos anos 1970, Cuba continuou sendo "o inimigo" da ditadura militar brasileira. Se ir a Cuba não mais significava necessariamente a morte, continuava muito perigoso. No entanto, houve gente que continuou indo, agora não mais para treinar guerrilha, mas porque Cuba continuava como uma referência de resistência política e, talvez mais, de resistência cultural.

Em 1976, o jornalista Fernando Morais publica o livro-reportagem *A Ilha*, que descreve o que viu em Cuba. O livro se transforma em um grande sucesso de vendas.

Em 1978, Chico Buarque, Marieta Severo e o escritor Antônio Calado são detidos pela polícia brasileira ao desembarcarem no aeroporto do Galeão, no Rio de Janeiro. Vinham de Cuba, onde tinham sido jurados do prêmio Casa de las Américas. Chico Buarque e Marieta Severo viajaram para lá já sabendo que teriam problemas na volta: "Devo confessar que aceitar o convite significava a atração do desafio, da transgressão, de ir ao lugar proibido. Viajar clandestino era meio difícil, no meu caso. Fui, então, às claras: no começo de 1978 viajei para Lisboa, fiz um programa de televisão e em seguida embarquei para Cuba" (entrevista para Humberto Werneck, Fernando Morais e Eric Nepomuceno). Apesar disso, a viagem deles marca certo relaxamento nas relações entre os dois países. Chico Buarque reforça a ponte: divulga a música cubana, grava "Yolanda", de Pablo Milanés, e compõe "Tanto amar", uma canção sobre Havana.

Em junho de 1986, após o final da ditadura, o Brasil reatou as relações diplomáticas com Cuba. Um pouco antes disso, em 1985, o teólogo brasileiro Frei Betto lançou o livro *Fidel e a religião*, baseado em uma longa entrevista com o líder cubano. Betto foi um dos principais articuladores da reaproximação entre o governo cubano e o Vaticano.

No entanto, quando em 1989 foi revelado que dom Paulo Evaristo Arns, então cardeal-arcebispo de São Paulo, havia escrito uma carta amistosa a Fidel ("a fé cristã descobre, nas conquistas da revolução, os sinais do Reino de Deus"), o escândalo foi grande na imprensa brasileira. O próprio Roberto Marinho escreveu um furioso editorial no jornal *O Globo* denunciando o que via como "Adesão ao ateísmo" por parte do cardeal: "É simplesmente inacreditável (...), torna-se particularmente merecedora de repúdio pela opinião católica do Brasil".

De lá para cá, e apesar de tudo, as relações entre Cuba e Brasil se desenvolveram aceleradamente, movidas não pela ideologia, mas pelo pragmatismo comercial. Já no governo de Fernando Henrique Cardoso, por exemplo, o BNDES fez um investimento de 25 milhões de dólares na exportação de ônibus para Cuba. Mesmo com as ótimas relações com a Venezuela de Hugo Chávez, Cuba não queria voltar à relação de dependência que havia tido com a URSS. Por isso, em 2008, em sua primeira viagem internacional como presidente de Cuba, Raul Castro foi à Venezuela e de lá veio para o Brasil.

O envolvimento aumentou com o governo de Lula, quando o Brasil voltou a exercer o papel de intermediário nas tentativas de pacificar as relações entre os Estados Unidos e Cuba. Lula criticou o embargo econômico norte-americano dizendo que ele só era mantido por "insensibilidade, insensatez ou quem sabe interesses políticos eleitorais, porque não existe outra explicação, a não ser o ressentimento de um país grande que perdeu para um país pequeno".

Lula foi além e falou de seu desejo de que Cuba se transformasse no "parceiro número 1" do Brasil. Isso ainda não chegou a acontecer: no momento em que escrevo este texto, o Brasil aparece em terceiro lugar entre os parceiros de Cuba, atrás da Venezuela e da China. Mesmo assim, as exportações para a ilha quadruplicaram na última década, atingindo 450 milhões de dólares (segundo José Antonio Lima, em artigo publicado em janeiro de 2014 na revista *Carta Capital*).

Os investimentos culminaram na parceria na construção do porto de Mariel, uma obra de quase um bilhão de dólares que cria um dos maiores portos do Caribe. O investimento, por envolver Cuba, gerou grande polêmica no Brasil, ainda mais porque a notícia veio em período eleitoral. Mas, como sinal dos novos tempos, o próprio jornal *O Globo* fez, no dia 2 março de 2014, um editorial favorável ao investimento: "A reconstrução do porto se tornou boa oportunidade de negócios para empresas brasileiras (...), tem uma posição privilegiada, que, no futuro será de grande importância (...). Mariel é um caminho para que empresas brasileiras se instalem nessa zona econômica especial". E analistas econômicos insuspeitos de simpatias socialistas avaliam como uma aposta acertada a que o Brasil fez ao se posicionar como grande parceiro de Cuba, ainda mais agora que o bloqueio norte-americano contra a ilha aparenta ter os dias contados.

Enfim, os tempos são outros. Diversos livros brasileiros se aprofundam na questão cubana e sua relação com o Brasil. Vários deles, inclusive alguns com passagens bem críticas ao regime cubano, como a biografia de Marighella por Mário Magalhães, são publicados e premiados em Cuba.

E nas livrarias brasileiras, clássicos como *O pensamento de Che Guevara*, de Michael Löwy, *A Revolução Cubana: uma reinterpretação*, de Vânia Bambirra, *Da Guerrilha ao socialismo: a revolução cubana*, de Florestan Fernandes, dividem espaço com livros dos próprios Che e Fidel, e até guias de turismo em Cuba, coisa que há quarenta anos soaria como piada do Pasquim. Em 2013, foram criados voos diretos de São Paulo para Havana, que levam todo ano milhares de turistas brasileiros, que vão dançar salsa, comprar charutos e aproveitar as praias caribenhas. Se forem hoje, ainda não encontrarão lá os cafés da rede Starbucks, mas também já não encontrarão campos de treinamento de guerrilha para visitar.

No entanto, no ruidoso debate político brasileiro, ainda se ouve: "Volta pra Cuba". Talvez por uma sincera solidariedade pelos presos políticos cubanos, uma curiosa solidariedade seletiva que jamais se manifesta quando se fala em Arábia Saudita ou China, por exemplo. Ou talvez porque a Revolução Cubana, apesar da burocratização, do autoritarismo dos dirigentes e de tantas histórias tristes de repressão, ainda toque em um ponto sensível, ainda continue a incomodar o mundo com a ideia de se construir uma sociedade mais justa e igualitária. A ideia de que uma nação deve se dedicar, antes de tudo, aos interesses das pessoas que moram nela, e não aos interesses do sistema financeiro internacional. Principalmente para nós, latino-americanos, há muito o que aprender com os erros e acertos da Revolução Cubana.

"Uma das melhores coisas sobre estudar o passado, um país ou uma cultura diferente é que isso pode nos permitir ver nossa própria realidade de outro ponto de vista", conclui Aviva Chomsky. "Temos o hábito de tomar nosso contexto histórico como único. Até ficarmos cara a cara com outras possibilidades, é difícil para nós sequer conceber a existência delas. Para sermos capazes de imaginar um mundo melhor para todos nós, não consigo pensar em nada melhor do que começar a estudar a Revolução Cubana."

Sim, teremos de voltar a Cuba.

Rogério de Campos

1. Cuba em 1959

A Revolução Cubana começou em 1° de janeiro de 1959, quando o ditador Fulgêncio Batista fugiu da ilha, deixando que um novo governo revolucionário tomasse o poder? Ou começou em 26 de julho de 1953, quando as forças de guerrilha de Fidel Castro atacaram o quartel de Moncada em sua primeira ação de grande impacto? Ou nos vários levantes de 1884, 1868, 1895, 1912 ou 1933, revoluções abortadas ou inacabadas que não atingiram seus objetivos mas contribuíram para a identidade revolucionária da ilha?

História colonial

Alguns historiadores cubanos defendem que a Revolução começou em 1511 quando o cacique taíno Hatuey (que fugira da ilha vizinha Hispaniola, perseguido pelos espanhóis) pegou em armas contra os colonizadores. A estátua de Hatuey em Baracoa (Figura 1.1) o proclama como "o primeiro rebelde da América".[1] Os revolucionários cubanos, assim como a historiografia cubana, dão muita importância a essa longa tradição de luta anticolonial na ilha, a qual culminou nos acontecimentos de 1959.

As estimativas sobre a população indígena de Cuba antes de 1492 variam de 100 mil a 500 mil pessoas. Em poucas gerações, uma combinação de conquistas militares, escravidão e, acima de tudo, doenças introduzidas pelos espanhóis praticamente extinguiu os nativos como povo distinto. Entretanto, do ponto de vista biológico e cultural, foram os sobreviventes indígenas que moldaram a sociedade surgida das ruínas. Os espanhóis adotaram palavras em taíno para lugares, produtos e fenômenos que eram novos para eles. (Algumas dessas palavras, como *hurricane, barbecue e canoe* também migraram para o inglês.*) Por opção ou à força, mulheres indígenas se casaram e tiveram filhos com homens espanhóis. Comidas e costumes indígenas deram forma à cultura de dominação espanhola que surgiu na ilha.[2]

Durante boa parte do período colonial, os espanhóis centraram suas atenções nos impérios continentais estabelecidos no México e no Peru. O Caribe era importante dos pontos de vista estratégico e geopolítico, porque as frotas espanholas que carregavam ouro e prata das minas continentais tinham de passar por lá, e os piratas franceses, holandeses e britânicos queriam seu quinhão da pilhagem. Estes últimos também tiveram sucesso ao controlar ilhas menores, mas os espanhóis conseguiram ficar com Cuba, Porto Rico e metade da Hispaniola. (Os franceses ficaram com a metade ao leste e a chamaram de Saint Domingue, ao passo que os espanhóis batizaram a sua metade de Santo Domingo.) Apesar de Cuba ser a maior ilha do Caribe, sua população era pequena: em 1700, apenas 50 mil pessoas viviam na ilha.[2]

Os britânicos, franceses, holandeses e dinamarqueses, sem as fontes de riqueza que os espanhóis haviam encontrado no continente, começaram a estabelecer plantações de cana-de-açúcar em suas ilhas. Os portugueses fizeram o mesmo no Brasil.

** Nota da edição brasileira: em português, hurakan originou "furacão", e kanoa virou "canoa".*

Juntos, eles importaram milhares de escravos entre meados do século XVII e o início do XIX. Brasil, Saint Domingue, Jamaica e Barbados se tornaram grandes exportadores de açúcar. As ilhas espanholas, porém, eram colônias atrasadas e esquecidas até a segunda metade do século XVIII, com populações menores e produções de subsistência mais diversificadas.

O grande afluxo de africanos escravizados para Cuba e a economia de exportação de açúcar começaram por volta do fim do século XVIII, quando os espanhóis buscaram aumentar a eficiência econômica do império através de uma série de medidas conhecidas como as Reformas Bourbon. Nesse meio tempo, a Revolução Francesa e a Guerra de Independência norte-americana, seguidas pela Revolução Haitiana, alteraram drasticamente a economia global. O maior produtor de açúcar do mundo, St. Domingue (que restaurou seu nome taíno, Haiti, após a rebelião de escravos que o libertou da França) afastou-se completamente dos mercados globais, e logo as colônias continentais da Espanha seguiram os Estados Unidos e o Haiti na luta e, mais tarde, na conquista da independência. No século XIX, a Espanha voltou suas atenções a seu muito reduzido império caribenho, tendo Cuba no papel central.

Mais de um milhão de africanos foram levados à ilha em menos de um século. Africanos escravizados continuaram a ser levados para Cuba em grandes quantidades até o fim de 1866, e a própria escravidão só veio a ser abolida em 1886. Entre 1790 e 1867, chegaram 780 mil.[4] Uma proporção significativa da população atual de Cuba descende pelo menos parcialmente desses africanos: as estimativas variam bastante, de 30% a 60%.

Outros povos também foram para Cuba. Com o aumento da pressão britânica para acabar com o comércio de escravos, os fazendeiros cubanos recorreram à China e, em meados do século XIX, cerca de 100 mil chineses foram levados para trabalhar em condições não muito diferentes da escravidão. Um grande número de espanhóis continuou a chegar antes e depois de Cuba conquistar sua independência em 1898. Investidores norte-americanos, incluindo fazendeiros individuais e empresas famosas, como a Hershey's e a United Fruit Company, começaram a dominar a produção açucareira no fim do século XIX. Nos primeiros anos do século XX, os Estados Unidos promoveram um grande afluxo de migrantes do Haiti – então ocupado pelos norte-americanos – para o trabalho nas plantações. Trabalhadores rurais do setor açucareiro também migraram da Jamaica. Da Europa, vieram judeus fugindo dos nazistas, além de republicanos espanhóis refugiando-se da Guerra Civil Espanhola (1936-1939) e da subsequente ditadura de Franco.

Em um influente trabalho dos anos 1940, o antropólogo cubano Fernando Ortiz afirmou que a população cubana se caracterizou pelo fenômeno da *transculturação*. Cada grupo de migrantes, explica ele, "era arrancado de suas raízes nativas, e defrontado com os problemas de desajuste e reajuste, de desculturação e aculturação". A história de Cuba, "mais do que a de qualquer outro país da América, é um processo intenso, complexo e contínuo de transculturação de grupos humanos, todos em estado de transição".

À primeira vista, pode parecer que os Estados Unidos tenham o mesmo caráter multirracial e transcultural de Cuba, e, em muitos aspectos, isso é verdade. Todavia, as diferenças históricas são muitas. Os africanos, por exemplo, formavam uma proporção muito maior da população cubana e continuaram a chegar em grandes números durante a maior parte do século XIX. Essa presença fez com que as línguas, religiões e culturas africanas se mantivessem muito mais vivas na Cuba do século XIX do que nos Estados Unidos do mesmo período.

Nos Estados Unidos, o movimento pela independência foi liderado por brancos – muitos deles proprietários de escravos – e a nação fundada em 1776 se comprometeu a manter o sistema escravocrata. Apenas cem anos depois foi concedida a cidadania aos negros. Mesmo nessa época, porém, o poder branco do país estava envolvido com uma política de expansão territorial e exclusão racial.

Em Cuba, o sistema colonial durou cerca de um século a mais, e a escravidão era considerada parte do regime, sendo firmemente rejeitada por muitos líderes do movimento pela independência. "Ser cubano vem antes de ser branco, antes de ser negro, antes de ser mulato", declarou um dos líderes da luta pela independência, José Martí, que era branco, numa frase que ficou célebre. A independência criaria um país "com todos e para o bem de todos".[6]

A Guerra de Independência Cubana começou em 1868, quando o proprietário rural Carlos Manuel de Céspedes publicou o "Grito de Yara", libertou seus escravos e os convocou para lutarem juntos pela independência do país. Logo em seguida, ele recebeu o apoio de Antonio Maceo, o "Titã de Bronze", filho de um fazendeiro venezuelano com uma mulher afro-cubana livre, Mariana Grajales. Juntos com José Martí, esses três formaram o panteão dos líderes da independência cubana, mostrando para as futuras gerações a diversidade representada pelo movimento. O prefeito de Havana nomeou oficialmente Grajales como a "mãe de Cuba" em 1957. Cada um desses heróis da independência tem hoje um aeroporto com seu nome: o de Havana, o principal aeroporto internacional, é chamado José Martí (assim como a Biblioteca Nacional e outras instituições importantes); enquanto os de Santiago, Guantánamo e Bayamo homenageiam, respectivamente, Maceo, Grajales e Céspedes.

Na Cuba dessa época, a independência e a identidade nacionais eram associadas a ideias de igualdade e unidade raciais, algo muito diferente do que acontecia nos Estados Unidos. Obviamente, isso não significa que não houvesse, ou não haja, racismo contra negros em Cuba. Nenhuma sociedade com uma história fundada em séculos de exploração racial é capaz de se libertar, da noite para o dia, de estruturas e ideias criadas dentro desse tipo de sistema. Mesmo com o movimento pela independência, alguns, como Céspedes, defendiam uma abolição gradual que pudesse atender aos interesses da oligarquia açucareira. Ainda assim, a relação entre o racismo contra os negros e o nacionalismo, e a relação dos negros com o movimento pela independência e sua ideologia eram muito diferentes em Cuba e nos Estados Unidos. Após 1902, as ideias nacionalistas sobre a relação entre dominação colonial externa e desigualdade racial apenas ganharam força.

A experiência e o significado da independência em Cuba também foram moldados pelo papel dos Estados Unidos no processo. Cuba lutou por sua independência e a conquistou num continente cada vez mais dominado por seu vizinho do norte. Martí ecoou o sentimento de Simón Bolívar, líder dos movimentos pela independência da América Latina 75 anos antes, que fez a famosa declaração: "os Estados Unidos (...) parecem destinados pela Providência a disseminar a miséria na América em nome da liberdade".[7] Em 1823, a Doutrina Monroe anunciou as intenções dos EUA de policiar o hemisfério (para seu próprio bem, é claro). Os Estados Unidos foram estendendo seu controle para o Oeste, desafiando o México, recém-independente, numa ação que culminou na guerra que anexou quase metade do território mexicano aos Estados Unidos em 1848. Em 1891, Martí escreveu seu famoso ensaio "Nossa América", no qual advertia contra a ameaça norte-americana. Ele usou a frase "Nossa América" em referência à América Latina, que diferenciava da outra América – os Estados Unidos.

> Nossa América está correndo outro risco que não vem de dentro, mas surge da diferença em origens, métodos e interesses entre as duas metades do continente (...). O desprezo do nosso terrível vizinho, que nos desconhece, é o maior perigo para nossa América (...). Por sua ignorância, ele pode nos cobiçar (...).

Para desafiar a ameaça da dominação norte-americana, afirmou Martí, a América Latina deveria aceitar suas origens não europeias – as mesmas que os Estados Unidos rejeitaram. A América Latina deveria "se unir aos oprimidos para assegurar um novo sistema contra as ambições e o modo de governar dos opressores", e, em particular, rejeitar o "desdém perverso e imprudente contra a raça aborígene" que caracterizou os Estados Unidos, os quais "derramaram o sangue de seus índios".[8]

No entanto, as atitudes cubanas em relação aos Estados Unidos eram definitivamente ambíguas. Um número significativo de cubanos, especialmente brancos, via os Estados Unidos como um defensor da liberdade e do progresso, e acreditava que a melhor esperança para o futuro de Cuba era fazer parte da nação ao norte. Embora os historiadores de Cuba tendam a menosprezar ou demonizar os anexionistas (assim como os historiadores norte-americanos reduziram a importância de muitos norte-americanos que apoiavam os britânicos em detrimento do movimento pela independência no fim do século XVIII), eles constituíram uma voz importante tanto antes como depois da independência. O estudioso checo Josef Opatrný afirmou que, em meados do século XIX, o sentimento anexionista foi, na verdade, um primeiro passo em direção a uma mobilização pela independência, por ter plantado no imaginário popular as sementes de uma Cuba separada da Espanha.[9] A própria bandeira tricolor cubana foi criada em 1848 nos Estados Unidos pelo imigrante venezuelano Narciso López, que se inspirou na estrela solitária da bandeira do Texas e liderou diversas incursões de anexionistas em Cuba.[10] Os Estados Unidos também eram o lar de muitos imigrantes cubanos, como o próprio Martí, que foram alguns dos maiores fomentadores da ideia de independência.[11]

O resultado das guerras pela independência de Cuba, entre 1868 e 1898, consolidou o que o presidente norte-americano McKinley chamou de "laços de singular intimidade" entre Cuba e Estados Unidos.[12] Recusando-se a reconhecer o movimento pela independência de Cuba, os Estados Unidos invadiram a ilha em 1898 e instalaram uma ocupação militar por quatro anos. Quando as forças norte-americanas se retiraram em 1902, deixaram no lugar a Emenda Platt, que praticamente transformava a ilha num protetorado dos Estados Unidos. A emenda, redigida pelo secretário de guerra norte-americano e incluída na nova Constituição cubana como uma condição para a retirada das tropas norte-americanas, dava aos Estados Unidos o controle sobre as políticas externas e econômicas de Cuba, o direito de fazer intervenções militares para proteger propriedades norte-americanas no país, e o direito de ampliar a extração de carvão e instalar bases navais na ilha. Sob essa última cláusula, os Estados Unidos firmaram sua base na Baía de Guantánamo, a qual mantêm até hoje apesar dos protestos de Cuba.

A influência política, militar e econômica dos Estados Unidos dominou a ilha até 1959 e foi responsável pela distorção econômica, corrupção política e repressão que caracterizaram esse período de sessenta anos. Com a exceção de Porto Rico, nenhum outro país latino-americano desfrutou – ou sofreu – de uma relação tão longa e intensa com os Estados Unidos. Essa relação moldou a cultura, a economia e a política de Cuba, bem como o senso de identidade nacional dos cubanos. Os cubanos se referem ao período pós-1902 como "neocolonial" ou como "pseudorrepública", para indicar a situação precária da independência do país.

A colônia na república

"A colônia vive na república", José Martí escreveu em 1891. Nessa época, Cuba ainda era uma colônia, mas ele se referia à adesão cultural e intelectual de outros países da América Latina às ideias da Europa, incluindo ideias sobre a superioridade racial europeia. Martí, morto em 1895, pouco depois de retornar a Cuba para lutar na guerra de independência, não chegou a ver a ilha se tornar uma república. Mas ele certamente concordaria com algumas das críticas e protestos contra a nova ordem social que surgiu durante as primeiras décadas do século XX.

A abolição da escravatura em 1886, a participação afro-cubana no movimento e nas tropas pela independência, e a própria experiência das guerras abriram algumas portas para desafiar a desigualdade racial e o racismo dos brancos. Os acontecimentos pós-independência, porém, foram decisivos na restauração da supremacia branca. A ocupação militar norte-americana não perdeu tempo para desmobilizar o exército independente tão multirracial, acrescentando o racismo à moda americana à complexa mistura que já havia em Cuba. Fazendeiros de origem cubana e norte-americana buscaram restabelecer o controle sobre sua força de trabalho após a abolição e a mobilização dos negros.

Alguns negros adotaram as ideias de outro importante militante da independência, Juan Gualberto Gómez, o qual, após a independência, afirmou que, por meio da educação e do autodesenvolvimento, os negros seriam capazes de superar a desigualdade racial individualmente. Outros acreditavam que os negros deveriam organizar-se para promover mudanças sociais e formaram o Partido Independente da Cor (PIC) a fim de defender os interesses africanos. O massacre de cerca de 3 mil negros numa onda de violência militar e paramilitar em 1912, a qual tinha como alvo o PIC, pôs fim a esse movimento e barrou a organização política dos negros durante muitos anos.[13]

Ainda assim, de acordo com o historiador cubano-americano Alejandro de La Fuente, apesar do profundo preconceito racial e das desigualdades instaladas na sociedade cubana pela escravidão, a ideologia independentista que defendia a unidade racial levou, entre outras coisas, à implantação do sufrágio universal (masculino) após a independência. O sufrágio universal significava que políticos brancos precisavam levar em conta o eleitorado negro e seus interesses, e que os principais partidos políticos deviam estar abertos a candidatos negros. O compromisso oficial com a postura antirracista de Martí significava que certas formas de racismo institucionalizado não poderiam ser implantadas em Cuba como eram nos Estados Unidos. De certa forma, a situação na Cuba pré-revolucionária era semelhante à dos Estados Unidos hoje: a discriminação racial era ilegal e oficialmente repudiada, inclusive nas urnas; no entanto, a desigualdade racial era extensa e o racismo ainda permeava o comportamento e as instituições.[14]

A chegada de imigrantes haitianos e jamaicanos às fazendas de norte-americanos no leste de Cuba acrescentou outro ingrediente ao complexo panorama racial da nação. Apesar de seu suposto compromisso com o antirracismo, alguns intelectuais cubanos brancos defendiam que o afluxo de negros ameaçava o equilíbrio racial de Cuba. Eles até tentaram convencer os afro-cubanos de uma postura nacionalista, anti-imperialista e anti-imigratória que se baseava no racismo e em estereótipos contrários aos negros. Eles afirmavam que os negros cubanos não eram *realmente* negros, por causa de sua nacionalidade cubana, mas que a vinda de negros estrangeiros destruiria a harmonia racial cubana. Além disso, eles faziam um paralelo com os tempos da colônia, lembrando a velha associação entre a situação colonial e a escravidão. Mais uma vez, os estrangeiros brancos estavam trazendo negros ao país para o trabalho nas plantações. As ideias e realidades raciais em Cuba apresentavam um cenário complexo em que tudo indicava que a herança colonial ainda estava muito viva.[15]

O espírito colonial também vivia sob a economia de exportação e sob as distorções econômicas vinculadas a ela. O capital e os produtos estrangeiros chegaram em grande quantidade ao país após a independência, mas não criaram uma onda positiva que melhorasse a vida de todos. Em vez disso, a expansão açucareira expulsou pequenos fazendeiros e ofereceu salários precários. A população rural migrou para as cidades em busca de trabalhos e de uma vida melhor. Mas a infraestrutura urbana servia aos interesses dos ricos e da pequena classe média, e ignorava os bairros pobres que não paravam de crescer. Com poucas possibilidades no setor manufatureiro, o emprego informal era o único caminho livre para muitos imigrantes pobres. A independência da

Espanha não havia trazido consigo a independência e a prosperidade econômica que muitos esperavam. O historiador Louis A. Pérez ecoou a profecia de Martí em sua análise dos resultados da independência. "Muitas contradições da sociedade colonial continuaram não resolvidas", escreveu ele em 1995.

> Os Estados Unidos haviam (...) resgatado e revivido a ordem colonial moribunda (...). Em todas as suas características essenciais e em suas principais funções, a república deu uma nova forma política à infraestrutura socioeconômica da antiga colônia.[16]

A política cubana continuou refém dos Estados Unidos, enquanto as empresas e os investidores norte-americanos assumiam o controle de setores importantes da economia da ilha. Em 1905, 60% dos terrenos rurais de Cuba eram propriedade de empresas ou cidadãos norte-americanos. Investidores dos EUA também controlavam 90% do comércio de tabaco de Cuba, bem como as minas de ferro, cobre e níquel do país, além das ferrovias, e dos sistemas de eletricidade e de telefonia.[17] O historiador econômico norte-americano Leland Jenks analisou o controle econômico dos EUA sobre Cuba num livro com o provocativo título *Our Cuban Colony* [Nossa colônia cubana] em 1928. Scott Nearing e Joseph Freeman usaram Cuba como principal exemplo em seu *Dollar Diplomacy: A Study in American Imperialism* [Diplomacia do dólar: Um estudo sobre o imperialismo norte-americano].[18]

Nos Estados Unidos, a visão crítica oferecida por Jenks, Nearing e Freeman foi suplantada no meio do século por uma narrativa mais triunfal que definia a política estrangeira norte-americana como benevolente e altruísta. Samuel Flagg Bemis escreveu sua famosa avaliação da política externa norte-americana, em 1943, na qual dizia que, embora "os Estados Unidos fossem uma potência imperialista desde 1898", seu

> imperialismo relativamente moderado foi perdendo a intensidade após 1921 e está completamente liquidado agora. (...) o imperialismo dos Estados Unidos (...) nunca teve raízes profundas no caráter de seu povo, pois não passava de um imperialismo protetor (...) contra a intervenção das potências imperialistas do Velho Mundo. Era, em outras palavras, um imperialismo contra o imperialismo. Não durou muito e não causou muitos males.[19]

O livro *The Tragedy of American Diplomacy* (1959), de William Appleman William, deu início ao que ficou conhecido como a escola revisionista da história diplomática norte-americana, a qual repudiou a interpretação idealizada de Bemis e outras pessoas e voltou a defender que as políticas norte-americanas eram guiadas por motivos imperialistas e econômicos. Historiadores como Philip Foner e Louis A. Pérez desenvolveram essa perspectiva em relação a Cuba. Com a intervenção dos EUA em 1898, afirmou Pérez: "uma guerra cubana de libertação se transformou numa guerra norte-americana de conquista".[20] Em várias obras com foco no período pré-1959, Pérez explorou o impacto do controle político e econômico norte-americano.

Os historiadores cubanos também desenvolveram uma crítica às políticas colonialistas norte-americanas dos anos 1920. Como indica David Healy, a historiografia cubana seguiu uma trajetória mais consistente, baseando-se em trabalhos prévios a fim de criar uma análise da história cubana como uma longa luta pela independência que começou em 1898 e continuou até 1959. A intervenção norte-americana em 1898 destruiu a possibilidade de independência pela qual os cubanos vinham lutando desde 1868, e o controle econômico norte-americano, somado às várias intervenções militares na primeira metade do século XX, manteve Cuba numa situação colonial até a revolução.[21]

A primeira metade do século XX também foi caracterizada por turbulências políticas e econômicas. Quando o preço e a demanda por açúcar estavam fortes, a economia prosperava. Quando os preços e a demanda caíam, como ocorreu em 1921, os resultados eram devastadores. O crash de 1921 causou um colapso dos bancos e uma prévia da Grande Depressão. Os preços dispararam e o desemprego subiu muito. A população reagiu com greves, manifestações e protestos.[22]

Mesmo nos tempos de expansão da economia, os frutos do crescimento econômico não eram divididos igualmente. Para muitos trabalhadores urbanos e rurais de Cuba que haviam apoiado ou lutado pela causa da independência, explica Pérez, "o sonho da *pátria* logo se transformou em pesadelo". "O proletariado cubano descobriu que, para eles, a transição da colônia para a república significava uma descida rumo à destituição."[23] Os altos e baixos eram aqueles inerentes a uma economia dependente de um único produto.

As dominações estrangeiras e a pobreza generalizada contribuíram para outra característica essencial da Cuba pré-revolucionária: a corrupção. Com poucas alternativas econômicas, os cubanos recorriam ao setor público para enriquecer ou sobreviver. "Em 1925, a corrupção era parte integral do cotidiano econômico e político da Cuba republicana", escrevem Sergio Díaz-Briquets e Jorge Pérez-López.

> Funcionários públicos de baixo escalão, normalmente nomeados por apadrinhamento político, dependiam de pequenas corrupções para suplementar salários esdrúxulos ou acumular economias, dada sua falta de estabilidade profissional num serviço público altamente politizado. E, assim como as pequenas corrupções eram generalizadas, assim também eram as grandes corrupções. Para sobreviver e prosperar, as empresas precisavam "tomar conta" dos funcionários públicos.

Os mais ambiciosos e empreendedores voltavam-se, ironicamente, para a corrupção política.[24]

Nos anos 1920, "o espetáculo da política republicana foi representado diante de um público nacional incrédulo. Parecia não haver limites para os abusos políticos, nem fim para as revelações de subornos espetaculares e relatos de corrupção institucionalizada em todos os setores" do governo.[25]

O ressentimento contra o status quo e, especialmente, contra a subordinação cubana aos Estados Unidos nos anos 1920 resultou em diversos movimentos artísticos e intelectuais que desafiavam o eurocentrismo e a dominação norte-americana com um nacionalismo cubano revitalizado. Os intelectuais cubanos estavam finalmente seguindo o conselho de José Martí e se concentrando não apenas no próprio Martí, mas também numa série de autores da "Nossa América", rechaçando a ideia de superioridade norte-americana e europeia. Eles também liam autores críticos dos EUA e da Europa, desde Marx, Engels, Trotsky e Stalin aos norte-americanos Scott Nearing, Joseph Freeman e Leland H. Jenks, que denunciavam o imperialismo norte-americano em Cuba.

As correntes intelectuais dos anos 1920 incorporaram uma nova valorização das heranças africanas, incluindo especialmente o gênero musical *son*, de influência africana. "No contexto da enorme quantidade de propagandas, filmes, literaturas, eventos esportivos e músicas dos Estados Unidos que inundavam Cuba durante esses anos, o *son* representou um importante símbolo de identidade nacional", observa o etnomusicólogo Robin Moore.[26] Nesse aspecto, os cubanos representaram um papel particular dentro do fenômeno mundial da *négritude*. A *négritude* aproximou negros no mundo francófono, desde o Haiti independente até as colônias francesas do Caribe e da África Ocidental, reafirmando o valor e a promoção das experiências e culturas negras.

Os intelectuais cubanos negros também deram atenção ao Renascimento do Harlem dos anos 1920 e ao florescimento da vida intelectual e cultural representado por esse movimento. Escritores afro-cubanos, como o poeta Nicolás Guillén e o colunista Gustavo Urrutia, criaram fortes relações com colegas norte-americanos como o poeta Langston Hughes e o afro-porto-riquenho Arthur Schomburg, curador de suas próprias coleções de temática africana na Biblioteca Pública de Nova York. Intelectuais cubanos brancos, como Fernando Ortíz e Ramiro Guerra y Sánchez, foram profundamente influenciados por essas correntes de pensamento negro em seu esforço para analisar a história colonial de Cuba e sua contínua dependência econômica e política. Críticos do imperialismo norte-americano em Cuba, da supremacia branca nos Estados Unidos e do histórico cubano de desigualdade racial estavam todos interligados.

Em meio à efervescência dos anos 1920, nasceram diversas organizações. Estudantes universitários fundaram a Federación Estudiantil Universitaria (FEU) em 1923. As crescentes organizações anarquistas, socialistas e de trabalhadores formaram uma federação sindical nacional, a Confederación Nacional Obrera de Cuba (CNOC) em 1925. No mesmo ano, alguns dos líderes da CNOC fundaram o Partido Comunista de Cuba (PCC). Durante sua primeira década, o PCC seguiu a liderança do Comintern (ao qual logo se afiliara). Inicialmente, ele se focou em ampliar a influência política dentro do movimento trabalhista urbano e se reorientou após o Comintern declarar seu "Terceiro Período" em 1928 e instruir os partidos comunistas do mundo a criarem suas próprias organizações com base em sua visão da luta de classes. No início da década de 1930, o partido expandiu sua influência para as áreas rurais, organizando trabalhadores agrícolas e camponeses, e se tornando um dos maiores e mais fortes partidos comunistas da América Latina.

A Grande Depressão atingiu brutalmente a economia de Cuba, que dependia da exportação. Salários e empregos diminuíram, e os protestos organizados começaram. O governo corrupto de Gerardo Machado, que havia estendido seu mandato no cargo pressionando o congresso para tanto e depois concorrendo sem oposição para um segundo mandato, recorreu cada vez mais à repressão violenta de protestos pacíficos. No início dos anos 1930, cubanos de várias origens, desde trabalhadores rurais a trabalhadores urbanos, estudantes e intelectuais, recorreram à ação direta e à revolta armada.

O PCC e o movimento trabalhista associado a ele representaram um papel importante numa série de levantes políticos em 1933. Enquanto os comunistas se concentravam na organização sindical e nos protestos, outros grupos, como o ABC Sociedad Revolucionaria e o Directorio Estudiantil Universitario, pegaram em armas contra Machado. O governo reagiu com uma repressão crescente, chegando a declarar ilegais o PCC, a CNOC e outras organizações políticas e sociais. Mesmo os Estados Unidos passaram a ver Machado como um problema e começaram a trabalhar por baixo do pano para orquestrar sua destituição.

Intensas manobras nos bastidores entre o embaixador norte-americano, Sumner Welles, e o exército cubano resultaram na renúncia de Machado e em sua substituição por Carlos Manuel de Céspedes, um "outsider" desconhecido, em 1933. O novo governo durou menos de um mês, antes de ser derrubado por mais uma revolta militar, que logo recebeu o apoio de estudantes e de outras pessoas. Dessa vez, um grupo de reformistas radicais assumiu o comando, tendo o ex-professor universitário Ramón Grau San Martín como presidente e o anti-imperialista revolucionário Antonio Guiteras como ministro do interior.

O novo governo se autodenominava revolucionário e passou a implantar uma série de reformas sociais, políticas e trabalhistas, incluindo a anulação unilateral da Emenda Platt. O embaixador norte-americano Sumner Welles considerou essa ação "abertamente comunista".[27] "Por cem anos", escreve o historiador Louis Pérez,

> o governo provisório se dedicou à tarefa de transformar Cuba com uma entusiástica determinação (...). Esse foi o primeiro governo da república formado sem a sanção ou o apoio dos Estados Unidos. Sob a palavra de ordem "Cuba para os cubanos", o novo governo começou a decretar leis reformistas num ritmo vertiginoso.[28]

Suas políticas pró-trabalhistas ecoaram – e, em alguns casos, prefiguraram – as do New Deal nos Estados Unidos, incluindo a criação de um ministério do Trabalho, o aumento de salários, a regularização das oito horas de trabalho e a criação de um sistema de indenização por acidentes de trabalho. Essas mudanças desafiaram o controle político norte-americano, bem como os interesses dos investidores norte-americanos na ilha. O governo de Grau continuou desafiando o controle econômico estrangeiro com medidas que cortaram as taxas cobradas pelas empresas de serviços de utilidade pública (propriedade de norte-americanos), e também com uma reforma agrária. "A defesa dos interesses cubanos", resume Pérez, "foi contra os interesses norte-americanos".[29] Enquanto isso, a revolta trabalhista tinha ganhado vida própria. Trabalhadores do setor açucareiro – muitos dos quais eram afiliados ao PCC – ocuparam as plantações em que trabalhavam e formaram sovietes autônomos. Os Estados Unidos logo chegaram à conclusão de que o novo governo era radical demais para seus propósitos. Cada vez mais amedrontado, Welles recorreu ao exército cubano.

A revolta de 1933 contra Céspedes tinha sido iniciada por um grupo de militares de baixo escalão, liderados pelo sargento Fulgêncio Batista. Grau San Martín logo promoveu Batista a coronel e lhe entregou o comando do exército. Mas Welles também estava de olho em Batista como um potencial substituto para Grau. Um substituto mais controlável. Embora se recusasse a reconhecer o novo governo, Welles procurava em segredo a amizade de Batista, sugerindo que "a grande maioria dos interesses comerciais e financeiros em Cuba em busca de proteção (...) só poderia encontrar essa proteção na pessoa dele" e que os Estados Unidos aprovariam a destituição do governo revolucionário.[30] Foi exatamente isso que Batista fez em 1934. Os Estados Unidos ajudaram oferecendo reconhecimento imediato do novo regime de Batista. Direta ou indiretamente, Batista continuaria detentor do poder até 1959, tendo governado diretamente de 1934 a 1944 e de 1952 a 1959.

Embora Batista tivesse conseguido reprimir a oposição armada ao seu golpe, ele acabou fazendo as pazes com o Partido Comunista de Cuba. Em sua famosa reviravolta de 1935, o Comintern trocou o Terceiro Período pela ideia de Frente Popular, na qual os partidos eram aconselhados a participar das eleições e se aliar aos partidos políticos e organizações que eles chamavam de "burgueses", para formar uma Frente Popular contra a ameaça do fascismo. O Partido Comunista Cubano interpretou essa máxima como um mandato para trabalhar com o governo de Batista. Em troca, Batista aprovou algumas das reformas trabalhistas que o CNOC vinha exigindo e até convidou dois líderes comunistas, Juan Marinello e Carlos Rafael Rodríguez, para trabalharem em seu gabinete.[31]

O reformismo continuava no ar, mas o descompasso entre, de um lado, os objetivos e ideologias reformistas e, de outro, as realidades políticas e econômicas só aumentava. Para dar um exemplo, um grande espectro de grupos políticos participou da redação de uma nova Constituição em 1940. A Constituição consagrava muitos dos objetivos reformistas de 1933, incluindo liberdades e garantias políticas e econômicas. No entanto, sem mecanismos para colocar a Constituição em prática, ela permaneceu como um documento representando mais sonhos do que realidades.

Em 1944, Batista deixou o cargo quando o Partido Auténtico, da oposição, venceu as eleições. Mas as esperanças reformistas deram lugar a uma realidade talvez ainda mais corrupta e desigual. "Desvio, suborno, corrupção e malfeitorias do serviço público permeavam todos os setores do governo nacional, provinciano e municipal. A confiança pública se transformou numa caixa registradora privada", conclui Pérez.[32] Quando Batista liderou um segundo golpe em 1952, houve pouca oposição organizada.

O novo governo militar também teve pouco a oferecer como solução para os profundos problemas estruturais de Cuba: dependência excessiva de um único produto agrícola (o açúcar), subordinação política e econômica aos Estados Unidos, e pobreza e desigualdade generalizadas. O que ele ofereceu foi o aumento da repressão. A oposição foi banida. O Partido Comunista, com o qual Batista colaborara no passado, foi declarado ilegal em 1953, em parte para aderir à política norte-americana da Guerra Fria. O movimento trabalhista cubano passou a ser controlado por líderes favoráveis ao governo. Outras organizações, como clubes e sociedades afro-cubanos, seguiram o exemplo, já que o colaboracionismo se tornou necessário para a sobrevivência.

Embora todos concordem que os cubanos de ascendência africana fossem representados de maneira desproporcional entre os pobres do país, os estudiosos discordam sobre a relação do governo de Batista com a população negra de Cuba. As organizações sociais negras nos anos 1950 – assim como a maioria das organizações formais em Cuba – tinham sido expurgadas, cooptadas e eram praticamente controladas pelo governo. Por isso, não é nenhuma surpresa que tenham expressado apoio a Batista. O próprio Batista se declarava mestiço e alguns de seus oponentes conservadores o atacavam com base na sua raça, usando termos como "el mulato malo" e "demônio negro" para se referir a ele.[33]

Pode-se dizer que havia pelo menos duas Cubas nos anos 1950. Uma era composta pelo 1,5 milhão de pessoas que estavam desempregadas ou pertenciam à classe rural pobre, incluindo trabalhadores sem terra e campesinos com pequenos lotes. Esses cubanos empobrecidos sobreviviam principalmente à base de arroz, feijão e água com açúcar, criando as "crianças nuas, com estômagos inchados que são prova de uma dieta desequilibrada e infecção de vermes parasitas", que o sociólogo Lowry Nelson encontrou em toda a região rural de Cuba em 1950. No outro extremo do espectro, os cerca de 900 mil cubanos mais ricos controlavam 43% da renda do país. Essas eram as pessoas que tinham dinheiro para gastar em viagens de compras a Miami, casas luxuosas com ar-condicionado, e até mausoléus que incluíam "elevadores, ares-condicionados e telefones" para garantir que continuassem a desfrutar de um alto nível de conforto no além. Entre esses dois extremos, outros 3,5 milhões tinham grandes dificuldades para sustentar suas famílias. Ainda que não estivessem na situação de fome da camada inferior da população, viviam à beira da queda. A forte integração de Cuba com a economia norte-americana significava que quase tudo que os cubanos compravam era importado dos Estados Unidos. Mas os salários em Cuba eram muito mais baixos, e os cubanos não tinham os serviços e garantias sociais de que os cidadãos norte-americanos desfrutavam.[34] Em muitos sentidos, o país estava pronto para uma revolução.

Revolução: uma guerra ou um processo?

Uma música de Carlos Puebla, trovador que registrou os eventos dos primeiros anos de revolução, captura parte do forte otimismo da vitória revolucionária e sua rejeição ao passado.

> Aqui pensavam em seguir
> ganhando o cem por cento
> com seus apartamentos
> E deixar o povo a sofrer
> E seguir de modo cruel
> Contra o povo conspirando
> E seguir explorando
> E então chegou Fidel
> Acabou a diversão
> Chegou o Comandante
> E mandou parar.

Muitos dos personagens e acontecimentos da história revolucionária de Cuba foram elevados a uma posição mítica, não apenas em Cuba, mas em todo o mundo. Em 2000, a revista *Time* indicou Che Guevara como uma das cem figuras mais importantes do século XX. "Sua imagem nos encara de canecas e pôsteres, badulaques em chaveiros e joias, surge em canções de rock, óperas e exposições de arte", comentou a *Time*.[35] Em Cuba, é impossível passar um dia sem dar de cara com a imagem de Che. Crianças em idade escolar cantam "Seremos como el Che!" para começar o dia de aula (Figura 1.2).[36] Os Estados Unidos têm a Revolução Americana, a Declaração de Independência, George Washington, Abraham Lincoln e a Estátua da Liberdade como símbolos do que muitos acreditam ser a essência do país e sua identidade nacional. Cuba eleva figuras de sua guerra revolucionária do século XIX contra a Espanha a uma condição heroica, e faz o mesmo com muitos dos acontecimentos e pessoas centrais para a Revolução de 1959. Quase nada chega ao nível icônico de José Martí, cujo busto é onipresente em lugares públicos e cujo nome aparece em diversas instituições. Mas os líderes da Revolução de 1959 também alcançaram uma posição fora do comum no país.

Che Guevara se tornou o líder mais mítico por diversos motivos. Ao contrário dos outros líderes revolucionários, ele não era cubano. Era um médico marxista originário da Argentina que abandonou o país para dedicar a vida à causa revolucionária. Ele também tinha um quê de filósofo revolucionário, deixando sua marca no pensamento marxista com suas ideias de guerrilha e, principalmente, sobre os objetivos e a natureza do socialismo. Ele foi autor de algumas das reformas econômicas mais radicais e utópicas implantadas em Cuba no começo dos anos 1960, quando quase tudo parecia possível para muitos. Ele também passou a simbolizar o compromisso da revolução para com o internacionalismo, com a solidariedade aos movimentos revolucionários da África e da América Latina. Morreu como mártir, tentando levar suas teorias revolucionárias às montanhas da

Bolívia em 1967. Por isso, sua imagem permanece até hoje associada à sensação de possibilidades infinitas dos primeiros dias da revolução, e não com as concessões feitas ao longo das décadas sob o poder revolucionário.

Por trás dos vários heróis, estão as organizações e os movimentos de que eles participaram ou que eles lideraram, e muitos outros cujo trabalho e nomes não chegaram aos livros de história. O Movimento 26 de Julho, que iniciou uma guerra revolucionária contra o governo Batista em 1953, um ano após o golpe, e liderou a última marcha vitoriosa para dentro de Havana em 31 de dezembro de 1958, reuniu um conjunto diverso e complexo de líderes e organizações.

O grupo tomou como nome a data de sua primeira ação: o ataque em 26 de julho de 1953 contra o Quartel Moncada no oeste de Cuba, o qual deu início à revolta contra Batista. Fidel Castro, que liderou o ataque, assim como muitos dos outros homens em sua maioria jovens que se juntaram a ele, estava envolvido com o movimento estudantil e o Partido Ortodoxo, fundado em 1947 pelo ex-líder estudantil Eduardo Chibás para reviver os ideais dos movimentos reformistas de 1933. "O Assalto ao Quartel Moncada nos mostrou o caminho a seguir", cantava Carlos Puebla, "e, desde esse grande exemplo, para nós é sempre o dia 26."[37]

O plano era ocupar o quartel e convocar o povo a participar da revolução. Em termos militares, foi um fracasso completo. O ataque foi rechaçado e 61 dos cerca de 160 revolucionários foram mortos. Muitos dos demais foram capturados no local ou, como Fidel, pouco depois de escapar da ação. O Partido Comunista de Cuba condenou o ataque como um "aventureirismo guiado por concepções burguesas errôneas" e por sofrer de "falta de coesão e ideologia teórica".[38]

Mas, como mostra a letra de Puebla, Moncada veio a ocupar um lugar celebrado na historiografia revolucionária, simbolizando o princípio de uma ruptura total com o passado. Por sua audácia, sua juventude e seu caráter dramático, e também por ter sido o início da longa carreira de Fidel Castro como revolucionário, o significado de Moncada se expandiu ao longo dos anos. Até os buracos de bala no prédio foram recriados e são mantidos como atração turística. Em mais um gesto simbólico, depois da vitória da revolução, o quartel foi transformado num complexo educacional.

Da prisão, Fidel escreveu sua defesa. Ele admitiu abertamente sua participação no ataque, mas transformou o discurso numa longa denúncia contra o regime de Batista e numa defesa pelo direito de resistir à autoridade ilegítima, citando desde a Constituição de Cuba de 1940 até Montesquieu, e de São Tomás de Aquino a Martin Luther King. A Declaração de Independência dos Estados Unidos, lembrou ele no tribunal, proclamava que a autoridade de um governo se baseia no consentimento dos governados. "Condenem-me – não importa!", concluiu. "A história me absolverá."[39]

O documento também esboçou um projeto revolucionário. Castro invocou os cubanos desempregados, os *campesinos* e trabalhadores rurais, e os profissionais urbanos para quem a corrupção política fechava todas as oportunidades. Ele apresentou cinco "leis revolucionárias" que os revolucionários de Moncada pretendiam implantar: restauração e implantação da Constituição de 1940, uma reforma agrária que colocasse a terra nas mãos daqueles que a cultivam, a obrigação dos empregadores de dividir os lucros com os trabalhadores, mercados garantidos para os pequenos fazendeiros de açúcar, e confiscação de todas as empresas obtidas por fraude e corrupção. Todas essas leis revolucionárias, destacou ele, baseavam-se na própria Constituição, a qual restringia grandes latifúndios e proporcionava direitos trabalhistas.

Era um programa capaz de unificar a oposição fragmentada de Cuba – mas, durante a maior parte dos anos 1950, várias organizações e ideologias competiam pelo apoio da população para fazer a mudança política acontecer. Alguns defendiam a revolução armada, enquanto outros, como o então banido Partido Comunista, acreditavam que o movimento trabalhista organizado deveria ser o principal protagonista. Foi só em 1958 que o Movimento 26 de Julho surgiu como líder decisivo da luta. "Para chegar a 1o de janeiro de 1959", sugere Julia Sweig, "o 26 de Julho não só precisou montar uma campanha militar de dois anos [dois anos porque começou em 1956, quando Castro voltou do exílio], mas também uma campanha política contra muitas das forças que buscavam o fim do regime Batista."[40] De certo modo, é uma história retroativa a que agora proclama o assalto a Moncada como o pontapé inicial da revolução. Na época, parecia mais um plano maluco e fracassado.

Se o assalto a Moncada passou a simbolizar o início da Revolução Cubana, o retorno de Fidel Castro à ilha em 1956, depois de ter sido solto da prisão e mandado para o exílio no México, constitui o segundo ato. O iate Granma, com o qual Fidel e os outros 81 revolucionários fizeram a travessia até Cuba, é um dos destaques do Museo de la Revolución em Havana, e o principal diário do país, órgão oficial do Comitê Central do Partido Comunista, herdou o nome do barco.[41]

Como uma expedição militar, porém, o desembarque do *Granma* não obteve muito mais sucesso do que o assalto a Moncada. Uma revolta planejada na cidade de Santiago para coincidir com a chegada do navio foi logo reprimida, e as forças do governo receberam o *Granma* em seu desembarque e conseguiram matar a maioria dos rebeldes. Fidel e seu irmão Raúl Castro, junto com Che Guevara, escaparam para as montanhas da Sierra Maestra, no leste de Cuba. "Eles acharam que poderiam continuar, consumindo mais e mais terra", cantava Carlos Puebla, "Sem nem saber que lá na Serra, o futuro surgia."[42]

As montanhas do leste de Cuba foram terreno fértil para a revolta. Desde os tempos coloniais, elas eram refúgio de muitos foragidos, sem-teto e rebeldes.[43] A expansão da economia açucareira dominada pelos Estados Unidos no leste de Cuba durante o começo do século XX só aumentou os números de sem-terra e descontentes.

A revolta rural é motivo de orgulho na historiografia cubana. A *Guerra de Guerrilhas*, de Che Guevara, promoveu e popularizou a ideia do foco – a teoria de que um pequeno grupo de combatentes de guerrilha dedicados poderia dar início a uma revolução em massa através de atos espetaculares, e que a revolta dos camponeses era a chave para a revolução na América Latina. A estratégia da *sierra* era derrotar o exército de Batista no interior do país.

Um dos motivos por que a *sierra* se tornou tão importante na historiografia cubana da revolução é a maneira como ela moldou a ideologia e os programas revolucionários. Líderes como Fidel Castro e Che Guevara estavam lutando por mudanças radicais antes de passar esse período na sierra. Mas foi durante os anos na *sierra* que os objetivos do Movimento 26 de Julho se desenvolveram e se cristalizaram. Afirma Julie Feinsilver:

> Entre os fatores que influenciaram o desenvolvimento da ideologia pós-revolucionária sobre a saúde, o mais importante de todos foi o confronto das guerrilhas com a pobreza abjeta e os enormes problemas de saúde da população rural.[44]

A pobreza rural precisava lidar com a falta de dinheiro, mas também com a falta de trabalhos, ausência de serviços sociais e falta de educação formal. Para a classe média urbana privilegiada, era difícil ver o caráter estrutural e enraizado da pobreza rural. Conviver com os pobres da área rural foi uma experiência de conscientização. Dois aspectos básicos do futuro programa revolucionário vieram da *sierra*: primeiro, a necessidade de uma redistribuição fundamental de recursos focada na zona rural; e, segundo, a necessidade de construção de uma nação e de uma conscientização para que os cubanos de áreas urbanas deparassem com as realidades da pobreza rural.

A *sierra* também foi importante para a ideologia revolucionária que ligou a revolta dos anos 1950 diretamente às lutas fracassadas do passado pela independência nacional e pela justiça social. Foi no leste de Cuba que a Guerra de Independência havia começado, onde ela se radicalizou e onde a causa cubana encontrou seus "primeiros e mais ardentes apoiadores".[45] O Movimento 26 de Julho queria levar a cabo o projeto pelo qual José Martí e tantos outros haviam morrido. Em 1898, as forças de ocupação norte-americana impediram que o exército rebelde de Cuba entrasse na capital de Santiago, ao leste. "O que aconteceu naquela época não acontecerá novamente", proclamou Fidel pouco antes de entrar em Santiago em 31 de dezembro de 1958. "Desta vez, os *mambises* vão marchar em Santiago de Cuba!"[46]

No entanto, em termos militares, a *sierra* pode ter sido menos importante para a revolução do que sugere a historiografia. Recentemente, alguns historiadores se debruçaram sobre as organizações urbanas e destacaram sua importância no Movimento 26 de Julho. A estratégia do *llano* (planície, em contraste com a *sierra*, ou montanhas) era causar a renúncia de Batista por meio da insurreição urbana. Julia Sweig afirma que, a partir de 1957-1958, a ala urbana do movimento de resistência, liderada pela juventude de classe média e com foco em atos de sabotagem que abriram o caminho para uma greve geral, teve um papel central na guerra revolucionária de Cuba. Foi só depois da greve geral planejada para abril de 1958 que o movimento da sierra de Fidel e Che emergiu com destaque na coalizão revolucionária.[47] Lillian Guerra afirma que o estatuto mítico conferido à luta na sierra era parte do movimento de Fidel e seu círculo de confiança para consolidar o poder através da marginalização dos radicais urbanos e de seus movimentos bem organizados.[48]

Curiosamente, um jornalista norte-americano que escrevia para o New York Times deu um impulso inesperado à revolta de guerrilhas na *sierra* e contribuiu para criar as qualidades míticas desse movimento. O repórter do Times Herbert L. Matthews viajou para a *sierra* a fim de entrevistar Fidel em fevereiro de 1957, poucos meses antes da fracassada expedição *Granma*. Sua reportagem explosiva apareceu na primeira página do Times e levou Castro aos lares norte-americanos. "Ele tem ideias fortes sobre liberdade, democracia, justiça social, e sobre a necessidade de restaurar a Constituição e realizar as eleições", relatou Matthews. Outro repórter do *Times* viria a chamar Matthews como "o homem que inventou Fidel".[49]

Até março de 1958, os Estados Unidos apoiaram seu aliado Batista, fornecendo armas e munição ao seu governo. Porém, assim que os rebeldes começaram a se unificar e ganhar força, o governo perdeu seu mais importante pilar de sustentação: os Estados Unidos cortaram a ajuda militar. Aquela que Batista esperava ser a ofensiva final contra os rebeldes no meio do ano de 1958 fracassou, e a contraofensiva rebelde, iniciada em agosto, se mostrou inexorável. Embora fosse grande e bem equipado, o exército de Batista tinha pouco treinamento e pouca motivação. Perto do fim de 1958, os exércitos rebeldes tomaram uma cidade após a outra e avançaram para a capital, enquanto os Estados Unidos se esforçavam, sem sucesso, para impedir uma vitória do 26 de Julho ou para impor uma alternativa que acreditavam que seria mais submissa ao controle norte-americano.[50]

Muito já se escreveu nos Estados Unidos na tentativa de indicar quando exatamente a Revolução Cubana se transformou numa revolução socialista ou quando Fidel Castro virou comunista. É importante lembrar que os partidos e organizações políticas comunistas e de outras vertentes marxistas estiveram presentes na América Latina durante todo o século XX. Os partidos comunistas eram, em geral, os que se aliavam ao Comintern, embora outros partidos e organizações marxistas independentes seguissem líderes, métodos e objetivos diferentes. Apesar da preocupação norte-americana com o comunismo, a União Soviética e o Comintern não costumavam apoiar a ideia de revolução armada na América Latina e não apoiaram a revolução em Cuba nos anos

1950. Os partidos aliados aos soviéticos, como o PCC (que mudou de nome para Partido Socialista Popular, PSP, na primeira metade da década de 1940), estavam envolvidos com a organização sindical e muitas vezes com a política eleitoral, mas normalmente não na resistência armada. O PSP foi um participante retardatário e relutante na Coalizão 26 de Julho que liderou a revolução armada em Cuba, entrando apenas no verão de 1959, quando a queda do regime Batista estava praticamente assegurada.

Muito mais importantes para os movimentos revolucionários da América Latina foram a ideologia e o legado de Che Guevara. O ex-chanceler mexicano Jorge Castañeda, autor de um famoso estudo sobre a esquerda latino-americana e de uma biografia de Che Guevara, defende que o legado de Che para a América Latina reside principalmente no seu compromisso com a violência revolucionária e a guerra de guerrilha, bem como nos obstáculos que seu enorme romantismo coloca contra alternativas esquerdistas mais "modernas".[51] Segundo essa perspectiva, Che e seu pensamento marxista só serviram para levar muitos latino-americanos à morte – tanto pretensos revolucionários como, principalmente, os que se viram no meio dos conflitos.

No entanto, o legado de Che e seu lugar no imaginário popular cubano e mundial vão além de suas façanhas militares e sua teorização sobre a guerra de guerrilhas. De igual importância foi sua reformulação das ideias socialistas. Em seus muitos escritos, traduzidos para diversas línguas, Che afirma que o comunismo não poderia ser reduzido a mera reforma da economia. Em vez disso, o "comunismo é um fenômeno de consciência" – um meio de superar a alienação, de criar um "novo homem". "Não tenho interesse pela secura do socialismo econômico", escreveu Che.

> Estamos lutando contra a miséria, mas também contra a alienação (...). Marx estava preocupado tanto com os fatores econômicos como com suas repercussões no espírito humano. Se o comunismo não esti-

> ver interessado por isso, ele pode até ser um método de distribuição de bens, mas nunca será um modo de vida revolucionário.[52]

O historiador e filósofo cubano Juan Antonio Blanco (que agora leciona no Miami-Dade College) ecoou essa tensão no pensamento de Che em uma entrevista de 1993:

> A crítica de Che à União Soviética e ao campo socialista era que eles estavam obcecados com a construção econômica do socialismo enquanto desconsideravam os fatores morais e espirituais das sociedades socialistas. Em determinada entrevista, Che disse não estar interessado no socialismo econômico. Se você desconsiderar os fatores espirituais e só tentar lidar com os fatores econômicos, não vai conseguir livrar-se da alienação. Para Che e também para Fidel, o socialismo não era simplesmente uma questão de desenvolver um novo meio de distribuição. Era também uma questão de libertar as pessoas da alienação.[53]

A ideia de *hombre nuevo*, ou homem novo, encontrou fortes repercussões nos movimentos alternativos e revolucionários ao redor do mundo, mesmo depois de a ideia de guerra de guerrilha ter perdido a força. O historiador Van Gosse afirmou que a Nova Esquerda dos Estados Unidos se inspirou bastante na tentativa de Cuba de criar uma forma nova de socialismo mais humana.[54] Desde a Contracultura dos anos 1960 até os movimentos New Age dos anos 1990, os críticos da pobreza espiritual e humana do capitalismo e do materialismo faziam referências às posições de Che. Mais recentemente, o presidente Hugo Chávez da Venezuela anunciou o compromisso do seu país com a criação do *hombre nuevo*: “Os velhos valores do individualismo, do capitalismo e do egoísmo precisam ser demolidos”, declarou ele.[55]

Embora os pronunciamentos públicos dos EUA sobre a Revolução Cubana dessem destaque à questão do "comunismo", um olhar atento à correspondência interna do governo norte-americano da época mostra uma preocupação um tanto diferente. Nos primeiros anos da revolução, as questões de influência soviética, direitos humanos ou ameaça militar aos Estados Unidos raramente vinham à tona na correspondência diplomática norte-americana. Em vez disso, a preocupação do Departamento do Estado dos EUA e dos diplomatas *in loco* era o tipo de políticas econômicas que Cuba adotaria e como as empresas norte-americanas em Cuba seriam afetadas. Além disso, eles estavam preocupados com a maneira como o exemplo cubano poderia inspirar outros países latino-americanos a buscarem transformações econômicas semelhantes em detrimento dos investidores norte-americanos. Como J. C. Hill, do Gabinete de Assuntos Interamericanos do Departamento do Estado dos EUA, afirmou em setembro de 1959, "Há indícios de que, se a Revolução Cubana obtiver sucesso, outros países na América Latina e, talvez, em outros lugares do Mundo a usem como modelo; por isso, precisamos decidir se queremos ou não que a Revolução Cubana tenha sucesso".[56]

Quando as tropas rebeldes fizeram sua entrada triunfante em Havana no Ano-Novo de 1959, a guerra acabou, mas a revolução estava apenas começando. Em Cuba, "a revolução" se refere a um processo de cinquenta anos de criação consciente de uma nova sociedade com muitas fases, voltas e reviravoltas.

Figura 1.1 Busto de Hatuey na praça central de Baracoa, no leste de Cuba. "Hatuey: o primeiro rebelde da América. Queimado na fogueira em Yara, Baracoa." Alojamento de trabalhadores Oriente. Fonte: Felix Hinz: "Baracoa. 'Cortesillo' y la ciudad española más antigua en Cuba" (2008), www.motecuhzoma.de/Baracoa-es.htm

Figura 1.2 Estampa da artista cubana Sandra Ramos, "Seremos como el Che" (We will be like Che). Fonte: Sandra Ramos, 1993, "Seremos como el Che". Gravura/aquatinta 40 × 50 cm. © Sandra Ramos

2. Experimentos com o socialismo

Este capítulo analisa os experimentos de Cuba e sua audaciosa mudança de política econômica, começando com a reforma agrária e chegando à quase total nacionalização da economia. Destacamos as questões cotidianas que envolviam a produção e o consumo em áreas como alimentação, moradia, educação e saúde no contexto da política nacional e internacional. Nosso foco são os aspectos sociais e ideológicos mas também econômicos da versão cubana de socialismo. A incorporação em massa da mulher na força de trabalho, o voluntarismo, a socialização dos cuidados com as crianças, o racionamento – tudo isso caracteriza o "socialismo com *pachanga*"[1].

O movimento 26 de Julho começou seu experimento no governo no dia 1º de janeiro de 1959, com um enorme apoio popular. Seus diversos simpatizantes, porém, tinham ideias muito diferentes a respeito de qual sistema novo deveria substituir o antigo. Alguns queriam apenas um fim ao governo corrupto de Batista e a restauração da ordem constitucional com poucas mudanças sociais básicas. Outros viam uma oportunidade mais revolucionária na queda da antiga ordem e no extraordinário apoio popular ao novo governo. Seria a revolução capaz de vencer a dependência, a pobreza e o subdesenvolvimento? Poderia ela criar uma nova sociedade e um novo homem?

Sem dúvida, a dependência em relação à União Soviética veio a caracterizar a Cuba socialista. Mas a revolução também causou muitas outras mudanças políticas, sociais, culturais e econômicas. A maioria dos historiadores divide a Revolução Cubana em períodos segundo suas fases econômicas, mudanças e marcos históricos. Essa periodização caracterizaria os anos 1960 como a década de experimentação, começando pela tentativa de escapar da dependência do açúcar, mas voltando a ele ao fim da década. A fase radicalmente experimental acabou com a tentativa fracassada de atingir um recorde de colheita de 10 milhões de toneladas em 1970. Os anos de 1970 a 1986 testemunharam a crescente dependência político-econômica da URSS, a institucionalização e burocratização e, a partir de 1980, a abertura dos mercados. A Campanha de Retificação é muito controversa entre aqueles que a analisaram, mas todos concordam que ela pôs fim à experimentação com os mercados.

A queda do bloco soviético minou drasticamente o modelo econômico de Cuba, e o Período Especial, declarado em 1991, deu início a uma série de grandes reformas econômicas. Também nesse ponto, é difícil apontar a tendência a partir de 1991 em uma única generalização. A socióloga Susan Eckstein fez a utilíssima classificação das reformas pós-1990 em três categorias: socialista, capitalista e pré-capitalista.

Os capítulos 7 e 8 examinam o período pós-1990. O restante deste capítulo traçará o desenvolvimento político-econômico interno de Cuba durante os primeiros trinta anos da revolução. Dedicaremos atenção especial para identificar onde ocorreram mudanças radicais no decorrer da revolução, e que ideias e medidas podem ser usadas para caracterizar a revolução como um todo.

Analisando a situação: atraso econômico

A ideia de que a revolução deveria trazer a independência política e a justiça social tinha raízes profundas na história de Cuba. Para analisar a situação de seu país e começar o desenvolvimento e a adoção de estratégias, os novos líderes se basearam numa grande variedade de ideologias revolucionárias e reformistas a fim de elaborar seus programas. Além daqueles descritos na Introdução, os líderes revolucionários cubanos se voltaram para os debates da época a respeito do sentido e da natureza do desenvolvimento econômico, tendo também contribuído para esses debates.

Entre as tantas teorias a respeito de como melhorar os padrões de vida nas regiões mais pobres do planeta, duas tornaram-se dominantes depois da Segunda Guerra Mundial. Os teóricos da *modernização* explicavam os altos padrões de vida nos países que viriam a ser chamados de Primeiro Mundo – Estados Unidos, Canadá, Austrália, Europa Ocidental – como resultado de seu desenvolvimento econômico. Tal teoria via o desenvolvimento como um processo linear e afirmava que os países "atrasados" ou "subdesenvolvidos" precisavam avançar no mesmo caminho rumo à industrialização para alcançar o mundo "desenvolvido".[2]

Os teóricos da *dependência*, vindos principalmente da América Latina e influenciados pelo marxismo, contestavam essa visão linear. Segundo eles, os países industrializados haviam se beneficiado de suas relações coloniais com a América Latina e a África, e o desenvolvimento daqueles tinha suas bases na exploração destas. As colônias haviam passado pelo *desenvolvimento dependente*, fundamentado na dominação estrangeira de suas economias e da produção de bens primários a fim de exportar para as potências coloniais que então se industrializavam. O desenvolvimento dependente esteve presente de diversas formas. Elites latifundiárias mantinham um controle quase feudal das zonas rurais, lucrando com o trabalho de uma grande classe agrária extremamente pobre. Áreas urbanas modernas serviram às necessidades de uma pequena elite ligada ao capital estrangeiro. A renda foi dissipada pela elite no consumo de bens de luxo, em vez de ser investida na produção. O capital estrangeiro controlava setores básicos da economia. As instituições democráticas eram fracas ou inexistentes. Isso significava que o capital estrangeiro reinava supremo e que decisões importantes sobre o uso dos recursos do país eram tomadas por estrangeiros para o bem de estrangeiros.[3]

A economia de Cuba exibia muitas características associadas à dependência econômica. Três quartos da terra cultivável do país eram usados para produzir açúcar, o qual representava 80% de suas exportações. Quarenta por cento das fazendas e 55% dos moinhos estavam nas mãos de empresas norte-americanas. Os investidores norte-americanos também controlavam 90% dos serviços de telecomunicações e eletricidade em Cuba, e metade das ferrovias do país, além de porcentagens significativas dos setores bancário, pecuário, de mineração, petrolífero e açucareiro.[4] Quase um quarto das pessoas empregadas trabalhavam na indústria açucareira e a maioria delas apenas sazonalmente. O desenvolvimento técnico ajudou os fazendeiros a reduzirem o tempo da colheita de dez meses no começo do século XX para apenas três meses por volta de 1950, o que representou um gigantesco aumento na percentagem de emprego, que era apenas sazonal.[5]

Embora as pequenas classes média e alta de Cuba, que moravam sobretudo em Havana, desfrutassem de níveis relativamente altos de acesso à educação, saúde e serviços urbanos, a maioria da população era rural e pobre – o que os cubanos chamavam de *guajiros*. O economista sueco Claes Brunendius descreveu a vida de um típico *guajiro* nos seguintes termos:

> Ele morava num *bohío*, uma pequena casa com chão de terra batida e telhado de palha de palmeira. Para 90% dos *guajiros*, um lampião de querosene era a única forma de iluminação e 44% deles nunca havia frequentado

a escola. Apenas 11% bebia leite, apenas 4% comia carne e apenas 2% comia ovos. A dieta diária, que tinha uma deficiência de mil calorias, era o principal responsável pelo aumento constante no número de casos de tuberculose, anemia, doenças parasitárias e outros males.[6]

No entanto, a dependência também afetava setores urbanos relativamente privilegiados. "O cubano moderno come cachorro-quente, hambúrguer, panquecas, waffles, frango frito e sorvete", comentou um jornalista norte-americano em 1957. "Tornou-se quase impossível na Havana de hoje encontrar pratos típicos como malanga, yuca, *picadillo* ou *ajiaco*."[7] Embora haja aí certo exagero – a verdade é que pequenas barracas de comida continuavam a vender pratos tradicionais de Cuba em toda a cidade –, o comentário refletia uma realidade que muitos cubanos viam como uma faca de dois gumes. "Infelizmente, o cubano está se apagando no passado distante", escreveu o poeta Roger de Lauria nos anos 1920. "Em breve (...) não haverá nada exceto uma caricatura estilizada do ianque (...) e o mascar dos chicletes e o uso dos óculos de tartaruga completarão nossa conversão em marionetes 'Made in the USA'."[8] Era o mesmo problema que José Martí havia criticado na década de 1870: "Nossos jovens partem para o mundo com a visão tingida de cores ianques ou francesas e desejam governar por conjecturas um país que desconhecem". E sua solução: "Estadistas que vêm da nação precisam substituir os estadistas estrangeiros a ela (...). Façamos vinho de bananeira: pode ser amargo, mas é o nosso vinho!".[9]

Quebrar a dependência econômica e psicológica em relação aos Estados Unidos era claramente um dos principais objetivos da revolução. Mas os planejadores cubanos também estavam decididos a evitar parte do lado mais sombrio da industrialização em países atrasados. Tanto no bloco socialista como na América Latina capitalista, o impulso para a industrialização se fundamentara na superexploração da classe rural. Na União Soviética e na China, os camponeses morriam de fome. Na América Latina, não havia fome generalizada, mas os lavradores também morriam de fome - devagar. No século XX, eles também abandonaram a zona rural numa tentativa desesperada de melhorar a qualidade de vida nas cidades. Eles foram formando grandes bairros pobres e favelas urbanas.

Muitos dos líderes da guerra de guerrilhas de Cuba vinham de uma classe média urbana e instruída. O próprio Castro era filho de um fazendeiro, tendo estudado em colégios internos católicos, com um bacharelado em direito pela Universidade de Havana. Sua experiência na luta nas montanhas do leste de Cuba foi fundamental para sua formação política. Na *sierra*, eles foram confrontados com as realidades da economia de agroexportação, a pobreza rural e as necessidades urgentes do campo.

Por isso, outro pilar do modelo desenvolvimentista cubano era a redução das desigualdades entre a cidade e o campo, privilegiando o desenvolvimento rural. Escolas, universidades, clínicas de saúde, teatros, eletricidade, água encanada - era fundamental que os chamados serviços urbanos chegassem ao interior. Mas outro aspecto da orientação rural era a ideia de que os cubanos das cidades deviam ser conscientizados por meio da vivência direta das realidades rurais. Até os anos 1990, essa posição permaneceu constante, apesar de muitas voltas e reviravoltas na economia.

Os anos 1960: Experimentação e o Grande Debate

Os primeiros meses depois do 1º de janeiro de 1959 foram caracterizados por uma série de reformas radicais que redistribuíram drasticamente a riqueza e a renda de Cuba. "As expectativas eram altas, foram atendidas e aumentaram novamente", escreve o historiador Louis Pérez.

> Os trabalhadores receberam aumentos, os desempregados ganharam empregos. O proletariado urbano recebeu reduções no preço de aluguéis e serviços. Os la-

> vradores ganharam terra e crédito (...). Os efeitos eram visíveis. Uma grande distribuição de renda havia acontecido. Os salários reais aumentaram em cerca de 15% graças a uma redução correspondente na renda de latifundiários e empresários. No curto período de seis meses, centenas de milhares de cubanos passaram a ter uma confiança imediata e duradoura no sucesso da revolução.[10]

Os serviços sociais foram amplamente estendidos e disponibilizados gratuitamente ou a um custo muito baixo. Os "serviços sociais básicos" que passaram a ser gratuitos incluíam "educação, saúde, medicamentos e previdência social, mas também água, serviços funerários, e até telefones públicos". Preços de serviços e transporte público foram reduzidos drasticamente.[11]

A revolução destruiu o status quo cultural e ideológico, além do econômico. Lillian Guerra mostra como os comícios e as mobilizações de massa, a imageria quase religiosa, a ênfase na unidade e uma "grandiosa narrativa de redenção tendo Fidel como seu principal autor" caracterizaram os primeiros anos da revolução e sustentaram a duradoura cultura revolucionária. Os sem-terra – em particular os cubanos pobres da zona rural e os afro-cubanos – passariam a ser a base de uma "nova nacionalidade". A *revolución con pachanga*

> se tornou um termo político para descrever o apoio à revolução como forma de inversão histórica dos valores eurocêntricos e de uma ordem cultural dominada pelos brancos. Segundo o paradigma da *pachanga*, Fidel era (...) um aliado havia muito procurado e um admirador secreto da longa luta secular dos cubanos negros por mudanças radicais.[12]

Todavia, reestruturar a produção para uma economia viável e igualitária exigia mais do que a simples mobilização popular e era muito mais difícil do que a redistribuição inicial de recursos existentes. No "Grande Debate" do início dos anos 1960, os líderes revolucionários, economistas e pensadores cubanos discutiram como o socialismo poderia ser implementado no contexto cubano. Será que Cuba precisaria seguir o caminho descrito por Marx e defendido pelo Partido Comunista, passando do capitalismo para o socialismo rumo ao comunismo? Ou o país poderia simplesmente eliminar o mercado e criar uma nova economia utópica do zero?

Os problemas eram exacerbados por dois fatores que todos esses experimentos enfrentaram: evasão de capitais e evasão de capitais sociais. Numa economia capitalista, o investimento vem de indivíduos ou instituições privadas (como bancos), que investem seu dinheiro onde acreditam que podem obter lucro. Se um governo revolucionário começa a limitar a capacidade de lucrar – seja aumentando os salários, seja impondo restrições jurídicas às empresas –, os capitalistas começam a partir para outros lugares. Eles podem colocar seu dinheiro em bancos estrangeiros ou investir em empresas no exterior. Em outras palavras, evasão de capital.

Em segundo lugar, é comum que as classes antes privilegiadas, normalmente com maiores níveis educacionais, mais qualificações, mais contatos e outras formas daquilo que os cientistas sociais chamam de *capital social*, decidam fugir do país também quando notam a evaporação de seus privilégios. As instituições (como escolas particulares, empregadas e restaurantes chiques) e os itens de luxo, dos quais depende seu status, não existem mais. O estilo de vida confortável e a sensação de autonomia são ameaçados ou minados. Eles podem ter parentes ou amigos no exterior, podem até ter frequentado escolas particulares ou faculdades nos Estados Unidos. Eles têm os recursos para sair – e é o que muitos fazem. Metade dos 6 mil médicos de Cuba, por exemplo, emigraram nos anos que vieram logo depois da revolução.[13] O país perde o *capital social* – suas habilidades, conhecimentos e contatos –, tão importante para reestruturar a economia.

Os novos líderes prometeram quebrar a dependência histórica da ilha com relação às exportações de açúcar. O açúcar, argumentara o antropólogo Fernando Ortiz em 1940, implicava domínio estrangeiro e colonial; significava escravidão e trabalhadores sem-terra; implicava dependência, atraso e subdesenvolvimento. Muitos economistas e outros cientistas sociais dos anos 1960 concordavam. Os líderes cubanos prometeram modernizar a economia e superar a dependência histórica da ilha diversificando a agricultura e promovendo a industrialização. Não era um objetivo novo – mas Cuba pretendia fazer isso junto com a revolução que estava redistribuindo a riqueza e os recursos do país.

A revolução atingiria esse objetivo através de duas maneiras: sistemas de distribuição governamentais, desde reforma agrária a racionamentos, que garantiriam que os pobres recebessem uma parte igualitária dos recursos disponíveis; e mobilização popular, que aumentava a disponibilidade de certos tipos de serviços mesmo quando os recursos estavam em falta. Educação e saúde eram duas áreas em que os recursos humanos poderiam, em certo grau, compensar a falta de recursos materiais.

Os primeiros anos da revolução foram caracterizados por uma sensação de voluntarismo e redistribuição mobilizada no serviço de redenção nacional. Embora alguns cubanos fossem contra e abandonassem o país, muitos outros foram inspirados pela oportunidade de reformular a sociedade. A campanha de alfabetização, a formação de organizações em massa e a reforma do sistema de saúde marcaram esse período inicial de intensa mobilização.

"O ataque ao analfabetismo", explica Richard Fagen, "não era apenas uma questão tecnológica ou pedagógica. Era visto como um esforço profundamente político, intimamente ligado à transformação revolucionária da sociedade e da economia".[14] O analfabetismo e a falta de escolaridade eram sinônimo de silêncio, marginalização e opressão. A educação em massa era um meio fundamental para vencer séculos de desigualdade e para capacitar os mais pobres. A mobilização de cerca de 250 mil cubanos das cidades, incluindo 100 mil estudantes, também fez parte do projeto de educação política, ou *concientización*, para os setores urbanos e instruídos da população que viviam em relativo conforto material durante a antiga ordem. A campanha "demonstrava vividamente um valor fundamental e várias vezes reafirmado da sociedade cubana, a saber, que a revolução era *sinônimo* de educação".[15] Faixas em todo o país exclamavam: "O caminho para sair do subdesenvolvimento é a educação" e "O plano escolar é sua responsabilidade".[15] O Museo Nacional de la Campaña de Alfabetización, abrigado num antigo complexo militar nos arredores de Havana, honra a memória das realizações da campanha (ver Figura 2.1).

A campanha de alfabetização, assim como a enorme infusão de recursos na educação, especialmente para os pobres rurais, também invocava as "ideias radicais de educação rural, vocacional, lírica e adulta" de José Martí. Escolas particulares foram fechadas, e uma educação básica, vocacional e técnica foi espalhada por todos os cantos do país.[16] Estudantes das cidades eram obrigados a passar um tempo trabalhando no campo. Nos anos 1960, isso tomou a forma de mobilizações de duas semanas de trabalho agrícola; nos anos 1970, estudantes do ensino médio da cidade que queriam seguir o caminho pré-universitário eram enviados para internatos rurais que combinavam trabalho em sala de aula com trabalho manual.

A marginalização econômica e social significava, entre tantas coisas, que os pobres de Cuba tinham pouco acesso à saúde antes da revolução. Assim como a riqueza e a educação, a saúde era concentrada nas áreas urbanas. Em janeiro de 1960, o novo governo criou o Serviço de Saúde Rural, instalando hospitais rurais e exigindo que todos os médicos graduados passassem um ano fazendo serviço social numa área rural menos favorecida. Serviços dentais foram acrescentados em 1961.[17] Assim como a educação, aumentar o acesso à saúde não foi visto como um problema técnico, mas sim como uma transformação revolucionária da sociedade.

A hostilidade evidente do poderoso vizinho de Cuba, os Estados Unidos, ao processo revolucionário contribui para a noção de que a revolução precisava continuar em estado de mobilização e alerta mesmo depois da vitória militar. No final dos anos 1960, no contexto de ataques e sabotagens contínuas – que Castro chamou de "campanhas imperialistas de agressão" –, o líder cubano pediu à população para que "formassem um sistema de vigilância coletiva revolucionária". "Quando as massas estão organizadas", exortou ele, "não há um único imperialista ou lacaio dos imperialistas ou quem quer que seja que se venda aos imperialistas capaz de agir".[18] A resposta foi a criação dos Comitês de Defesa da Revolução (CDR).

"Os primeiros comitês começaram a se formar quase imediatamente depois do discurso de Castro, apesar da falta de orientações oficiais para o programa", explica Richard Fagen.

> Grupos de cidadãos entusiásticos se adiantaram e organizaram seus próprios comitês sem prestar muita atenção aos pormenores processuais. Assim como muitas outras instituições dos primeiros anos da revolução, os primeiros CDRs exibiam muito mais energia do que ordem, mais entusiasmo do que disciplina.[19]

A revolução convocou todos a participarem da criação da nova sociedade. Os CDRs realizaram a primeira campanha de vacinação do país em 1962 e também ajudaram na organização da Campanha de Alfabetização. Quando o exército exilado, com o apoio dos Estados Unidos, invadiu Cuba na Baía dos Porcos em abril de 1961, os CDRs receberam ordens para atacar os contrarrevolucionários e seus simpatizantes.

> Enquanto as Forças Armadas Revolucionárias e a Milícia enfrentavam as tropas de exílio (...), os comitês, fortemente ativos em cidades de diversos tamanhos,

estavam delatando e atacando pessoas suspeitas de sentimentos e comportamentos contrarrevolucionários.[20]

Embora dezenas de milhares tenham sido detidos (normalmente com base em evidências mínimas), a maioria foi solta depois que a invasão de três dias foi derrotada de maneira definitiva. Os eventos prefiguraram um aspecto da mobilização revolucionária de Cuba que seria repetido ao longo das décadas: quanto maior fosse a ameaça externa ao governo e ao país, maior era a pressão exercida sobre a população para fechar as fileiras, conter as críticas, conformar-se e obedecer.

Por volta de 1963, a tentativa de diversificar a economia abandonando a produção de açúcar tinha se provado desastrosa. No entanto, o projeto revolucionário de redistribuição dos recursos do país, melhorando o padrão de vida dos mais pobres, e a mobilização popular para criar um novo país igualitário haviam conseguido causar mudanças sociais de base. Apesar do que parecia ser um declínio ou um fracasso em termos macroeconômicos, as coisas estavam ficando melhores para as classes mais baixas.

Em meados da década de 1960, os líderes cubanos e seus conselheiros concordaram que deveriam retornar à produção de açúcar a fim de financiar a transformação revolucionária. Mas eles continuaram a debater a forma e o ritmo do projeto econômico como um todo. Conselheiros soviéticos e membros do Partido Comunista Cubano, fiéis a um modelo soviético, defendiam "um socialismo de mercado" no estilo soviético: uma combinação de planejamento central e incentivos de mercado à moda capitalista. Investimentos e recompensas, na forma de salários e benefícios, deveriam refletir-se na capacidade produtiva. Com o tempo, o aumento da produção beneficiaria a todos.

Mas a visão alternativa de Che Guevara, que defendia a abolição absoluta do mercado, venceu inicialmente. De acordo com essa ideia, o *hombre nuevo* socialista seria motivado por incentivos morais, e não pela recompensa material. O voluntarismo era parte importante desse modelo, com base no sucesso da campanha de alfabetização. Mas a mobilização revolucionária se basearia nas decisões tomadas verticalmente. Com empenho revolucionário suficiente, seria possível conseguir o impossível.

Parte da ideia de abolir os incentivos materiais e o mercado era que as pessoas não deveriam precisar de dinheiro para ter acesso a bens e serviços. A economia privada foi praticamente eliminada. As reformas agrárias de 1959 e 1963 aboliram todas as fazendas particulares com mais de cinco *caballerías* (67 hectares). Com a Lei de Reforma Urbana em 1960, o Estado tomou posse de todas as habitações para locação e definiu que os aluguéis não poderiam ser maiores que 10% da renda familiar. Entre 1965 e 1967, médicos, hospitais e clínicas particulares foram incorporados ao novo sistema médico socializado, para que todos os tratamentos de saúde se tornassem públicos. E, em 1968, a "ofensiva revolucionária" nacionalizou as pequenas empresas particulares restantes. Quase tudo de que as pessoas precisavam era agora oferecido pelo governo, e não pelo setor privado. E grande parte do que o governo oferecia era gratuito ou fortemente subsidiado: saúde, educação, serviço de telefonia, transporte público e creches, por exemplo.

Em troca de ter as necessidades básicas garantidas, esperava-se que a população contribuísse e participasse. A vitória contra Batista e as primeiras campanhas revolucionárias mostraram o que um empenho popular engajado e mobilizado era capaz de conseguir. A partir de então, esse tipo de empenho seria dedicado ao desenvolvimento da economia. Fidel Castro resumiu a necessidade de sacrifício num discurso de 1968: "Investir em desenvolvimento implica, necessariamente, não consumir tudo que podemos consumir", explicou ele.

> Um bom exemplo para nós: nosso câmbio estrangeiro. Se gastarmos tudo em bens de consumo e nada em nenhuma máquina, equipamento de irrigação ou

> maquinaria para construir sistemas de drenagem ou projetos de conservação de água, o resultado é muito claro. Nós comeríamos hoje, mas é certeza que não poderíamos comer no ano que vem (...). Em outras palavras, com crédito estrangeiro, podemos comprar escavadoras ou leite em pó, ou um ou outro.[21]

Outro exemplo foi a tentativa de chegar a uma colheita de 10 milhões de toneladas de açúcar em 1970. Toda a sociedade foi mobilizada. Dezenas de milhares de voluntários abandonaram seus empregos para cortar cana. A legitimidade da própria revolução parecia investida no objetivo.

A campanha foi ao mesmo tempo um sucesso e um fracasso. Foi um sucesso no sentido de mostrar para os cubanos e para o mundo a capacidade do povo de trabalhar e alcançar objetivos coletivos em troca de recompensas que iam além do individualismo e do ganho material. Mas foi um fracasso econômico em diversos aspectos. A colheita não conseguiu chegar a 10 milhões de toneladas, embora seus 8,5 milhões a tenham tornado a maior colheita de açúcar da história cubana. O maior fracasso, porém, foi o que aconteceu com o restante da economia quando tudo foi concentrado no açúcar. Com pouco investimento e a mão de obra desviada para o açúcar, outros setores entraram em colapso.

Os anos 1970: a institucionalização e o modelo soviético

Susan Eckstein denominou as mudanças dos anos 1970 de um "recuo ao socialismo". Os objetivos comunistas radicais e utópicos da década de 1960 perderam a envergadura. Juan Antonio Blanco lamenta a sovietização que ocorreu durante esse período. Em certo sentido, o socialismo se reduziu, como advertira Che, a "um método de distribuição de bens", ou, como sugeriu Vilas, a "uma forma de desenvolvimentismo de esquerda".

Entretanto, o conceito de sovietização só é útil até certo ponto. Cuba é uma sociedade caribenha e nem mesmo os burocratas mais severos foram capazes de apagar a *pachanga* inerente à cultura cubana. As estruturas políticas e econômicas podem ter se baseado num modelo soviético, mas a sociedade e a cultura ainda eram claramente cubanas.

Além disso, desde os anos 1930, o modelo soviético ficou associado à fome, com um enorme aparato repressivo, incluindo gulags, terror e presos políticos. Cuba pode ter seguido o modelo soviético de planejamento econômico centralizado, porém não criou nada remotamente semelhante às calamidades contra os direitos humanos que ocorreram na URSS. Na realidade, embora o "recuo ao socialismo" representasse um retorno de mercados e um recuo em relação ao igualitarismo econômico radical dos anos 1960, ele veio com uma democratização crescente da esfera pública. As organizações de massa preexistentes assumiram novos papéis e foram criadas novas instituições para participação.

Apesar de mais de uma década de sovietização e cinco décadas de bloqueio econômico dos Estados Unidos, estes continuaram sendo uma influência mais decisiva em Cuba do que a União Soviética. Os cubanos aprendiam inglês, assistiam a filmes norte-americanos e queriam visitar parentes em Miami. Por outro lado, como um estudioso cubano descreveu a resposta popular aos soviéticos:

> Os cubanos mantêm distância por causa de certas práticas culturais, como o fato de os russos não usarem desodorante ou, no caso das mulheres, não depilarem as pernas (...). Além disso, eles falam uma língua estranha e distante, indecifrável para a maioria dos cubanos, por mais que esforcem a imaginação, e se vestem como se o tempo tivesse parado em algum ponto no passado entre a Conferência de Yalta e o fim da Segunda Guerra Mundial (...). A tecnologia que traziam era eficaz e resistente, mas causava desperdícios e era inviável, pesada e cheia de ostentações; em outras palavras, era russa demais.[22]

As mudanças nos anos 1970 incluíram a criação ou o fortalecimento de instituições para participação democrática, como sindicatos e assembleias eleitas. O forte otimismo e o engajamento que criaram participação popular nos anos 1960 deram lugar a meios mais cotidianos e sistemáticos de participação. A visão da Revolução Cubana de democracia era muito distinta da democracia eleitoral norte-americana, mas definitivamente havia meios de participação popular em Cuba.

Cuba nos anos 1970: como funcionava

Os anos 1970 foram caracterizados por relações mais próximas com a URSS e um sistema de planejamento econômico baseado no modelo soviético. Cuba entrou para o Comecon em 1972 e adotou seu primeiro Plano de Cinco Anos em 1975. Também do ponto de vista político, o governo cubano se reorganizou de acordo com o modelo soviético. O Partido Comunista cubano, antes marginalizado por sua aliança com Batista, oposição inicial ao Movimento 26 de Julho e visões restritas, vinha sendo incorporado gradualmente à liderança revolucionária. A essa época, ele despontou como a principal organização do país. O partido realizou seu primeiro congresso em 1975 e, em 1976, o governo de Cuba aprovou uma nova Constituição que definia o partido como "a vanguarda organizada marxista-leninista da classe trabalhadora" e "a principal força na sociedade e no Estado, a qual organiza e orienta esforços coletivos a favor dos objetivos maiores de construção do socialismo e avanço rumo a uma sociedade comunista".[23] Isso significava que o partido, através de seu Comitê Central, de seu Gabinete Político e de seu Secretariado, bem como dos Congressos Partidários periódicos e de seu controle sobre o Conselho do Estado e o Conselho de ministros, tomava e supervisionava quase todas as decisões políticas e econômicas importantes. Nas palavras do ex-membro do Gabinete Político e presidente da Assembleia Nacional Ricardo Alarcón, "o partido é o maior organismo de liderança. (...) o partido define os contornos da política nacional conforme decidido nos Congressos Partidários".[24]

Além do importante papel governamental concedido ao partido, a Constituição fundou os Órganos de Poder Popular (OPP). A população votava diretamente para delegados nos conselhos municipais locais, e esses delegados elegiam representantes para as assembleias provincianas e nacionais.

As assembleias municipais faziam reuniões abertas regularmente para discutir soluções para queixas dos moradores e sobre questões relativas às suas jurisdições, incluindo "moradia, fornecimento de serviços, qualidade da educação, reparos no bairro". "Essas questões não eram menores ou sem importância", aponta a socióloga Carollee Bengelsdorf. No entanto, tampouco eram questões que "determinariam o sentido básico que a nação cubana tomaria".[25] Embora ser membro do partido não fosse uma exigência para participar das assembleias municipais, cerca de 75% dos delegados costumavam sê-lo.[26]

A Assembleia Nacional era definitivamente menos democrática em seu funcionamento. Apesar de, em tese, a Assembleia ser o órgão legislativo de Cuba, na realidade, como explica Peter Roman, "ela servia mais como um órgão consultivo do que iniciativo". As propostas legislativas costumavam vir dos ministérios geridos pelo partido e das organizações de massa.[27]

Os candidatos à Assembleia Nacional eram escolhidos por comissões controladas pelo partido. Quase todos eram membros do partido. Mesmo assim, o verdadeiro poder sobre questões políticas importantes, como relações exteriores e direcionamento econômico, exercia-se por decisões do próprio partido, do Conselho do Estado e do Conselho dos Ministros, todos órgãos não eleitos. Como primeiro-secretário do Comitê Central do Partido Comunista, presidente do Conselho do Estado, presidente do Conselho dos Ministros e Comandante-Chefe das Forças Armadas, Fidel Castro era a personificação do poder do partido nas estruturas de governo cubanas.

Outra rota para a participação política eram as organizações de massa, criadas nos anos 1960, mas institucionalizadas na Constituição. As CDRs organizavam as pessoas por bairro, ao passo que outras organizações se baseavam em gênero (Federación de Mujeres Cubanas, ou FMC), profissão (Central de Trabajadores de Cuba, ou CTC; Asociación Nacional de Agricultores Pequeños, ou ANAP; Unión Nacional de Escritores y Artistas Cubanos, Uneac) ou idade (Unión de Jóvenes Comunistas, UJC). A própria Constituição sugeria o papel um tanto ambíguo representado por essas organizações: elas "representam os interesses específicos" de diferentes grupos e "os incorporam nas tarefas de construir, consolidar e defender a sociedade socialista".[28] Ou seja, elas funcionam, ao mesmo tempo, como um meio para que as pessoas se organizem e sejam ouvidas, mas também como veículos de implementação de decisões tomadas de cima para baixo.

Essas mudanças vieram junto com relações mais próximas com o mundo capitalista. Não com os Estados Unidos, que mantiveram o bloqueio econômico à ilha. No entanto, Cuba entrou para a Organização Internacional do Açúcar e para a Associação de Exportadores de Açúcar da América Latina e do Caribe, e vendeu grande parte de seu açúcar para países ocidentais: 41% em 1974. No final dos anos 1970, o governo começou a estimular investimentos estrangeiros de países capitalistas. Como explica Eckstein, alguns

> setores se abriram para investidores estrangeiros, como o turismo, a indústria leve, medicamentos, construção civil e agronegócio. Foram prometidos aos investidores uso de terras sem impostos, isenção de impostos para materiais importados e livre repatriação de lucros.

Em 1982, Cuba aprovou um conjunto de leis relativas a investimentos estrangeiros, para garantir os direitos dos investidores.

Eckstein afirma que, inicialmente, a abertura para o Ocidente foi um fator mais significativo na virada econômica dos anos 1970 do que a integração de Cuba ao bloco soviético. A queda dos preços de açúcar perto do fim dos anos 1970, porém, deixou Cuba mais dependente de sua relação com os soviéticos.[29]

As exportações de açúcar e o crédito soviético – aliados às importações de petróleo – também ajudaram a financiar o crescimento industrial. A indústria açucareira estava cada vez mais mecanizada. Cuba aumentou a produção de maquinaria e também de bens de consumo. Fábricas cubanas produziam maquinaria agrícola, fertilizantes e pesticidas, além de navios e instalações de processamento para a indústria pesqueira, e maquinaria e infraestrutura para a mineração de níquel.

Os altos preços do açúcar no início da década 1970 contribuíram para a capacidade do governo de atingir objetivos sociais. Investimentos significativos em saúde e educação, eletrificação rural e em instituições culturais significaram que a população em geral passou a ter um maior grau de acesso a bens materiais e culturais. Os programas nascentes de auxílio estrangeiro de Cuba, iniciados nos anos 1960, também cresceram muito nos anos 1970, quando a ilha mandou grandes números de professores, médicos e trabalhadores da construção civil para o exterior, a fim de ajudar em missões, e emprestou auxílio militar para movimentos de libertação em Angola e outros países da África.

O sistema de racionamento pode ter atendido as necessidades básicas da população, mas aumentar a produção para satisfazer as demandas era um desafio constante. Fora do sistema controlado pelo Estado, os mercados negros e cinzentos se multiplicavam. No "mercado cinzento", um não fumante, por exemplo, poderia trocar cigarros recebidos na ração com um amigo por outros itens, sem que ninguém saísse prejudicado. No mercado negro, as pessoas vendiam mercadorias importadas ou escassas a preços exorbitantes.

O dinheiro fez um retorno oficial nos anos 1970 a fim de resolver o problema da baixa produção e de bens insuficientes. O governo restaurou alguns incentivos materiais. Salários e bônus estavam ligados à produtividade do trabalhador, e foram impostas taxas a serviços antes fornecidos gratuitamente pelo governo.

Em meados dos anos 1970, foram reintroduzidos alguns pequenos experimentos com mercados – o que o cientista político Jorge Domínguez chamou de "dessocialização gradual de pequenos serviços sociais".[30] Esses experimentos ganharam estatura em 1980, com a criação de mercados privados num setor muito mais importante: alimentação. Fazendeiros particulares, cooperativas e fazendas estatais receberam autorização para vender os produtos diretamente ao público e definir seus próprios preços.

A ideia era acrescentar o que o livro *No Free Lunch* (de Medea Benjamin, Joseph Collins e Michael Scott) chamou de "uma pitada de capitalismo" para estimular a produção.[31] Deu certo – no sentido de que os mercados prosperaram e ofereceram uma boa qualidade e variedade de produtos. Contudo, se o experimento solucionou alguns dos problemas criados pelo socialismo – falta de incentivos e baixa produtividade –, ele também trouxe de volta alguns dos problemas do capitalismo. Preços altos significam que apenas algumas pessoas possuíam dinheiro para comprar o que os mercados tinham a vender, e que os vendedores poderiam obter lucros exorbitantes.

O capitalismo também entrou no país através da reabertura oficial para os cubanos que haviam se mudado para os Estados Unidos. Perto do fim dos anos 1970, o governo parou de usar o termo *gusano* – verme – para aqueles que tinham ido embora. Os emigrados foram convidados a visitar Cuba e receberam permissão de comprar presentes para seus parentes na ilha em lojas especiais que só aceitavam dólar. O governo até montou um sistema para transferências bancárias vindas do exterior. No entanto, todas essas medidas tinham restrições. Em particular, os cubanos não tinham permissão de possuir ou usar dólares. Os presentes precisavam ser em espécie, e a moeda devia ser depositada no Banco Nacional e trocada por pesos.

Os experimentos com incentivos que aumentaram a desigualdade foram até certo ponto. O compromisso do governo com a igualdade continuava a reinar em outros setores, especialmente na área da saúde. A institucionalização no sistema de saúde representou a criação de estruturas regionais que seguiam o modelo soviético. Todavia, ao contrário dos soviéticos, os cubanos continuaram a investir pesadamente em seu sistema de saúde, e priorizavam a assistência básica e as iniciativas de saúde comunitária. O sistema inovador e abrangente de policlínicas de Cuba não só tornou as clínicas acessíveis em todas as regiões do país, como também

> projeta os serviços de policlínicas em suas vizinhanças. A equipe de médicos e enfermeiras não atendem os pacientes apenas na policlínica, mas também os visitam nos lugares que eles frequentam diariamente: casa, escola, unidades básicas de saúde e ambientes de trabalho.[32]

Em 1984, o país fundou um novo programa de "médico familiar" – uma campanha para treinar milhares de médicos de assistência básica e colocar um médico em cada bairro do país. A ideia era integrar o tratamento básico à comunidade. O número de trabalhadores na área de saúde triplicou entre 1970 e 2005, ao passo que o número de médicos subiu de "um médico a cada 1393 pessoas em 1970 para um médico a cada 159 pessoas em 2005".[33]

O capital humano também foi maximizado pelo voluntarismo e pelas organizações em massa. Os trabalhadores eram convidados a se voluntariar para "microbrigadas" de construção de moradia. Os CDRs e a FMC representaram um papel-chave no sistema de saúde. "Juntos, eles conseguiram chegar a todos os bairros de Cuba, já que existem CDRs em todos os quarteirões e cidades pequenas", explicou um encarregado da educação a Jonathan Kozol em 1976.

> Se, por exemplo, um idoso não sair à rua por alguns dias, é obrigação da CDR entrar na casa da pessoa para descobrir se ela está incapacitada por algum motivo. O CDR e a FMC atuam em estreita cooperação com o Ministério da Saúde. O tratamento pré-natal depende do uso de policlínicas, mas as policlínicas podem não servir de nada se as mulheres não entenderem a importância de comparecer às consultas (...). Se uma mulher não aparece para a consulta, alguém da CDR vai à casa dela e tenta descobrir o que a impediu de comparecer.[34]

1986: Retificação

A campanha de retificação de 1986 pareceu, em certos aspectos, um retorno aos primeiros dias da revolução. Numa série de discursos, Fidel atacou as desigualdades e privilégios que haviam surgido como resultado das reformas de mercado e da perda do idealismo revolucionário. As ideias de Che Guevara foram ressuscitadas. Os mercados agrícolas foram fechados, e o mesmo aconteceu com pequenas empresas particulares. Proibiram-se as visitas de exilados.

O sociólogo cubano Haroldo Dilla descreveu a essência da campanha de retificação como "caracterizada por uma forte retórica antimercado, a recuperação da autonomia nacional (em contraposição aos Estados Unidos e à perestroica soviética) e uma forte confiança nos argumentos éticos e nacionalistas que tinham como figuras emblemáticas José Martí e Che Guevara".[35]

A retificação coincidiu com o que parecia ser uma tendência oposta na União Soviética: a era da glasnost e da perestroika. Alguns analistas do cenário cubano concluíram que Cuba estava reagindo à crescente abertura econômica e política da URSS combatendo-a com linha dura.[36] Outros viam a campanha de retificação em termos mais positivos e afirmavam que Cuba estava voltando às raízes inerentes à sua revolução, em vez de seguir obedientemente os soviéticos por um caminho rumo à desigualdade, à pobreza e à corrupção crescentes. Era sem dúvida assim que os líderes cubanos apresentavam a situação ao público. Outros ainda afirmavam que os líderes de Cuba estavam reagindo da única maneira possível a uma crise causada pela queda do preço de açúcar e ao aumento da dívida externa: eles precisavam agir para diminuir o consumo doméstico e aumentar as exportações.[37]

A campanha de retificação, porém, não teve muito tempo para experimentos. A queda do bloco soviético em 1989 significava que a premissa que havia guiado o trajeto econômico de Cuba pelo menos desde os anos 1960 – de que o país poderia confiar no auxílio soviético e num mercado a "preços justos" por seu açúcar no bloco soviético – caiu por terra.

O socialismo cubano é democrático?

As autoridades cubanas afirmam que o sistema político e econômico é extraordinariamente democrático. A maioria dos representantes dos governos ocidentais, no entanto, afirma que Cuba sofre de uma extrema falta de democracia.

"Antes de 1959, tínhamos partidos políticos de sobra, mas nenhuma democracia", dizem os cubanos. Para a maior parte dos norte-americanos, o tipo de democracia desenvolvida nos Estados Unidos às vezes parece a única forma possível de democracia. Contudo, a democracia assumiu muitas formas diferentes no tempo e no espaço. Vale a pena olhar com um pouco mais de profundidade e atenção aquilo que chamamos de "democracia".

Para muitos norte-americanos, a ideia de socialismo se tornou quase sinônimo de repressão política, restrições à liberdade de expressão e a outras liberdades políticas, poder arbitrário e violações aos direitos humanos. Censura, repressão e gulags são predominantes na visão norte-americana do socialismo.

Se, por um lado, o Movimento 26 de Julho desfrutou de apoio quase unânime quando assumiu o comando do país em janeiro de 1959, por outro, esses apoiadores eram muito menos unânimes em relação ao caminho que a revolução deveria tomar. A aversão à velha ordem não significou necessariamente uma concordância em relação à nova ordem. Os Tribunais Revolucionários que condenaram centenas de ex-policiais, soldados e agentes de segurança de Batista à morte nos meses que se seguiram à revolução receberam uma condenação muito maior no exterior do que em Cuba. Mas, à medida que o Movimento 26 de Julho foi consolidando sua permanência no poder, os moderados de esquerda perderam seu entusiasmo inicial pelo projeto revolucionário. Com a expansão das expropriações de propriedades pelo governo, os proprietários e, muitas vezes, seus funcionários se afastaram do movimento. O trabalho voluntário e o apoio à revolução viraram condições para o emprego. Cidadãos eram pressionados a participar dos Comitês de Defesa da Revolução, da Federação de Mulheres Cubanas e da milícia civil. Aqueles que duvidavam, hesitavam ou preferiam não participar eram cada vez mais marginalizados.

Não foram apenas os moderados que ficaram desencantados ou cujas ideias ficaram espremidas às margens do projeto revolucionário. No início dos anos 1960, a liderança revolucionária, pressionada por um lado pela crescente hostilidade norte-americana e, por outro, pela necessidade de funcionários experientes e capacitados para ampliar e dirigir suas instituições, se aproximou do antigo Partido Comunista do país (conhecido como Partido Socialista Popular-PSP de 1944 a 1962). A recente obra de Lillian Guerra mostra a extensão em que o PSP – paradoxalmente uma das forças mais conservadoras na coalizão revolucionária*– trabalhou para assegurar seu lugar nas principais instituições revolucionárias.[38] Os membros históricos do partido costumavam manter uma linha-dura e visões estreitas do significado e da abrangência da revolução. Eles desprezavam a experimentação intelectual e cultural. Alguns dos apoiadores mais entusiásticos da Revolução, como os camponeses e os afro-cubanos, "resistiam ativamente à instauração do comunismo como uma série de políticas econômicas e leis morais paternalistas. Acreditavam que elas eram contra suas expectativas da revolução e suas identidades enquanto *fidelistas*".[39]

As políticas da revolução sobre liberdade intelectual foram resumidas por Fidel Castro em 1961 em um famoso discurso intitulado "Palavras aos Intelectuais". "Dentro da revolução, tudo; contra a revolução, nada", ele disse. Ou seja, faz-se uma distinção entre o trabalho intelectual, da arte à literatura e à academia, que se *opõe* à revolução, e o trabalho que *não* se opõe a ela – e o que se opõe à revolução não é permitido. (Trata-se basicamente da mesma distinção consagrada na Constituição cubana: a "liberdade de expressão" não pode ser exercida contra a Constituição, as leis do país ou o socialismo.)

Essa postura, porém, deixa muito espaço aberto para interpretação, e, de fato, os limites do que é considerado "dentro da revolução" e do que é "contra a revolução" mudaram muito ao longo do tempo. O jornalista norte-americano Lee Lockwood, que passou vários meses viajando pela ilha e estudando a revolução em 1965 e 1966, ficou impressionado com o fato de que, "sob o patrocínio levemente administrado da revolução, as artes prosperaram em Cuba e, felizmente, continuam livres da influência

* *Em julho de 1961, foi criada a ORI (Organizaciones Revolucionarias Integradas), uma coalização que reuniu o Movimento 26 de Julho, o PSP e o Diretório Revolucionario 13 de Marzo (que já era um antigo aliado de Fidel na luta armada). O ORI transformou-se, em 28 de março de 1962, no Partido Unido de la Revolución Socialista de Cuba. Em 3 de outubro de 1965, o PURSC mudou seu nome para Partido Comunista de Cuba.*

e da restrição ideológica comum a outras culturas socialistas".[40] Nos anos 1970, os limites se apertaram consideravelmente, e muitos intelectuais e ideias que, até então, estavam "dentro da revolução" de repente passaram a ser definidos como "contra a revolução", conforme o governo ia se alinhando cada vez mais à União Soviética. Os intelectuais cubanos atuais se referem ao período de cinco anos entre 1971 e 1976 como os "cinco anos cinzentos", por causa da intensa sovietização da vida cultural. O "realismo socialista" imposto durante esse período, explicou o autor cubano Ambrosio

Figura 2.1 Museu de Alfabetização na Ciudad Libertad nos arredores de Havana, 2000. Fonte: Foto de Aviva Chomsky

Fornet anos depois, exigia uma "literatura como pedagogia e hagiografia, direcionada à criação de 'heróis positivos', apagando quaisquer conflitos no 'seio da classe operária'".[41] Os limites voltaram a relaxar depois de 1976 com a nomeação de Armando Hart como ministro da Cultura e aquilo que normalmente é visto como uma "nova abertura" ao longo da década de 1980.[42] A maioria dos intelectuais acredita que o Quarto Congresso do Partido em 1991 foi um passo positivo importante para promover a legitimação do debate e do pensamento crítico. Além disso, para os intelectuais cubanos, a queda do bloco soviético, embora responsável por um colapso econômico quase total, também prenunciou uma era de mais abertura e debate intelectual. O capítulo 5 explorará com mais profundidade a questão da liberdade intelectual e artística sob a revolução, ao passo que os capítulos 7 e 8 examinarão todos esses diferentes aspectos do Período Especial.

3. Relações com os Estados Unidos

A Revolução Cubana, é claro, não foi um fato isolado. O desenvolvimento histórico de Cuba até 1959, e as experiências e ideias de seus líderes revolucionários estavam imersos num contexto global. A revolução em si teve grandes impactos no mundo – alguns propositais e outros não. Decisões e acontecimentos em outras partes do mundo também tiveram impactos significativos em Cuba. A Revolução Cubana desenvolveu uma política externa ativa que respondia aos eventos globais e também os afetava.

Fernando Ortiz apresentou o termo "transculturação" já em 1940 para analisar a diversidade dos povos de Cuba e como eles interagiam e se tornavam cubanos. Diferentemente dos Estados Unidos, onde a cultura anglo-saxônica era predominante, em Cuba havia surgido uma cultura inteiramente nova e mista com os imigrantes vindos da África, da América, da Europa e da Ásia.

A maioria das figuras que passaram a simbolizar a identidade nacional cubana também tinha fortes relações com outros lugares. Hatuey, o rebelde indígena que enfrentou os espanhóis no início do século XVI, vinha da Hispaniola. O pai de Antonio Maceo era venezuelano. Carlos Manuel de Céspedes foi para a universidade estudar direito na Espanha, enquanto José Martí era filho de imigrantes espanhóis e passou grande parte da vida adulta trabalhando, escrevendo e militando nos Estados Unidos. Che Guevara vinha da Argentina, e o pai de Fidel Castro era um imigrante vindo da Galícia, ao norte da Espanha. O Movimento 26 de Julho foi planejado no exílio, no México. Ser essencialmente cubano, pelo visto, significa ser cidadão do mundo.

Pessoas de todo o planeta foram para Cuba depois da revolução – algumas para apoiar o processo revolucionário e outras para tentar enfraquecê-lo ou derrubá-lo. Muitos cubanos também correram o mundo – alguns para fugir da revolução, outros para trabalhar contra ela e outros ainda para agir em solidariedade a movimentos revolucionários de outros países, especialmente na África e na América Latina. Depois da revolução, Cuba também assumiu um forte papel diplomático, tornando-se líder do Movimento Não Alinhado. E as políticas externas de outros países – sobretudo dos Estados Unidos e da União Soviética – foram influenciadas pela Revolução Cubana e a influenciaram.

Este capítulo e o próximo tratam da maneira como as relações de Cuba com o mundo moldaram a Revolução Cubana e como a Revolução Cubana moldou as relações do país com o mundo. Também olharemos para a importância e o impacto global da revolução. Já que a relação com os Estados Unidos foi fundamental para o formato e os rumos da revolução, ela será nosso ponto de partida.

Os Estados Unidos e Cuba

Os textos a respeito das relações entre Estados Unidos e Cuba a partir de 1959 costumam cair em duas categorias. Alguns privilegiam o contexto da Guerra Fria, enfatizando o caráter comunista da revolução, as relações de Cuba com a União Soviética e o choque de ideologias que motivou as políticas norte-americanas durante a segunda metade do século XX. Outros historiadores – cubanos em geral, por exemplo, mas também os revisionistas norte-americanos – consideram a postura imperial dos Estados Unidos para com o Caribe e a América Latina, que é anterior à Guerra Fria e à revolução, como a base mais importante para qualquer análise.

O cantor e compositor cubano Silvio Rodríguez exemplificou essa postura numa canção sobre a Revolução Sandinista e a resposta norte-americana. "Agora a águia sofre sua maior dor", escreveu ele. "A Nicarágua lhe dói, porque lhe dói o amor. Sente dor porque as crianças estão saudáveis e indo para a escola, porque a justiça e o afeto não sofrem com suas esporas." De acordo com essa perspectiva, os Estados Unidos buscam ganho econômico da América Latina e, com frequência, se opõem à democracia e ao desenvolvimento econômico reais porque isso reduziria a capacidade norte-americana de explorar seus vizinhos.

Em muitos aspectos, o conflito entre os Estados Unidos e a Revolução Cubana era inevitável. Com sua ênfase no nacionalismo e na justiça social redistributiva, a revolução desafiou mais de meio século de dominação norte-americana sobre a ilha, bem como o modelo econômico e político imposto por tal domínio. Quando aconteceu a revolução, as autoridades dos EUA acreditaram que poderiam manipular e controlar o novo governo cubano, principalmente quanto aos interesses dos investidores norte-americanos. No decorrer de 1959, tais autoridades foram ficando cada vez mais preocupadas. Perto do fim de 1959, o governo norte-americano havia assumido uma hostilidade implacável contra a revolução, determinado a derrubá-la.

De 1959 até hoje, os Estados Unidos experimentaram uma série vertiginosa de táticas e métodos na tentativa de controlar e enfraquecer, derrubar ou destruir o experimento revolucionário de Cuba. Muitas delas foram veladas. O museu do Ministério do Interior em Havana apresenta um testemunho das muitas tentativas de sabotagem e assassinato realizadas por agentes norte-americanos. O público norte-americano sabia muito pouco sobre isso até as audiências do Senado dos EUA em 1975 nas quais a CIA e outras autoridades assumiram seu envolvimento em tentativas de assassinar Fidel Castro. Apesar da repercussão na época, essa história permanece relativamente desconhecida nos Estados Unidos, embora seja de conhecimento geral em Cuba.

O que é mais conhecido para o público norte-americano são as duas ocasiões em que a campanha secreta se transformou num confronto declarado: a invasão da Baía dos Porcos, em abril de 1961, e a crise dos mísseis de Cuba, em outubro de 1962. Esses acontecimentos também são famosos em Cuba, mas de um jeito muito diferente. A palavra mais associada à Baía dos Porcos, nos Estados Unidos, é "fiasco". Em Cuba, a vitória sobre os invasores na praia que os cubanos chamam de Playa Girón é celebrada como "a primeira derrota do imperialismo ianque na América Latina" (Figura 3.1). Para os norte-americanos, a instalação de mísseis soviéticos em solo cubano era uma ameaça intolerável à segurança norte-americana e à correlação de forças. Para os cubanos, os mísseis eram uma defesa contra outra invasão norte-americana e a insistência dos EUA em ser a única potência nuclear no hemisfério era apenas mais um exemplo de arrogância imperialista. A "crise", para os cubanos, não era a presença dos mísseis, mas a decisão imprudente dos EUA de desafiar os soviéticos a uma guerra nuclear.

De um ponto de vista latino-americano em geral, a Baía dos Porcos é apenas uma na longa e triste lista de invasões e ocupações norte-americanas em seus países, fatos quase totalmente desconhecidos nos próprios Estados Unidos. Elas incluem, desde 1898, os vários desembarques de tropas em Cuba; a invasão e as longas ocupações da Nicarágua, do Haiti e da República Dominicana; a derrubada do governo Arbenz na Guatemala; os contralevantes e os "conflitos de baixa intensidade" na América Central nos anos 1980; e assim por diante. A única coisa que diferencia o que aconteceu na Baía dos Porcos é que dessa vez a invasão não foi bem-sucedida.

O planejamento da invasão à Baía dos Porcos começou já em março de 1960, quando a revolução tinha pouco mais de um ano. Muitos estudos recontaram a cronologia exata dos acontecimentos da invasão. Aqui, tentamos colocá-la em contexto fazendo as seguintes perguntas: como as ações dos líderes revolucionários de Cuba afetaram a relação do país com os Estados Unidos? Como as ações norte-americanas afetaram as decisões e a direção da Revolução Cubana? E, finalmente, o que mudou e o que não mudou depois da invasão à Baía dos Porcos?

Em suas próprias palavras: O governo norte-americano responde à revolução

A longa relação dos Estados Unidos com Cuba e sua presença na ilha antes da revolução criaram uma série de dificuldades para o novo governo revolucionário. O ambicioso objetivo de combinar nacionalismo e justiça social exigia uma grande transformação na relação entre os dois países. Com o apoio evidente da população, a revolução buscava independência política e econômica dos Estados Unidos. O nacionalismo econômico e a justiça social redistributiva significariam, necessariamente, enfrentar as empresas norte-americanas que desempenhavam um papel tão predominante na economia de Cuba. Como os cubanos poderiam atingir esses objetivos sem provocar o tipo de sabotagem e intervenção armada que havia derrubado o governo de Arbenz na Guatemala em 1954? Além de ajudar a entender a política dos EUA, as palavras das autoridades norte-americanas nos dão uma visão diferente e direta de Cuba durante os primeiros anos da revolução.

As autoridades norte-americanas receberam a Revolução Cubana com uma visão concentrada nos interesses dos investimentos do país em Cuba. As principais questões, para as autoridades norte-americanas, eram: o governo revolucionário protegeria os interesses das empresas norte-americanas em Cuba? Como os Estados Unidos poderiam aproveitar o novo contexto revolucionário para melhor promover esses interesses? Como lembrou Philip W. Bonsal, que foi indicado embaixador norte-americano para Cuba logo após a vitória revolucionária: "Na avaliação dos prospectos para as relações cubano-americanas sob Castro, os enormes interesses privados norte-americanos em Cuba eram da maior importância".[3]

Durante os primeiros meses, os EUA tinham esperança de que o novo governo pudesse ser persuadido ou pressionado a manter uma atitude favorável em relação aos investidores norte-americanos. Washington começou buscando o conselho desses grupos sobre como melhor defender seus interesses. Autoridades da embaixada, em um encontro com representantes de empresas norte-americanas em Cuba poucos dias depois da vitória revolucionária, relataram que

> todo homem presente expressou, individual e enfaticamente, a opinião de que seria do interesse dos Estados Unidos e das empresas norte-americanas em Cuba que os Estados Unidos reconhecessem o governo provisório o mais rapidamente possível (...). Eles consideraram que o reconhecimento imediato era necessário para instituir um possível clima favorável à continuidade dos negócios.[4]

No dia seguinte, esse conselho foi seguido e os Estados Unidos reconheceram o governo revolucionário.

Um dos motivos pelos quais as empresas norte-americanas haviam defendido o reconhecimento de Castro e por que o governo dos EUA concordou era que eles não tinham como ignorar a tremenda mobilização popular por trás da revolução. As autoridades norte-americanas, explicou o embaixador, "não tinham a menor simpatia por Castro, apenas estavam determinadas a conseguir a melhor posição possível para lidar bem com o novo governante, que parecia ser idolatrado por todo o seu povo".[5]

A tarefa, portanto, era guiar – ou manipular – o novo governo a agir de acordo com os objetivos empresariais norte-americanos. Em parte, isso poderia ser realizado "fortalecendo as influências moderadoras e estabilizadoras sobre Castro e sobre o governo cubano".[6] Além disso, os Estados Unidos deveriam "tentar isolar e reduzir a influência do elemento 'radical' das forças de 26 de Julho e dos comunistas", "manipulando-os para posições nas quais eles seriam vistos minando os programas de Castro".[7]

No dia 8 de maio de 1959, Castro fez uma declaração importante sobre os objetivos e políticas da revolução, numa resposta implícita às acusações norte-americanas de influência comunista em Cuba. O embaixador norte-americano descreveu a multidão de 600 mil pessoas que se reuniu para ouvir esse discurso como dominada por uma "adoração quase histérica" e comentou que "se trata de um governo de um homem só com total aprovação das 'massas'". O embaixador resumiu a postura de Castro:

> revolução nem capitalista, nem comunista, nem centro, mas sim um passo rumo ao avanço de todos. Afirmou que o conflito atual do mundo era entre o conceito que oferecia democracia ao povo mas o deixava morrer de fome e o conceito que oferecia comida mas suprimia suas liberdades. A solução cubana seria promover todos os direitos da humanidade, incluindo os 'direitos sociais'. Somente as ideias que satisfazem tantos as necessidades materiais como as espirituais da humanidade irão prosperar.[8]

A Reforma Agrária de 1959, que restringiu a extensão das fazendas para 1348 hectares, levou o conflito entre os objetivos do governo cubano e os interesses dos investidores norte-americanos a um ponto culminante. Terras além dessa extensão seriam expropriadas e compensadas com títulos públicos de vinte anos; o valor da terra seria determinado pelo valor que os proprietários haviam declarado para fins de impostos.[9] Muitas das propriedades afetadas pertenciam a empresas ou indivíduos norte-americanos.

"Eu acreditava que ambos os países teriam lucrado se o governo cubano tivesse dado ouvidos aos norte-americanos afetados antes de tomar decisões sobre uma questão de tamanha importância", queixou-se o embaixador Bonsal.[10] O Departamento do Estado dos EUA declarou que "a lei de reforma agrária causa grande consternação ao governo dos EUA e aos círculos açucareiros norte-americanos".[11] Trinta dos 34 engenhos de açúcar em posse de norte-americanos enviaram representantes para se encontrar com o embaixador dos Estados Unidos no dia seguinte, queixando-se de que seus negócios seriam gravemente afetados pela reforma.[12]

As autoridades norte-americanas tentaram trabalhar com "forças moderadas em Cuba que estavam apoiando os esforços dos EUA a fim de obter melhorias das provisões da lei de reforma agrária que são prejudiciais aos interesses norte-americanos".[13] Bonsal reiterou os interesses norte-americanos em diversos encontros com autoridades cubanas em maio e junho de 1959: o medo de que as exportações do açúcar cubano pudessem cair, deixando o mercado norte-americano sem esse produto; e a preocupação de que os proprietários norte-americanos em Cuba fossem compensados adequadamente. "Expliquei a fé dos Estados Unidos de que as empresas privadas são a base do desenvolvimento econômico (...). Frisei o papel construtivo das empresas norte-americanas na economia cubana", relatou Bonsal.[14]

Os cubanos, porém, insistiram em seu direito de determinar suas próprias prioridades. "Transformar o sistema de posse de terras (...) é o pré-requisito inevitável em todo país subdesenvolvido para seu progresso industrial, político, social e cultural", disse o ministro do Estado a Bonsal. "A menos que a posse de terras em grande escala seja abolida", continuou ele, "Cuba continuará a sofrer de estagnação econômica e uma taxa crescente de desemprego (...). A reforma agrária é para o bem da nação cubana, um bem que [o governo] coloca acima de todos os outros". Cuba ainda queria investimentos estrangeiros, mas nos setores que beneficiassem a população. Ele pediu a Bonsal que

> fizesse com que investidores norte-americanos afetados pela reforma agrária ajudassem a promover o desenvolvimento generalizado da economia cubana de acordo com as medidas planejadas que estão sendo postas em prática. O objetivo dessas medidas criativas, cuja base é a reforma agrária, é aumentar a produtividade, estimular os investimentos, melhorar o padrão de vida e eliminar o desemprego, o que garante o fornecimento de produtos cubanos para os consumidores norte-americanos.[15]

Washington não se deixou convencer. Depois de uma reunião com vários latifundiários norte-americanos em 24 de junho, o secretário de Estado dos EUA expediu um cabograma para o embaixador: "você deve fazer todos os esforços para persuadir o governo de Cuba a evitar ações precipitadas ao tentar aplicar a lei de reforma agrária em propriedades norte-americanas".[16] Outra mensagem concluiu de maneira contundente: "Com a assinatura da Lei de Reforma Agrária, parece claro que nossa esperança original foi em vão; o governo de Castro não é do tipo que vale a pena salvar".[17]

O embaixador não tinha como deixar de ver o fortíssimo apoio da população cubana ao novo governo e a suas reformas. A única oposição vinha dos correligionários próximos de Batista, membros das forças armadas e latifundiários cujas propriedades estavam ameaçadas. De sua busca zelosa por influências comunistas dentro do novo governo, ele voltou de mãos vazias. Os anticomunistas dominavam o exército, a polícia e as agências de segurança. Não havia "nenhum fundamento" para os rumores a respeito da existência de conselheiros soviéticos ou chineses. O pior que ele podia dizer era que o governo de Castro tinha uma "tolerância benevolente" com o Partido Comunista de Cuba e "não se concentrou nesse assunto em um grau desejável".[18] Ele elaborou:

> Castro não se interessa pela situação internacional ou pela ameaça de comunismo internacional (...). Tentei explicar-lhe a importância do apoio de todos os povos do mundo livre na grande luta entre liberdade e escravidão, mas acredito que ele não tenha ficado particularmente interessado.[19]

Entretanto, Bonsal continuou insistindo que Cuba privilegiasse os interesses dos investidores norte-americanos. Num encontro em 23 de julho, ele tentou comover o Ministro de Estado de Cuba afirmando que

> muitos empreendedores privados dos EUA em Cuba fizeram grandes contribuições para a economia do país no campo agrícola; muitas de nossas empresas nos ramos do açúcar e do gado criaram emprego e riqueza onde antes não havia nem população nem produção. Essas empresas têm direito a um tratamento especial (...). Também me referi às empresas de utilidade pública e à importância de chegar a um acordo que permita que essas empresas continuem a obter o capital que elas devem ter para atender às exigências da economia cubana em expansão.[20]

Mas até mesmo Bonsal entendia que o controle econômico dos Estados Unidos sobre a América Latina não tinha sido necessariamente benéfico para a população desses países. "O regime de Castro parece ter surgido de uma profunda e generalizada insatisfação com as condições econômicas e sociais que estavam presentes em Cuba e para responder a uma enorme demanda por mudança e reforma", escreveu ele. "O apoio universal que recebeu dos mais humildes e da classe média baixa é prova da força dessa vontade (...). Se voltarmos as costas para eles, corremos o risco de jogá-los nos braços dos comunistas."[21]

Também preocupantes eram os efeitos da popularidade da Revolução Cubana e de suas reformas econômicas redistributivas sobre o resto da América Latina. O grande temor era a possibilidade de que encorajasse outros países a desafiarem o domínio político e econômico dos Estados Unidos. Um representante do Departamento do Estado do país explicou que "é possível que, se a revolução cubana tiver sucesso, outros países da América Latina e talvez de outras regiões a usem como modelo. Devemos decidir se queremos ou não que ela seja bem-sucedida".[22] Outras autoridades norte-americanas concordavam com essa avaliação continental. No fim de 1959, o secretário-assistente do Estado Roy Rubottom advertiu que

> nossa atitude até o momento poderia ser considerada um sinal de fraqueza e, assim, estimular os elementos comunistas-nacionalistas em outros países da América Latina que estão tentando aprovar programas semelhantes aos de Castro. Se levados a cabo, esses programas (...) podem expor os proprietários norte-americanos a um tratamento semelhante ao recebido em Cuba e prejudicar totalmente o programa de desenvolvimento econômico defendido pelos Estados Unidos para a América Latina, que tanto depende do investimento capital privado.[23]

Segundo o secretário do tesouro, "'grandes quantias de capital previstas para investimento na América Latina' estão sendo retidas porque os investidores estão 'esperando para ver se os Estados Unidos conseguem lidar'" com Cuba.[24] Os objetivos norte-americanos em Cuba, assim como em outros países da América Latina, reiterou Rubottom, dependiam da "receptividade aos EUA e ao crescente comércio de capitais do mundo livre" e do "acesso por parte dos norte-americanos aos recursos essenciais cubanos".[25]

Por isso, o secretário de Estado frisou que "todas as ações e medidas do governo norte-americano devem ser traçadas para estimular, em Cuba e em outros países da América Latina, a oposição ao rumo extremista e antiamericano do regime Castro".[26] Um memorando secreto da CIA de dezembro de 1959 reiterou que a revolução de Cuba, "se permitida ser vitoriosa, estimulará ações semelhantes contra propriedades norte-americanas em outros países da América Latina" e recomendou que "seja dada intensa consideração à ideia de eliminar de Fidel Castro", a fim de "acelerar a queda do atual governo". Numa nota manuscrita, o diretor da CIA aprovou a recomendação.[27]

A investigação de 1975 do Comitê do Senado dos EUA documentou pelo menos oito tentativas de assassinato a Fidel Castro financiadas pela CIA entre 1960 e 1965. Os cubanos já descobriram várias outras tentativas.[28] Oficiais da CIA envenenaram uma caixa da marca preferida de charutos de Fidel com toxina botulínica, que causaria morte em questão de horas após a ingestão. Os charutos foram entregues a um contato em fevereiro de 1961, mas aparentemente nunca chegaram às mãos de Castro. Outros instrumentos de homicídio que a CIA preparou, ou obteve e entregou ou ainda mandou entregar para assassinos contratados incluíam pílulas letais que um alto funcionário cubano deveria colocar na comida de Castro, uma agulha hipodérmica cheia de um inseticida letal, disfarçada de caneta, e rifles de alta potência. Os funcionários da CIA testaram e aperfeiçoaram todos os venenos. Outras ideias que foram exploradas e rejeitadas incluíam colocar uma concha do mar exótica cheia de explosivos na área onde Castro iria mergulhar ou presenteá-lo com um traje de mergulho contaminado.[29]

Para executar essas tentativas de assassinato, a CIA cultivou relações com grupos mafiosos, oferecendo 150 mil dólares para um assassinato, a partir de agosto de 1960.[30] Os contatos da CIA em tais grupos estiveram envolvidos em diversas tentativas de matar Castro com comprimidos envenenados de 1960 a 1963.[31]

O secretário-assistente de Estado para assuntos interamericanos John C. Hill Jr. mencionou, com preocupação, "o impacto que a honestidade real, a gentileza e o idealismo do governo, na prática do dia a dia, causaram no povo" e "o fato de que a vasta maioria dos cubanos (...) desenvolveu um entusiasmo pela necessidade de reforma social e econômica".[33] No entanto, o objetivo norte-americano, insistiu ele, era precisamente o oposto: "devemos garantir que o governo sucessor se comporte segundo nossos interesses".[34]

As autoridades norte-americanas continuaram a negar publicamente qualquer intenção intervencionista, mesmo quando as medidas em si progrediam para invasões, ações terroristas e planos de assassinato. Eles fingiram inocência condoída quando as acusações de Castro descreveram com precisão o que eles estavam fazendo. O presidente norte-americano Eisenhower censurou publicamente "a tendência dos porta-vozes do governo cubano, incluindo o primeiro-ministro Castro, de criar o mito de atos agressivos e atividades conspiratórias direcionadas contra o governo cubano e atribuídas a funcionários e agências dos EUA".[35] Embora denunciasse uma paranoia cubana em relação às intenções e atividades norte-americanas, o governo dos EUA estava de fato planejando, paralelamente, a invasão que aconteceu na Baía dos Porcos em abril de 1961 e a tentativa de assassinato de Fidel Castro.[36] O comentário de Eisenhower foi feito mais de um mês depois que Allen Dulles, diretor da CIA,* aprovara a recomendação para a "eliminação" de Castro e apenas um dia depois da primeira reunião do Grupo Especial da CIA para discutir "o plano secreto de contingência para conseguir a queda do governo Castro".[37]

Guerra velada: Até a Baía dos Porcos

A guerra velada tinha o objetivo explícito de "causar a substituição do regime Castro". Essa "substituição" precisava acontecer

> de maneira a evitar qualquer aparência de intervenção norte-americana. Essencialmente, o método para atingir esse fim será o apoio induzido e, na medida do possível, ação direta, dentro e fora de Cuba, por grupos seletos de cubanos de que se possa esperar que sejam capazes de tomar sua própria iniciativa.[38]

O programa era projetado para fazer o governo cubano suspeitar de qualquer dissidência organizada em seu país.

Os ataques contra Cuba começaram no final de 1959, depois que as autoridades norte-americanas determinaram que o governo Castro não era "do tipo que vale a pena salvar".[39] Em janeiro de 1960, autoridades norte-americanas continuaram a insistir publicamente que "os Estados Unidos estão ansiosos para promover melhores relações com o regime Castro" e negaram com firmeza as acusações de Castro de que trinta bombardeios realizados por aviões norte-americanos haviam destruído 225 mil toneladas de açúcar. Todavia, eles não tiveram como negar as evidências quando um avião norte-americano carregado de explosivos caiu sobre o engenho España nos arredores de Havana

---

* *Irmão do secretário de estado John Foster Dulles, e tio do brasilianista John W. F. Dulles.*

em fevereiro de 1960, e Castro apareceu na televisão com o passaporte do piloto, o cidadão norte-americano Robert Ellis Frost. O *New York Times* lamentou o incidente, afirmando se tratar de "uma vergonha para o governo dos Estados Unidos" e "aumentou consideravelmente o peso das várias acusações feitas por Cuba no passado de que nossos aviões vinham incendiando campos de cana-de-açúcar na ilha". Mapas encontrados com o piloto morto mostravam rotas para outros engenhos de açúcar que haviam sido bombardeados nas semanas anteriores.[40]

Autoridades norte-americanas também "negaram categórica e enfaticamente" qualquer relação com a explosão que matou entre 75 e cem pessoas e feriu mais de trezentas no início de março de 1960. O navio francês *La Coubre* partira da Antuérpia carregado com munições e granadas de mão compradas pelos cubanos. O navio explodiu no porto de Havana depois de ser descarregado, e as investigações cubanas determinaram que um explosivo havia sido plantado no carregamento antes que partisse da Bélgica. As autoridades norte-americanas admitiram, porém, que esses atentados eram compatíveis com as táticas do país.[41]

O aspecto econômico do conflito disparou quando Cuba assinou um tratado comercial com a URSS em fevereiro de 1960. Em troca de centenas de milhares de toneladas de açúcar por ano, os soviéticos forneceriam petróleo e mercadorias manufaturadas a Cuba. Em junho, as empresas petrolíferas dos Estados Unidos na ilha se recusaram a processar o petróleo soviético – e o governou cubano respondeu com sua expropriação imediata. Em julho, Einsenhower cortou drasticamente a cota de açúcar de Cuba. Em outubro, o presidente norte-americano declarou um embargo econômico contra a ilha e, em janeiro de 1961, cortou todas as relações diplomáticas.[42]

Nesse ínterim, em 17 de março de 1960, Eisenhower ordenou a criação de um exército de cubanos exilados, e começou a treinar e planejar o que culminou na invasão da Baía dos Porcos em abril de 1961. A CIA escolheu seu veterano oficial E. Howard

Hunt* para organizar os exilados cubanos e escoltar "líderes de oposição" escolhidos a dedo para servir como novo governo. Hunt descreveu seu papel como o de "formar e guiar o governo cubano exilado, acompanhar seus membros até uma Havana libertada e permanecer como conselheiro cordial até depois das primeiras eleições pós-Castro".[43] Em troca de sua lealdade, a CIA financiou generosamente a nova organização cubana exilada: Hunt distribuía 115 mil dólares por mês entre salários e aluguéis, e a CIA fornecia diretamente "armas, barcos e equipamentos de comunicações para a infiltração em Cuba", além de custear outras despesas da Frente Revolucionario Democrático (FRD).[44]

Vários setores no governo norte-americano, incluindo diferentes seções da CIA que não sabiam o que as demais estavam fazendo, dirigiram vastas somas de dinheiro a diferentes organizações de exilados cubanos. O agente da CIA Felix Rodriguez entrou clandestinamente em Cuba por Key West, na Flórida, no início de 1961, foi recebido por um grupo de doze cubanos na costa, transportado eficientemente para um "abrigo secreto" em Havana e passou um mês escondido na cidade encontrando a "resistência", viajando, esperando carregamentos de armas que nunca chegaram. Sua descrição da rede de abrigos em Havana e outras cidades, e dos vários espiões escondidos nelas, não deixa dúvidas de que os oficiais de segurança de Cuba tinham motivos para se preocuparem com essas questões.[45] Rodriguez também admitiu ser responsabilidade da CIA o incêndio que destruiu a maior loja de departamentos de Havana, El Encanto, algumas semanas antes da invasão à Baía dos Porcos.[46]

O assassinato de Fidel também foi contemplado – e talvez até tentado – em conjunto com a invasão da baía. E. Howard Hunt lembrou que, quando propôs o assassinato como prelúdio

* *Nota da edição brasileira: Hunt já havia participado da derrubada de Jacobo Arbenz, presidente da Guatemala. Nos anos 1970, foi condenado à prisão por seu envolvimento com o caso Watergate.*

à invasão, foi-lhe assegurado que isso já estava nas mãos de um "grupo especial".[47] O historiador Thomas Paterson observa que

> a CIA ativou planos de assassinato em março e abril. Parece provável que o assassinato fosse parte do plano geral da Baía dos Porcos. O oficial da CIA no comando da invasão, Richard M. Bissell, admitiu que tinha esperanças de "que Castro estivesse morto antes do desembarque".[48]

O exército exilado que passou a ser conhecido como Brigada 2506 treinou no sul da Flórida e em bases das forças armadas norte-americanas e da CIA no Panamá e na Guatemala. Em 17 de abril de 1961, as tropas de exílio desembarcaram em uma praia pantanosa conhecida como Playa Girón. As informações da CIA tinham feito com que eles esperassem um forte apoio em terra. Em vez disso, o exército de Cuba se mobilizou rapidamente para derrubar a incursão e, em menos de três dias, a invasão foi derrotada de maneira definitiva. A popularidade da revolução, tanto dentro como fora do país, se fortaleceu. Mas o mesmo ocorreu com a desconfiança do governo cubano em relação a dissidências dentro do país e com o desejo de buscar apoio estrangeiro contra a hostilidade norte-americana. Em dezembro de 1961, Fidel Castro se declarou um marxista-leninista. O governo cubano também recorreu à URSS como a melhor forma de deter ou rechaçar um futuro ataque dos EUA. Mas o conflito entre Cuba e os Estados Unidos estava apenas começando.

Guerra velada: Depois da Baía dos Porcos

"Enquanto Fidel estiver se fortalecendo, continuará a crescer a ameaça que significa seu exemplo como um estímulo de uma revolução comunista proletária", advertiu um relatório do governo norte-americano depois da Baía dos Porcos.[49] Após a tentativa de invasão, segundo um estudo, a administração

Kennedy recorreu à ação secreta com vigor renovado. "Quase todas as agências do governo federal foram recrutadas (...). O Departamento do Estado, o do Tesouro, do FBI, do Comércio, da Imigração, da Alfândega foram reunidos em comitês departamentais para criar medidas que causassem dano a Cuba".[50] Como explicou Robert McNamara*, "estávamos histéricos em relação a Fidel na época da Baía dos Porcos e depois dela", e havia uma pressão clara para se "fazer algo em relação a Fidel".[51]

Pouco depois da derrota norte-americana, a CIA abriu uma nova estação no campus da Universidade de Miami para coordenar a guerra secreta.[52] A estação se tornou um dos maiores empregadores em Miami, com um orçamento operacional de mais de 50 milhões de dólares por ano e uma equipe permanente de mais de trezentos funcionários que supervisionavam vários milhares de agentes cubanos. Ela também coordenou campanhas internacionais através de estações da CIA ao redor do mundo para obter informações, convencer outros países a cortarem relações com Cuba e estimular a propaganda negativa de Fidel, além de "persuadir, subornar ou chantagear" autoridades cubanas a desertarem quando viajassem ao exterior.[53]

O que o ex-vice-diretor da CIA Ray Cline descreveu como "operações punitivas de sabotagem econômica" eram as principais atividades. Agentes na Europa sabotaram cargas e tentaram dissuadir os transportadores de irem a Cuba. Uma equipe especial na sede da CIA, em Langley, Virgínia, trabalhou em projetos que variavam desde colocar contaminantes em carregamentos de açúcar cubano para exportação até danificar mercadorias a caminho de Cuba.

> Nós realmente estávamos fazendo quase tudo com que você pode sonhar. Uma das nossas operações mais sofisticadas foi convencer um fabricante de rolamentos

---

* *Nota da edição brasileira: Secretário de Defesa dos EUA entre 1961 e 1968.*

> em Frankfurt, na Alemanha, a produzir um carregamento de rolamentos descentrados. Outra foi convencer um fabricante a fazer o mesmo com rodas balanceadas (...).[54]

A estação também mantinha postos de treinamento e bases clandestinas, do exército e da marinha paramilitar, além de navios e armas, pagando pelos salários e cuidando da logística. Um agente afirmou ter participado de missões quase semanais na folha de pagamento da CIA durante esse período, incluindo "ataques em grande escala com o objetivo de explodir refinarias petrolíferas e indústrias químicas", além de derrubar e buscar "equipes" de agentes ao longo da costa cubana.[55] Outro descreveu missões que incluíam ataques à refinaria de petróleo Texaco, fábricas e navios russos parados nos portos cubanos. Numa missão, uma equipe de sete homens explodiu uma ponte ferroviária para que o trem descarrilhasse e queimasse um armazém de açúcar.[56]

A derrota norte-americana na Baía dos Porcos também levou à criação da Operação Mongoose. Diferente da CIA, que *teoricamente* deveria manter suas operações escondidas de autoridades do governo para possibilitar a "negação plausível", a Mongoose seria dirigida pelo recém-criado Special Group, que incluía os principais conselheiros de Kennedy.[57] O general Edward Landsdale supervisionou a Operação Mongoose, uma operação administrada separadamente com o intuito de sabotagem e subversão, que acelerou no segundo semestre de 1962. Em agosto do mesmo ano, o Special Group considerou a ideia de uma campanha aberta para derrubar Fidel, mas decidiu que isso "feriria os EUA aos olhos da opinião mundial". O general Taylor sugeriu "que devíamos considerar alterar o objetivo geral: ao invés de derrubar o regime Castro, causar a sua queda" por meio da sabotagem econômica.[58] Robert McNamara concordou que era chegado o tempo de "tomar todos os passos agressivos possíveis nos campos de inteligência, sabotagem e ação de guerrilha"; ao fim do mês, os conselheiros de

Kennedy haviam aprovado um grande ataque contra a mina de cobre Matahambre em Cuba.[59]

Em agosto de 1962, a organização cubana exilada Alpha 66 realizou um ataque contra o hotel no litoral "onde se sabia que técnicos militares soviéticos se congregavam. Foi morta uma leva de russos e cubanos". Embora esse ataque específico pareça não ter sido sancionado pelos Estados Unidos, Raymond Garthoff explicou: a Alpha 66 "tinha permissão de manter sua base na Flórida".*Em setembro, começou uma nova fase da Mongoose, "pedindo por mais ataques em Cuba". A Alpha 66 conduziu outros dois ataques em 10 de setembro (contra navios de carga britânicos e cubanos) e em 7 de outubro (na ilha). No dia 27 de setembro, outra equipe de sabotagem da CIA foi presa em Cuba. Na reunião do dia 4 de outubro do Special Group, foi tomada outra decisão para "aumentar as operações, incluindo o envio de equipes de sabotagem a Cuba". Nos dias seguintes, foram realizadas outras três reuniões para discutir isso, incluindo, segundo Garthoff, "uma em 16 de outubro entre duas reuniões na Casa Branca no dia da crise dos mísseis em Cuba".[60]

O maior plano da Mongoose era o ataque à mina de cobre Matahambre, em Cuba. A primeira tentativa fracassou no final de 1961, quando problemas técnicos impediram que o barco carregando os comandos chegasse; a segunda tentativa, em meados de 1962, foi recebida por uma patrulha de milícia cubana e os agressores fugiram. Uma terceira tentativa, em outubro de 1962, também foi rechaçada pelas tropas cubanas – em 22 de outubro, exatamente no dia em que o presidente Kennedy anunciou a presença de mísseis soviéticos na ilha e negou que Cuba tivesse qualquer motivo para se defender de agressões norte-americanas. Um participante do ataque ouviu o discurso de Kennedy do

---

**Raymond Garthoff, que nos anos 1970 chegaria a ser embaixador norte-americano na Bulgária, era, no início dos anos 1960, assessor especial do Departamento de Estado norte-americano.*

barco à beira de Pinar del Río, onde aguardava dois espiões que faltava retornarem.[61]

Embora os cubanos tenham conseguido evitar o ataque de outubro a Matahambre, eles não conseguiram impedir um ataque no dia 8 de novembro, que explodiu uma indústria e, segundo Fidel, matou quatrocentos operários:

> A captura do líder de um grupo de espiões treinados e dirigidos pela CIA, aqui em Cuba, mostra como as fotografias tiradas pelos aviões de espionagem servem para orientar a sabotagem e suas operações, e também revela, entre outras coisas, um desejo de causar o caos ao provocar a morte de quatrocentos trabalhadores numa de nossas indústrias.[62]

Na véspera da crise dos mísseis de Cuba, a Mongoose foi criticada por seu progresso lento. Numa reunião em outubro de 1962, de acordo com as anotações feitas por Richard Helms (futuro diretor da CIA), "Robert Kennedy, ao expressar a 'insatisfação generalizada do presidente' com a Mongoose 'apontou que a operação estava ativa fazia um ano (...) que não houve atos de sabotagem e que mesmo aquele plano que havia sido tentado fracassara duas vezes'" – aparentemente em referência ao atentado contra a mina de cobre. Ele também afirmou que o presidente Kennedy "está preocupado com o progresso do programa Mongoose e acredita que deve ser dada maior prioridade para tentar montar operações de sabotagem". Ele exigiu "atividade intensa". Roswell Gilpatric, do Departamento de Defesa, confirmou essa sensação: "A queixa do procurador-geral (...) era que as medidas tomadas pela CIA até o momento, e seus planos, eram muito triviais, muito secundários, não tinham a dimensão necessária, não eram eficazes o bastante".[63]

A crise dos mísseis

Grande quantidade de livros e um número ainda maior de capítulos de livros didáticos foram escritos sobre a crise dos mísseis, ou Crisis de Octubre, quando a União Soviética instalou mísseis nucleares em Cuba em resposta às tentativas norte-americanas de invadir a ilha e à instalação, pelos EUA, de mísseis nucleares na Turquia. Em geral, nos Estados Unidos, o foco está no processo de tomada de decisão de alguns poucos indivíduos ao longo do período definido como "crise", durante o qual autoridades norte-americanas e soviéticas entraram num perigoso jogo de *brinkmanship*, uma estratégia que significou ir à beira do abismo da guerra nuclear. Nessa versão, a União Soviética recuou ante a força e a persistência dos EUA.

Nos Estados Unidos, várias suposições típicas da Guerra Fria temperaram os primeiros relatos dos acontecimentos. Primeiro, os relatos mais antigos partiam do princípio de que havia certo equilíbrio de poder entre os Estados Unidos e a União Soviética, e que a instalação dos mísseis em Cuba criava uma alteração perigosa nesse equilíbrio. Segundo, eles argumentavam que foi a força inflexível de Kennedy que convenceu os soviéticos a recuarem e concordarem com a remoção dos mísseis. Terceiro, a maioria dos relatos partiam da premissa de que Cuba não precisava defender-se dos Estados Unidos – então a chegada dos mísseis só poderia ser a preparação de um ataque.

No final dos anos 1980, a história do caso começou a ser revista. O Arquivo de Segurança Nacional da Universidade George Washington usou a Lei de Liberdade de Informação – e, posteriormente, um processo contra o Departamento do Estado dos EUA – para obter vários documentos antes confidenciais relativos à crise.[64] Acadêmicos nas Universidades Harvard e Brown promoveram uma série de conferências que reuniu participantes de Cuba, dos Estados Unidos e da URSS para discutir os documentos que haviam acabado de se tornar públicos e tentar chegar a uma nova síntese. Essa onda de reanálises foi decididamente menos celebratória do que os estudos das primeiras décadas depois da crise. Na realidade, as principais figuras dos Estados Unidos se revelam mais imprudentes do que heroicas.[65]

Os anos 1990 viram uma oportunidade sem precedentes para historiadores da crise dos mísseis, quando, além dos documentos norte-americanos, foram tornados públicos os arquivos soviéticos e cubanos.[66] Duas grandes conferências em Havana, no trigésimo aniversário da crise em 1992 e no quadragésimo em 2002, reuniram estudiosos e participantes para aprofundar o debate e esclarecer algumas das principais dúvidas históricas. Talvez para a surpresa da primeira geração de estudiosos da Guerra Fria, muitas das afirmações feitas pelos soviéticos e pelos cubanos, antes negadas pelas fontes norte-americanas, se provaram verdadeiras. Os cubanos temiam sim outra invasão norte-americana, a qual, inclusive, estava sendo planejada. O poder nuclear soviético realmente estava abaixo do que os Estados Unidos haviam desenvolvido. As autoridades norte-americanas sabiam que sua decisão, em 1961, de posicionar mísseis nucleares perto da fronteira soviética na Turquia e na Itália aumentava o desequilíbrio. O objetivo soviético de colocar mísseis em Cuba era enfrentar ameaças reais: defender Cuba de ataques norte-americanos e responder à vantagem estratégica global e nuclear política nas mãos dos Estados Unidos. Os soviéticos não aceitaram retirar os mísseis por causa da firme determinação de Kennedy. Em vez disso, os Estados Unidos aceitaram as demandas soviéticas de abandonar publicamente seus planos de invadir Cuba e também de remover os mísseis na Turquia, o que aceitaram confidencialmente. (Até a liberação dos documentos antes confidenciais, as autoridades norte-americanas negavam categoricamente a realização de qualquer acordo com os soviéticos.) Kruschev ficou abalado não pela força de vontade de Kennedy, mas por sua imprudência e pela ameaça real de destruição nuclear imposta pela postura norte-americana.

Apesar das promessas norte-americanas, o país se recusou a aceitar a supervisão internacional de sua garantia de não intervenção, tanto que as tentativas dos EUA de derrubarem o governo cubano continuaram inalteradas. Poucos dias depois de prometer a Kruschev que os Estados abandonariam qualquer outra tentativa de invadir a ilha, o Pentágono preparou um documento para qualificar a promessa. "O presidente havia prometido abandonar apenas uma 'conquista militar pelas forças norte-americanas'", explica o cientista político Lars Schoultz, resumindo e citando o documento, "embora outras ações, como 'operações do tipo da Baía dos Porcos' não tivessem sido descartadas". Enquanto isso, Kennedy disse a seus conselheiros que a promessa havia sido uma farsa e que "nosso objetivo é preservar nosso direito de invadir Cuba".[67]

Robert S. McNamara resumiu as mudanças nos estudos depois da conferência de 2002. "Por muitos anos, considerei a crise dos mísseis cubanos a crise de política externa mais bem administrada dos últimos cinquenta anos." Porém, revelações nos documentos e nas duas conferências mostraram um grau chocante de ignorância, falta de comunicação, arrogância e total imprudência no decorrer dos acontecimentos. McNamara admitiu que os mísseis não afetaram nem um pouco o equilíbrio de poder. Kennedy, porém, se sentiu obrigado a responder com força porque ficou preso a compromissos públicos que havia assumido de agir agressivamente no caso de acontecimentos desse tipo. Na conferência de 1992, o general soviético Anatoly Gribkov revelou que 162 ogivas nucleares tinham sido instaladas em Cuba antes do bloqueio naval dos EUA, e Fidel Castro declarou que Cuba fora preparada para usá-las caso os Estados Unidos atacassem. De fato, em meio à crise, os líderes da Mongoose enviaram três equipes de sabotagem a Cuba e tinham mais dez prontas para partir.[68] A Guerra Nuclear esteve muito mais próxima do que o público da época e os historiadores que vieram logo depois imaginavam.

A crise e sua resolução também balançaram as bases da relação nascente de Cuba com a União Soviética. A decisão de Kruschev de retirar os mísseis foi feita sem consultar os cubanos que, mais uma vez, sentiram que sua soberania estava sendo feita refém das polícias de grandes potências. "O povo saiu às ruas cantando congas", lembra uma pessoa presente, "entoando 'Niquita, mariquita, lo que se da ¡no se quita!'" [Em tradução livre: "Nikita, marica, o que se dá não se tira!"].[69]

Depois da crise dos mísseis

Como Kennedy havia admitido confidencialmente, a promessa norte-americana de não invadir Cuba era mais a título de aparências. As operações de sabotagem foram interrompidas temporariamente e a Mongoose foi dispersada oficialmente, sendo substituída por um "Comitê de Coordenação Cubana" interagências.[70] Mas as invasões, bombardeios e sabotagens continuaram e até aumentaram.[71] O assassinato de John F. Kennedy causou uma paralisia momentânea na guerra secreta. Oficiais da CIA envolvidos nos atentados a Castro temiam que forças cubanas pudessem ter contribuído para o assassinato de Kennedy em retaliação aos ataques da CIA a Castro; oficiais da CIA e do FBI notaram com preocupação que tanto Lee Harvey Oswald como Jack Ruby (responsável pela morte de Oswald) tinham possíveis ligações com figuras da máfia envolvidas nos planos de assassinato a Castro, bem como a indivíduos e organizações a favor e contra os cubanos. O governo dos EUA tinha vários motivos para querer pôr um fim às investigações do assassinato de Kennedy, entre os quais o medo dos oficiais de que a guerra suja dos EUA contra Castro e Cuba fosse trazida para dentro da investigação. Nenhuma agência do governo queria se expor ao risco que poderia resultar de tal linha de investigação. Havia muito a ser acobertado.

Desde o início de 1961, a CIA mantinha contatos com o major Rolando Cubela, integrante do "alto escalão" do governo cubano.[72] A CIA mandou entregar armas a Cubela em Cuba em

1963 e, novamente, em 1964. Além disso, agentes da CIA entregaram uma "caneta venenosa" a Cubela em Paris em 22 de novembro de 1963, com instruções para enchê-la com Blackleaf 40, um inseticida fácil de encontrar que seria letal. "É provável que, no exato momento em que o presidente Kennedy levou o tiro, um funcionário da CIA estivesse encontrando um agente cubano em Paris e entregando-lhe uma arma para ser usada contra Castro", concluiu um relatório da CIA.[73]

Em junho de 1965, oficiais da CIA chegaram à conclusão de que "o círculo de cubanos que sabia dos planos de Cubela e da relação da CIA com eles não parava de crescer". Cubela se tornara um risco de segurança e todos os contatos com seu grupo foram rompidos. Sem o apoio da CIA, o plano fracassou. Cubela e vários outros envolvidos no plano foram presos em Havana em março de 1966 e sentenciados a 25 anos de prisão.[74]

Em abril de 1964, Johnson pediu o fim dos ataques de sabotagem. "Estamos operando uma maldita empresa de assassinato no Caribe", teria dito na época.[75] O secretário de estado Dean Rusk argumentou que as sabotagens tinham potencial para um "alto nível de escândalo" e que era difícil esconder o envolvimento norte-americano.[76] O último grande ataque organizado pela CIA da era Johnson foi em dezembro de 1963, quando exilados cubanos colocaram minas em águas cubanas perto de uma base naval, explodindo vários barcos e matando e ferindo diversas pessoas.[77]

Quando as operações paramilitares foram desmanteladas e fechadas, os homens que a CIA havia armado, financiado e treinado, assim como as forças que a CIA tinha abastecido, não desapareceram da noite para o dia. "Ninguém em Miami ou em Langley pensou muito em desmobilizar o exército secreto de exilados", explica o jornalista David Corn. Durante os anos 1960, 1970 e 1980, a mão desses exilados treinados pela CIA voltou a aparecer repetidas vezes em ataques contra Cuba e cubanos, em ataques paramilitares e terroristas nos Estados Unidos e em outros países, em tráficos de drogas e lavagens de dinheiro, no caso Watergate, na guerra dos contras na Nicarágua e em organizações supostamente "humanitárias" como a Brothers to the Rescue (Hermanos al Rescate).[78]

A ordem de cessar a guerra clandestina não se aplicou à sabotagem econômica, que continuou ao longo das décadas de 1960 e 1970. O objetivo da sabotagem era claramente o mesmo do início dos anos 1960: desacreditar os experimentos de Cuba com o socialismo. "Queríamos deixar as lojas sem pão para que o povo passasse fome", um oficial da CIA apontado para as operações contra Castro contou a John Marks (ex-funcionário do Departamento do Estado e especialista na história da CIA). "Queríamos manter o racionamento em vigor e tirar o couro para que as pessoas só recebessem um par de sapatos a cada dezoito meses."[79]

A guerra continua

O hiato parcial em meados dos anos 1960 não pôs fim às ações secretas contra Cuba. Segundo Raymond Garthoff, "uma das primeiras decisões de Nixon ao assumir a presidência foi ordenar à Agência Central de Inteligência (CIA) que intensificasse as operações secretas contra Cuba".[80] Uma rápida abertura para Cuba nos anos de Ford (1974-1977) foi interrompida quando Cuba começou a enviar tropas para Angola, em seu primeiro grande envolvimento militar na África. Jimmy Carter voltou a assinalar uma abertura durante seu mandato (1977-1981), com a condição de que Cuba se retirasse de Angola. Essa abertura também caiu por terra quando os acontecimentos no campo de guerra fizeram com que Cuba revertesse sua retirada gradual e enviasse tropas também para a Etiópia. (Ver Capítulo 4 para uma discussão mais aprofundada sobre o envolvimento de Cuba na África.)

A intervenção direta dos EUA na América Latina aumentou durante os anos de Reagan (1981-1989) e Cuba ocupou um papel-chave no desenvolvimento e na instauração da Doutrina Reagan. Reagan priorizou a criação, o treinamento, o armamento e o apoio a forças irregulares para lutar em arenas da Guerra Fria, como o Afeganistão, onde havia uma ocupação soviética; Angola, onde forças cubanas estavam ajudando os angolanos a resistir à invasão sul-africana; e na América Central, onde Reagan fez da suposta presença de auxílio e conselheiros cubanos um pretexto para a guerra dos contras na Nicarágua e o apoio absoluto aos governos militares de direita na Guatemala e em El Salvador. "Usando a Nicarágua como base", Reagan advertiu em 1986, "os soviéticos e cubanos podem se tornar a potência dominante (...). Reunidos na Nicarágua já estão milhares de conselheiros militares cubanos".[81] Os Estados Unidos invadiram a pequena ilha caribenha de Granada em 1983 depois de um golpe militar, supostamente para "resgatar" estudantes norte-americanos que estavam na Universidade de Saint George, e também, em parte, por causa da presença de operários cubanos, que participavam da construção de um aeroporto. Foi a primeira vez, desde a Baía dos Porcos, que as forças dos EUA e de Cuba de fato se enfrentavam em combate. Muitos cubanos acreditavam que uma invasão norte-americana a Cuba viria em seguida.

Os exilados cubanos, muitos com contatos na CIA, também estiveram por trás de uma longa série de ataques terroristas dentro dos Estados Unidos. Uma série que começou talvez com o ataque de bazuca à sede das Nações Unidas durante uma fala de Che Guevara em 1964, e continuou pela década de 1980.[82] A distinção entre o terrorismo de exilados cubanos financiados pela CIA e aquele supostamente independente contra alvos cubanos nunca foi muito clara. Organizações cubanas de direita desfrutaram do apoio de governos locais na Flórida, em Nova York e New Jersey, onde operaram, e investigações oficiais de suas operações foram canceladas misteriosamente várias e várias vezes. "No departamento de polícia do Condado de Dade", escreveu o repórter Jeff Stein, do *Village Voice*, em 1980, depois de conduzir uma investigação sobre a organização cubana exilada Omega 7,

> especialistas em terrorismo trocam sorrisos e olham para as próprias mãos quando perguntamos se a CIA esteve envolvida com atividades de exilados cubanos contra Cuba. Eles olham uns para os outros antes de responder, limpam a garganta, se remexem nos assentos. A resposta é sim.

A Omega 7 assumiu a responsabilidade por vinte bombas em Nova York e New Jersey no final dos anos 1970, direcionadas sobretudo contra diplomatas estrangeiros e imigrantes cubanos que não seguiam sua linha dura contra a revolução.[83]

A Omega 7 era um braço da organização chamada Comando de Organizaciones Revolucionarios Unidos (CORU), que também assumiu responsabilidade pelo atentado contra o voo 455 da Cubana de Aviación (a companhia aérea oficial de Cuba) em outubro de 1976, que matou todos os 73 passageiros. O CORU foi fundado em junho de 1976 num encontro na República Dominicana e reunia membros da Brigada 2506 e várias outras organizações menores de exilados. John Dinges e Saul Landau entrevistaram vários dos envolvidos sobre o grau de envolvimento norte-americano com o CORU e concluíram que a organização operava com o apoio no mínimo tácito e, em alguns casos, direto, da CIA e do FBI.

> Uma fonte, um veterano da divisão antiterrorista da polícia de Miami, afirmou: 'Os cubanos fizeram o encontro do CORU a pedido da CIA. Os grupos cubanos – o FNLC, o Alpha 66, o Poder Cubano – estavam desenfreados no meio da década de 1970, e os Estados Unidos tinham perdido o controle sobre eles. Por isso,

> os Estados Unidos apoiaram a reunião para fazer com que todos eles voltassem a avançar na mesma direção sob o controle norte-americano. O sinal básico era "Vão em frente e façam o que quiserem, mas fora dos Estados Unidos".[84]

Os ataques terroristas a alvos cubanos, tanto fora como dentro dos Estados Unidos, aumentaram muito depois da fundação do CORU. Além da explosão do avião em 1976, esses ataques incluíram atentados contra outras sedes e voos da Cubana de Aviación e contra diplomatas cubanos na América Latina. E participaram do assassinato do ex-diplomata chileno Orlando Leterlier e de sua assistente, a pesquisadora Ronni Moffit, do Institute for Policy Studies [Institutos de Pesquisas Políticas], nas ruas de Washington.[85]

No final de 1978, um grupo de cubanos nos Estados Unidos tentou quebrar a influência repressora da direita na política cubana fundando o Comitê dos 75 e apoiando publicamente a melhora das relações com sua terra natal. Em novembro daquele ano, vários deles viajaram a Cuba para negociar com o governo Castro a liberação de presos políticos e a permissão de que exilados visitassem a ilha. A viagem foi um sucesso em termos de negociação: 3 mil prisioneiros políticos foram soltos e dezenas de milhares de exilados cubanos receberam permissão para voltar à ilha nos meses que se seguiram à viagem do Comitê dos 75. Mas a Omega 7 não aprovou. No ano seguinte à viagem, dois membros do comitê foram assassinados – um em Porto Rico e outro em New Jersey – e outros começaram a receber ameaças de morte frequentes.[86]

O embargo econômico imposto em 1960 continuou a constituir um pilar da política norte-americana em relação a Cuba. Embora o embargo tivesse um impacto econômico significativo sobre a ilha, ele não a isolou politicamente – na realidade, ajudou mais a isolar os Estados Unidos. Ano após ano, a

Figura 3.1 Outdoor perto da Playa Girón: "Girón: Primeira derrota do imperialismo ianque na América Latina". Fonte: Foto de Tracey Eaton

Assembleia Geral da ONU fez votações condenando o embargo – com unanimidade quase total. Em certas ocasiões, países como El Salvador ou Romênia votaram com os Estados Unidos por motivos de lealdade política. O único aliado constante era Israel – que, embora não condenasse o embargo, mantinha relações econômicas plenas com Cuba e tinha vários investimentos lá. Diversos estudiosos, organizações de direitos humanos e agências internacionais censuraram os efeitos prejudiciais do embargo ao bem-estar da população cubana. Seus estudos sugerem que o embargo realmente representou um papel no enfraquecimento dos objetivos econômicos de Cuba.[87]

A proibição aos cidadãos norte-americanos de viajarem a Cuba está em vigor desde os anos 1960, embora o rigor de sua aplicação tenha variado ao longo dos anos, decaindo durante a administração Carter, mas retomado com força por Ronald Reagan em 1980, ficando mais leve sob Clinton e depois mais tenso sob a segunda administração de Bush.

Quando o jornalista afro-americano William Worthy viajou a Cuba em 1961 sem passaporte – o dele havia sido revogado quando ele viajou à China alguns anos antes –, ele foi preso ao retornar aos Estados Unidos. "William Worthy não é digno de entrar por nossas portas", ironizou o cantor folk Phil Ochs [brincando com o fato de que *worthy*, em inglês, significa "digno"], "Foi até Cuba, não é mais americano. Mas é meio estranho ouvir o Departamento do Estado dizer: 'Você mora no Mundo Livre, no Mundo Livre tem que permanecer".

4. Emigração e internacionalismo

Desde muito antes de 1959, os cubanos já viajavam habitualmente e se mudavam para o sul da Flórida. Fabricantes de charutos e seus empregados buscaram refúgio das guerras de independência do século XIX transferindo suas operações para Tampa. Nos anos 1950, comentam Alejandro Portes e Alex Stepick, "para muitos cubanos de classe média, viagens de férias para o sul da Flórida eram um ritual anual; para os ricos, podia ser uma excursão diária".[1]

Portanto, para os cubanos que se opunham, eram excluídos ou se viam cada vez mais distantes da revolução, a emigração era muitas vezes a primeira opção. Entre 1960 e 1962, 200 mil cubanos partiram, a maioria para Miami.[2] Na primeira década da revolução, mais de meio milhão de cubanos emigraram.[3] Em 2011, havia 2 milhões de pessoas de origem cubana nos Estados Unidos, 58% dos quais eram imigrantes, sendo que mais da metade destes havia chegado depois de 1990. O restante tinha nascido nos Estados Unidos.[4]

O êxodo de uma parcela tão grande da população – 10%, perto do fim do século XX – teve efeitos complexos na sociedade cubana. Em sua maioria, os que partiram nos anos 1960 pertenciam às classes altas e eram brancos. Cuba perdeu um grande número de médicos, profissionais formados e executivos. Por um lado, isso significou que as pessoas com formação específica para ajudar a criar uma nova sociedade não estavam presentes para participar. Por outro, também contribuiu para a noção de que a sociedade cubana seria reconstruída do zero para rumos completamente diferentes. A revolução treinaria novos médicos, profissionais e administradores para reconstruir a sociedade em sentidos novos e revolucionários.

Ao contrário de outras situações revolucionárias nas quais as classes altas depostas permaneceram no país e lutaram para trazer de volta a velha ordem, a classe alta deposta em Cuba estava simplesmente ausente. Ela continuou lutando para restaurar sua visão do futuro de Cuba, mas fez isso a partir do que os cubanos chamam de “el exterior”, fora do país. Fidel, segundo a historiadora María Cristina García, conseguiu “exportar os dissidentes”.[5] Ou, talvez, os dissidentes se exportaram. “A maioria dos cubanos que viajavam aos EUA fazia isso pensando que sua estadia seria temporária e que logo eles voltariam para a sua terra natal (...). A maioria dos emigrados acreditava que era apenas questão de tempo até que os Estados Unidos interviessem” para derrubar o governo revolucionário.[6] Em Cuba, esse tipo de apoio à intervenção norte-americana era zombado como *plattismo* por causa da havia muito desacreditada Emenda Platt.

Em certo sentido, a experiência de Cuba com emigração na segunda metade do século XX foi muito comum na América Central e no Caribe. A maioria das ilhas caribenhas viu pelo menos 10% de sua população emigrar durante esse período. Porto Rico se destacou tendo a maior parte da sua população – 4,9 milhões de pessoas – morando nos Estados Unidos e apenas 3,7 milhões na ilha. A República Dominicana, com cerca de 10 milhões de habitantes, teve 1,5 milhão de emigrados para os Estados Unidos.[7]

Mas, em muitos outros sentidos, a emigração de Cuba foi muito diferente. É extremamente difícil obter permissão para imigrar para os Estados Unidos dentro da lei. Desde 1965, a lei norte-americana impôs um limite de cerca de 20 mil vistos de imigração por ano a cada país. Até então, não havia restrição numérica aos imigrantes do hemisfério ocidental.

Note-se que a restrição numérica se refere aos vistos de *imigrantes*. Pessoas que querem visitar os Estados Unidos temporariamente podem se candidatar a outros tipos de visto, como o de estudante ou o de turismo, que não têm limites numéricos. A lei de imigração também cria uma categoria especial, além das cotas, para os refugiados. Desde a Segunda Guerra Mundial, os Estados Unidos permitem que algumas pessoas – sobretudo vindas de países comunistas – se candidatem à condição de refugiados. A Lei de Migração e Assistência a Refugiados de 1962 e a Lei de Ajuste Cubano de 1966 permitiram que quase todos os cubanos que tentassem entrar nos Estados Unidos obtivessem a condição de refugiados. Mais de um milhão de cubanos aproveitaram essa oportunidade até os anos 1990.

Por esse motivo, os cubanos tinham uma situação diferente sob a lei de imigração norte-americana. Muitas pessoas de outras partes da América Latina, mesmo as que fugiam de guerras, repressões e perseguições em níveis muito mais severos do que as sofridas pelos cubanos, descobriam ser quase impossível o reconhecimento como refugiados. Durante a sangrenta década de 1980 na América Central, menos de 5% dos salvadorenhos e guatemaltecos fugindo de esquadrões da morte, bombardeios e táticas de terra arrasada receberam o visto de refugiados.

Somente os cubanos recebiam as calorosas boas-vindas do governo norte-americano, que incluíam a condição de refugiados quase automática, além de programas federais para empregos, educação e moradia. Nem mesmo os porto-riquenhos, que são cidadãos norte-americanos, recebiam os benefícios especiais destinados aos cubanos. A maioria dos outros latino-americanos encontrava duras restrições de imigração e pouco acesso a programas ou benefícios sociais.

Em sua maioria, os cubanos se consideravam, como também eram considerados pelo governo norte-americano, refugiados políticos, fugindo do comunismo. Mexicanos e porto-riquenhos, por sua vez, eram considerados imigrantes econômicos – pessoas que vinham aos Estados Unidos em busca de oportunidade econômica, e não por razões políticas.

No entanto, a diferença entre imigrantes "políticos" e "econômicos" não é tão clara como pode parecer a princípio. Tanto nos países capitalistas como nos comunistas, os governos tomavam medidas econômicas que tinham efeitos na população e, em particular, na distribuição dos recursos do país. No México, eram os pobres rurais que viam suas opções econômicas reduzidas e que migravam para os Estados Unidos em busca de trabalho, muitas vezes sob condições miseráveis, para sustentar as famílias que ficaram em seu país. Em Cuba, foram principalmente os profissionais urbanos que tiveram suas opções econômicas reduzidas pela revolução. Todavia, e aqui repito o que eu já disse em vários artigos, "a política norte-americana se baseava na premissa de que, nos países comunistas, as dificuldades econômicas eram resultado das políticas econômicas e, portanto, eram políticas". No caso de um país capitalista como o México, porém, "a política norte-americana se baseava na ideia de que a pobreza era meramente um problema econômico, não político".[8]

Outro aspecto peculiar da migração cubana foi a chegada de 14 mil crianças desacompanhadas por meio de um programa elaborado pelo governo norte-americano e pela Igreja Católica chamado Operação Peter Pan. "Muitos pais em Cuba", explica a historiadora María Cristina García,

> mandavam seus filhos antes para os Estados Unidos, na esperança de reencontrá-los no futuro.

> Alguns pais tinham medo da doutrinação política nas escolas cubanas; outros queriam salvar seus meninos do recrutamento militar obrigatório; e outros ainda eram motivados pelos rumores de que o governo mandaria as crianças cubanas para serem treinadas na União Soviética e no bloco oriental.[9]

Em termos de identidade política, os imigrantes cubanos eram muito diferentes dos outros imigrantes latino-americanos. Eles começaram a chegar nos anos 1960, na mesma época em que os dois maiores grupos de imigrantes latino-americanos, os mexicanos e os porto-riquenhos, começavam a se organizar e a explorar a identidade anticolonial do Terceiro Mundo. A própria Revolução Cubana representou um papel importante no crescimento dos movimentos de identidade e consciência étnica chicano e boricua (porto-riquenha). As atividades dos imigrantes porto-riquenhos e mexicanos trouxeram uma visão de seus povos enquanto minorias colonizadas nos Estados Unidos, e desenvolveram uma identificação com lutas anticoloniais, incluindo a revolução de Cuba. No entanto, os cubanos que estavam indo para os Estados Unidos eram os que se opunham à revolução. Embora a Revolução Cubana e suas queixas contra o imperialismo norte-americano encontrassem forte repercussão entre os ativistas chicanos e boricuas, os cubanos de Miami estavam se dedicando a derrubar a nova ordem social e política da ilha.

Miami

Para falar sobre os cubano-americanos, é preciso começar com Miami. Ao contrário de outros imigrantes latino-americanos, os cubanos se concentraram geograficamente, e cerca de 70% dos imigrantes cubanos moram na Flórida, sobretudo na região metropolitana de Miami.[10]

O tamanho, a concentração geográfica e a composição racial e social do êxodo cubano representaram a transformação tanto de Cuba como de Miami. Como a grande maioria dos que partiram, especialmente nas duas primeiras décadas da revolução, era composta por brancos, a Miami cubana passou a ter a pele mais clara, ao passo que, em Cuba, a proporção de brancos se reduziu. E, embora a maior parte dos imigrantes latino-americanos tenha permanecido nos setores socioeconômicos mais baixos da sociedade norte-americana, os cubanos de Miami logo subiram na vida.

Alejandro Portes e Alex Stepick notaram o caráter singular das mudanças em Miami: em vez de se assimilarem, os imigrantes cubanos criaram "uma estrutura social paralela". O resultado foi um processo de "aculturação reversa" em que a língua espanhola e a cultura cubana se tornaram dominantes. "Uma grande cidade norte-americana foi transformada tão rapidamente que muitos de seus nativos preferiram emigrar para o norte em busca de um ambiente cultural mais familiar."[11]

O cenário de Miami se complicou ainda mais com a chegada de cerca de 125 mil cubanos durante o êxodo de Mariel, iniciado em abril de 1980, quando um pequeno grupo de cubanos entrou de caminhão na Embaixada Peruana em Havana quebrando os portões e pedindo asilo. Dentro de poucos dias, 10 mil haviam se reunido lá. Os motivos das pessoas para quererem sair de Cuba, explica Felix Masud-Piloto, incluíam a reunificação das famílias, o "desejo de uma vida menos regimentada nos Estados Unidos", o desejo de acesso a bens de consumo, o desencantamento político – quase as mesmas razões que motivaram imigrantes vindos de todos os lugares da América Latina. No entanto, "essas explicações não convenceram observadores e comentadores fora de Cuba, que quase sempre preferiram interpretar os acontecimentos em termos estritamente políticos". Embora o Alto Comissariado das Nações Unidas para os Refugiados concluísse que os cubanos na embaixada não eram refugiados mas apenas pessoas que queriam emigrar, o presidente norte-americano Carter aceitou "oferecer o coração e os braços abertos a dezenas de milhares de refugiados querendo ser libertados do domínio comunista". Enquanto isso, Fidel ofereceu abrir o porto cubano de Mariel para os cubanos de Miami que quisessem buscar seus parentes. Dezenas de milhares aceitaram as ofertas dos dois presidentes.[12] Os Estados Unidos tiveram dificuldades de responder ao influxo, montando centros de embargo e processamento, e pressionando o governo cubano para fechar o porto. Em outubro de 1980, Castro cedeu e o êxodo parou.

Os imigrantes de Mariel foram confrontados com divisas sociais, culturais e políticas entre os cubanos e outros grupos latinos nos Estados Unidos, bem como entre os cubanos de Miami e as mudanças que ocorriam na ilha. Os cubanos de Miami haviam tentado recriar e preservar a Cuba dos anos 1950, antes das mudanças sociais da década de 1960 que levaram os grupos cubanos e latinos aos Estados Unidos. "Eles tentaram duplicar o passado com tanta exatidão", explica María Cristina García, "que os cubanos que chegaram a Miami durante o êxodo de Mariel de 1980 costumavam brincar que haviam entrado num túnel do tempo e voltado para a Cuba dos anos 1950".[13] E, quando os novos cubanos chegavam nos anos 1980, a comunidade cubana de Miami não ficou inteiramente satisfeita ao ser confrontada com a Cuba que tinha evoluído, ao longo de duas décadas de revolução, superposta sobre a Cuba de que eles se lembravam e que haviam se esforçado tanto para recriar em Miami. "A comunidade dos cubanos exilados estabelecida simplesmente desaprovava a raça, a ideologia, os valores e a cultura dos novos exilados, muitos dos quais haviam crescido com a revolução."[14] Ao serem perguntados se sofriam discriminação nos Estados Unidos, 30% dos emigrantes do êxodo de Mariel entrevistados acreditavam que os anglos os discriminavam, ao passo que 80% acreditavam sofrer discriminação dos próprios cubanos estabelecidos havia mais tempo![15]

A maioria dos imigrantes latino-americanos nos Estados Unidos mantém relações próximas com suas terras natais, especialmente na primeira geração. Essas relações incluem viagens frequentes de ida e volta, telefonemas, remessas de valores e, hoje em dia, comunicações por vídeo e pela internet. A relação hostil entre Cuba e os Estados Unidos torna esse tipo de comunicação muito mais difícil e foi sujeita às políticas governamentais arbitrárias. Muitas vezes, a decisão de partir de Cuba para os Estados Unidos causou anos ou mesmo décadas de separações de famílias. Os imigrantes cubanos criaram uma nova versão de sua antiga Cuba em Miami, enquanto a verdadeira Cuba mudava rapidamente.

A cineasta Estela Bravo, que vive há muitos anos em Cuba, investigou o impacto das hostilidades políticas sobre as famílias, em seu documentário *Miami-Havana*. O que encontrou, em ambos os lados da fronteira, foram membros de famílias devastadas por anos de separação, ansiosos para poder visitar seus parentes.

O filme também ilustra a cisão geracional entre os cubanos nos Estados Unidos, sobre a qual muitos estudos comentaram.

Os cubanos mais velhos se mantinham apegados ao que os pesquisadores Alejandro Portes e Alex Stepick chamam de "comunidade moral" de sua cultura cubana:

> Para ser um cubano de Miami não basta para ter fugido da ilha; é preciso também aderir aos pontos de vista repetidos incessantemente pelos editorialistas nas rádios e na imprensa em espanhol de Miami – "uma direita feroz" que leva Miami para muito além do nível geral da discussão política norte-americana.[16]

A geração mais jovem, porém, não tem a mesma formação política de Cuba de antes de 1959, nem da concepção de traição do governo norte-americano durante a invasão à Baía dos Porcos. Alguns deles cresceram nos Estados Unidos a partir da década de 1960 e se sentiam muito mais confortáveis com o tipo de pluralismo que domina a comunidade política norte-americana. Outros, que cresceram na Cuba revolucionária e chegaram aos

Estados Unidos a partir dos anos 1980, têm uma visão mais matizada e realista do sentido da revolução do que os exilados que a viam apenas como a destruição de seu mundo. Como explicou um dos entrevistados para Portes e Stepick,

> Esses cubanos mais velhos são muito difíceis. Se você discordar das opiniões reacionárias e restritivas deles, eles fazem um escândalo e acusam você de apoiar Fidel. Eles são muito dogmáticos. Eu sou uma pessoa bem informada e tenho direito às minhas próprias ideias.[17]

Além de Miami

Embora o sul da Flórida tenha sido o principal destino dos cubanos que abandonaram a ilha depois de 1959, ele não foi o único. O Programa de Refugiados Cubanos do governo dos EUA tentou, a partir dos anos 1960, realocar os imigrantes cubanos para fora de Miami. Embora muitos acabassem voltando a Miami, grandes comunidades de cubanos cresceram em outras regiões da Flórida, bem como no norte de New Jersey, em Nova York, Los Angeles e em outros lugares ao redor dos Estados Unidos. Alguns até escolheram Porto Rico.

As relações históricas de Cuba com a Espanha, incluindo a presença de muitos espanhóis que se estabeleceram na ilha depois das Guerras de Independência, ou como refugiados da Guerra Civil Espanhola de 1936 a 1939 ou da ditadura de Franco subsequente, faziam da Espanha outro destino para os emigrantes. A lei espanhola de Memória Histórica de 2007 permitiu que descendentes dos emigrantes do país pedissem nacionalidade espanhola, e os cubanos chegaram ao topo da lista dos candidatos. Em 2014, cerca de 200 mil cubanos viviam na Espanha e outros 100 mil haviam obtido cidadania espanhola mas permaneceram em Cuba.[18]

Outros cubanos seguiram amigos, familiares e oportunidades de trabalho em lugares na América Latina. Alguns aproveitaram a acolhedora política de imigração do Equador em vigor desde 2008. Alguns permaneceram no Equador, enquanto outros continuaram por terra para atravessar a fronteira mexicana rumo aos Estados Unidos.

O alcance global de Cuba: Além da Guerra Fria

Embora os historiadores de Cuba costumem retratar a ilha como dividida entre duas superpotências, as relações globais de Cuba são, na realidade, muito mais multifacetadas e complexas. Cuba pode ter sido um campo de batalha no qual os Estados Unidos e a União Soviética jogaram uma parte de sua Guerra Fria, mas essa guerra cruzou com o nacionalismo e o internacionalismo cubanos em sentidos intrincados e por vezes surpreendentes.

A Revolução Cubana contribuiu para o crescimento de uma "Nova Esquerda" pós-comunista nos Estados Unidos e de movimentos anti-imperialistas ao redor do mundo que rejeitavam as ortodoxias da Velha Esquerda (Comunista). Ao apoiar as revoluções anticoloniais na África, Cuba tomou muitas vezes a liderança em vez de simplesmente seguir as políticas de seu suposto padrinho, a URSS. Ao oferecer auxílio médico e educacional a outros países do Terceiro Mundo, Cuba refletiu e, muitas vezes, superou as missões de auxílio norte-americanas. O papel de Cuba no Movimento Não Aliado (do qual Fidel Castro foi secretário-geral de 1979 a 1983) destacou sua política externa muitas vezes independente e sua estatura no Terceiro Mundo.

O compromisso retórico do marxismo para com o internacionalismo e a revolução mundial assumiu diferentes formas na América Latina no século XX. Durante o período da Frente Popular, partidos comunistas de todo o mundo seguiram as ordens de Stalin de se aliarem com o que chamavam de "partidos políticos burgueses" e participarem da política eleitoral. Isso fez com que muitos comunistas da América Latina se opusessem à revolução armada. Embora muitos revolucionários do continente se baseassem em certos aspectos do marxismo, eles também buscaram inspiração em outras tradições locais, incluindo movimentos de libertação nacional e justiça social do passado de seus países. A história latino-americana ofereceu um amplo espectro de histórias revolucionárias, variando desde levantes indígenas e de escravos contra os espanhóis, passando por guerras de independência até chegar às lutas populares e proletárias do século XX. Os revolucionários latino-americanos elaboraram suas próprias formas de internacionalismo.

Che Guevara, por exemplo, atribuía sua consciência revolucionária à pobreza e à exploração que tinha visto em suas viagens pela América Latina. Na Guatemala, em 1954, ele presenciou a primeira intervenção norte-americana da Guerra Fria, quando forças contrarrevolucionárias treinadas e apoiadas pelos Estados Unidos derrubaram o governo eleito democraticamente de Jacobo Arbenz. Publicações em Havana contrárias a Batista se identificaram com a luta anticolonial dos argelinos contra os franceses nos anos 1950. "Como nem sempre era possível atacar o regime de Batista diretamente, elas cobriam a luta revolucionária na Argélia", explicou um observador cubano.[19]

Internacionalismo cubano e negro

Os cubanos não foram o único povo que fez a conexão entre opressão colonial na África, na América Latina e no Caribe. O psiquiatra e autor revolucionário afro-martinicano Frantz Fanon desenvolveu sua análise sobre a opressão colonial enquanto trabalhava na Argélia e escrevia sobre a Guerra de Independência da Argélia nos anos 1950. O internacionalismo negro – também conhecido como nacionalismo africano – via a opressão dos negros como parte de um fenômeno colonial global e pedia aos negros do mundo todo que se identificassem com uma luta comum contra o colonialismo. O movimento tinha raízes em períodos anteriores – especialmente no movimento garveyísta dos anos 1920 e na *negritude* dos anos 1930. A ideia progrediu nos anos 1960 com o desenvolvimento de movimentos anticoloniais em todo o continente africano. Outros autores caribenhos também se identificaram com a luta de liberação pan-africana. C. L. R. James escreveu Os Jacobinos Negros em 1938, enquanto o também trinidadiano Eric Williams escreveu *Capitalism and Slavery* [Capitalismo & Escravidão] em 1944. O historiador guianense Walter Rodney escreveu o clássico anticolonial *How Europe Underdeveloped Africa* [Como a Europa subdesenvolveu a África] em 1972.[20]

Uma consciência política da diáspora africana cresceu por meio de contatos entre pessoas de descendência africana nos Estados Unidos e no Caribe – o que Frank Guridy chamou de "diáspora construtiva". No início do século XX, os afro-cubanos viajaram ao Alabama para estudar no Instituto Tuskegee de Booker T. Washington. Afro-americanos proeminentes como Zora Neale Hurston, Kathleen Dunham e Langston Hughes se voltaram aos afro-caribenhos, enquanto artistas e intelectuais afro-cubanos como Nicolás Guillén e Gustavo Urrutia se voltaram para o norte para, juntos, "inaugurarem novas compreensões das culturas africanas de diáspora que, em vez de rejeitar, celebravam as expressivas culturas da classe trabalhadora negra em ambos os países".[21] Em 1860, 20% da população negra de Boston vinha do Caribe, enquanto 25% dos negros de Nova York eram de origem caribenha durante o Renascimento do Harlem dos anos 1920.[22] Líderes caribenhos negros, de Marcus Garvey a Claude McKay e Arthur Schomburg, representaram um papel crucial no crescimento do nacionalismo negro de orientação africana nos Estados Unidos. "Alusões" à "história rica e variada de relações não reconhecidas entre os afro-americanos e os cubanos", comenta Lisa Brock em sua introdução à antologia sobre o tópico, "aparecem em notas de rodapé de Langston Hughes, nas contracapas de álbuns de Dizzy Gillespie, em discursos de Frederick Douglas e em manchetes garrafais de jornais cubanos condenando o tratamento dado à artista Joséphine Baker".[23]

O historiador Van Gosse vê a defesa que o senador negro Adam Clayton Powell fez de Fidel Castro e da revolução no início de 1959, quando liberais brancos se distanciavam rapidamente de Cuba, como emblemática da solidariedade muito maior na comunidade negra.

> É evidente que Powell notou a imensa popularidade de Fidel entre a população afro-americana e a crescente população latina de Nova York. Ao fazer isso, ele antecipou toda uma geração de líderes negros nos níveis municipal, estadual e federal a partir dos anos 1970 (...) para os quais a solidariedade aos líderes do Terceiro Mundo, de Nelson Mandela a Yasser Arafat, não era um problema para a imagem mas sim uma garantia de apoio popular.

E Powell, aponta Gosse, "era na verdade mais conservador em relação a Cuba do que muitos setores da comunidade negra em geral". "Os norte-americanos negros", concluiu Gosse, "sentiam uma forte solidariedade para com o mundo colonial e reconheciam muito facilmente uma situação colonial e a realidade da liberação nacional". "Ninguém conhece melhor o amo do que o servo", explicou Malcolm X sobre seu encontro muito fotografado com Fidel.[24]

Manning Marable concorda. "Nenhum líder político branco", escreveu ele em 2000,

> chegaria perto de receber esse tipo de aprovação de literalmente todos os setores da comunidade afro-americana (...). Apenas Nelson Mandela da África do Sul ultrapassou a autoridade moral e a credibilidade política que Castro tinha entre os negros dos Estados Unidos.[25]

Quando Fidel Castro voltou ao Harlem em 1995 – 35 anos após sua aparição histórica nas Nações Unidas, quando rejeitou o hotel de prestígio onde as reservas de seu grupo tinham sido feitas e preferiu o Hotel Theresa no Harlem –, ele foi recebido na Abyssinian Baptist Church por outra geração de líderes negros e latinos: os membros do congresso norte-americano Charles Rangel, José Serrano e Nydia Velásquez; os líderes religiosos Conrad Muhammad e Calvin O. Butts; os acadêmicos e escritores Angela Davis, Leonard Jeffries e John Henrik Clarke; além de um público de 1.300 pessoas.[26]

Cuba na África e na América Latina

Na era da Guerra Fria e das superpotências, Cuba também representou um importante papel. Esse pequeno país assumiu uma função ativa no Movimento Não Alinhado, composto sobretudo por países do Terceiro Mundo que lutavam para dar voz internacional às antigas colônias da África, da Ásia e da América Latina fora da dinâmica Leste-Oeste. Com a deterioração das relações com os Estados Unidos, Cuba também se tornou um dos primeiros a desafiar algumas das instituições internacionais sob controle norte-americano, como o Banco Mundial e o recém-fundado Banco Interamericano de Desenvolvimento. Embora os Estados Unidos tenham conseguido expulsar Cuba da Organização dos Estados Americanos em 1962, muitos países latino-americanos se opuseram a essa ação. *"La OEA es cosa de risa"*, entoou o cubano Carlos Puebla numa popular canção da época. "Como não rir da OEA?"

Essas rupturas não causaram o isolamento de Cuba. Em vez disso, o país cultivou uma política externa extremamente ativa. Seu envolvimento militar ao redor do mundo só era menor do que o dos Estados Unidos, estando acima do da URSS, teoricamente a segunda suporpotência.[27] Seus programas de auxílio civil se tornaram os maiores do mundo, ultrapassando até o de organizações internacionais como as Nações Unidas e a Organização Mundial de Saúde. Até 2006, Cuba havia mandado quase 400 mil soldados e cerca de 70 mil prestadores de auxílio em missões no exterior.[28] Como o cientista político cubano-americano

Jorge Domínguez escreveu em 1978, "Cuba é um país pequeno, mas tem a política externa de um país grande".[29]

Intelectuais dos Estados Unidos, Cuba e de outros países encontram diferentes maneiras para explicar o tamanho e a natureza da política externa de Cuba. Jorge Domínguez afirmava que era uma forma de realpolitik. Como um país pequeno e isolado, Cuba precisava criar aliados. Os movimentos revolucionários do Terceiro Mundo eram os parceiros naturais de Cuba; era do interesse cubano ajudar que eles saíssem vitoriosos. O objetivo de Cuba, como sugere o título do livro de Domínguez, era criar um mundo mais seguro para a revolução (*To Make a World Safe for Revolution*).

Piero Gleijeses discorda. Longe da realpolitik, afirma ele, a política externa de Cuba era motivada pelo idealismo revolucionário. Cuba se expôs a grandes riscos com suas atividades na África. Ao afrontar os Estados Unidos diretamente em lugares como Angola, Cuba pôs em risco suas relações não só com aquele país mas também com a Europa Ocidental e com a Organização dos Estados Americanos. Em certos momentos, correu o risco até de distanciar a URSS. "Fidel enviou tropas", conclui Gleijeses, "porque militava pela justiça racial." "Para nenhum outro país nos tempos modernos, o idealismo representou um papel tão fundamental na política externa."[30]

O cientista social Carlos Moore parte de um ponto de vista completamente oposto. Focando-se no envolvimento de Cuba na África, ele afirma que a política externa serviu para promover a ilusão de engajamento na liberação negra, acobertando a realidade da desigualdade racial dentro do próprio país. Tratava-se de uma política cínica, quase maquiavélica.[31]

A maior campanha de Cuba nos anos 1970 e 1980 foi em Angola, onde o Movimento Popular de Libertação de Angola (MPLA), de esquerda, conquistou a independência de Portugal em 1975. Quando a África do Sul, apoiada pelos Estados Unidos, invadiu o novo país, Cuba enviou uma força de 26 mil homens para ajudar o MPLA a repelir a incursão. As tropas cubanas também auxiliaram o país vizinho, a Namíbia, em sua luta pela independência da África do Sul e de seu apartheid. A presença militar cubana na Angola chegou a 52 mil soldados em 1988, e sua contribuição para a derrota da África do Sul em Angola representou um papel significativo no fim do regime do apartheid.[32] Os cubanos também enviaram 16 mil soldados para apoiar a Etiópia no início de 1978, quando o país foi invadido pela Somália. Forças cubanas ajudaram a proteger os portos e petrolíferas de Moçambique dos ataques de rebeldes apoiados pela África do Sul no final dos anos 1970 e no decorrer dos anos 1980. Além disso, Cuba organizou missões militares menores (contabilizando centenas de soldados) para a República do Congo, Guiné, Guiné-Bissau e Benin.[33]

Na América Latina, Cuba apoiou, de maneira variada, movimentos revolucionários e governos de esquerda. No final de 1960, depois que os Estados-membros do Tratado Interamericano de Assistência Recíproca, sob a insistência norte-americana, aprovaram a Declaração de San José condenando implicitamente a Revolução Cubana, Cuba reagiu com a Primeira Declaração de Havana, anunciando seu apoio à revolução de todo o hemisfério. A tentativa de Che Guevara de fomentar a revolução na Bolívia em meados da década de 1960 foi um desastre, terminando com sua captura e morte pelas forças bolivianas auxiliadas pela CIA em 1967. Mas Cuba encontrou um forte aliado no socialista Salvador Allende quando ele foi eleito presidente do Chile em 1970.

A Revolução Sandinista na Nicarágua deveu muito aos cubanos. "A Revolução Cubana de 1959 foi o ponto de virada fundamental na evolução política do [líder revolucionário nicaraguense Carlos] Fonseca", escreve seu biógrafo, "abrindo a possibilidade de uma revolução social profunda em seu país, fazendo-o se voltar ao estudo da história de Sandino e levando diretamente à formação da Frente Sandinista de Libertação Nacional (FSLN)."[34] Foi em Havana que Fonseca se informou a respeito da insurreição de Augusto César Sandino contra a ocupação norte-americana na Nicarágua nos anos 1920, e começou a escrever e organizar, tornando-se o maior teórico por trás da fundação da FSLN em 1962. O sacerdote e teólogo da libertação nicaraguense Ernesto Cardenal publicou En Cuba descrevendo suas experiências na ilha em 1970.

Embora os governantes e a mídia dos Estados Unidos costumassem retratar as ações dos cubanos como as de representantes da URSS, estudiosos mais sérios contam uma história diferente. "Fidel Castro não é marionete de ninguém", concluiu Jorge Domínguez em 1989.

> Cuba esteve à frente da URSS na criação de políticas para a América Central, induzindo os soviéticos a se comportarem de maneiras como nunca haviam se comportado (...). Cuba serviu como intermediário e defensor de outros governos, especialmente o de Granada, em suas relações com a União Soviética.[35]

James Blight e Philip Brenner vão além: "Os soviéticos ficaram absolutamente furiosos com os cubanos por sua defesa ampla e irrestrita da luta armada como único caminho rumo à libertação no Terceiro Mundo" durante os anos 1960, escreveram eles.[36] O relato abrangente de Piero Gleijeses sobre o envolvimento de Cuba na África conclui que foram os cubanos que arrastaram a relutante URSS a apoiar as lutas de libertação na África.

"O auxílio que Cuba deu à Argélia em 1961 e 1962 nada tinha a ver com o conflito Leste-Oeste", afirmou Gleijeses, categórico. "Suas raízes são anteriores à vitória de Fidel em 1959 e vinham da ampla identificação dos cubanos com a luta do povo argelino." O novo presidente da Argélia independente, Ahmed Ben Bella, visitou Cuba logo após assumir o cargo em 1962. "As duas revoluções mais jovens do mundo se encontraram, compararam seus problemas e, juntas, veem o futuro", explicou Ben Bella.[37]

Moscou, procurando um entendimento com os Estados Unidos na década de 1970, tinha pouco entusiasmo pelas complicações na África. Como concluiu a CIA em 1976,

> Cuba não está envolvida na África apenas ou nem mesmo principalmente por sua relação com a União Soviética. Na realidade, a política africana de Havana reflete seu ethos revolucionário e ativista, bem como sua determinação a expandir sua própria influência política às custas do Ocidente (leia-se Estados Unidos).[38]

Missões de auxílio civil

Embora o envolvimento militar de Cuba tenha recebido mais atenção, outro lado do envolvimento cubano na África e na América Latina foi o envio de um grande número de socorristas, professores e médicos ao redor do mundo. Segundo a cientista política Julie Feinsilver, Cuba criou o maior programa de auxílio civil do mundo – não apenas em proporção a seu tamanho e seus recursos, mas também em números absolutos. Desde 1963, quando os primeiros 56 profissionais de saúde cubanos viajaram à Argélia, até 2013, Cuba enviou 135 mil profissionais de saúde para o exterior, a 101 países diferentes. Desde 2003, Cuba mandou médicos para trabalharem no programa Barrio Adentro da Venezuela, que oferecia tratamento médico em bairros pobres – somando 30 mil até 2014.[39] Os cubanos compunham o maior contingente de médicos enviados rapidamente à Caxemira depois do terremoto de 2005. Mais de 300 médicos cubanos já trabalhavam no Haiti quando o terremoto devastou Porto Príncipe no início de 2010 e muitos outros vieram rapidamente depois do terremoto. "Não importa se as coisas parecem impossíveis", disse um deles ao *Miami Herald*. "É preciso continuar na luta."[40]

Cuba também lançou um enorme programa de treinamento para profissionais de saúde do Terceiro Mundo – oferecido inteiramente sem custo aos participantes. Entre 1961 e 2001, cerca de 40 mil estudantes, sobretudo da Ásia e da África, viajaram a Cuba para o treinamento. Em 1998, Cuba fundou a Escola Latino-Americana de Medicina (ELAM) especialmente para estudantes africanos e latino-americanos. Em troca de bolsas de estudo integrais, os estudantes aceitavam trabalhar por cinco anos em comunidades menos favorecidas de seus países. Até 2013, a ELAM havia formado cerca de 20 mil médicos de mais de setenta países diferentes.[41] "Em vez de uma quinta coluna que promovesse a ideologia socialista", afirma Julie Feinsilver,

> esses médicos são uma ameaça grave ao status quo por seu exemplo ao trabalharem para os mais pobres em áreas nas quais nenhum médico local trabalharia, transformando os atendimentos em domicílio em parte da rotina de sua prática médica e estando disponíveis sem custo e em tempo integral, mudando assim a natureza das relações entre médico e paciente. Como resultado, eles levaram à reavaliação dos valores sociais e da estrutura e do funcionamento dos sistemas de saúde e da profissão médica nos países aos quais foram enviados e onde continuam a praticar. Essa é a ameaça cubana atual.[42]

Se, como afirma Van Gosse, a Revolução Cubana oferecia ao mundo um exemplo de revolução capaz de romper com os dogmas soviéticos e, por isso, abria a possibilidade de uma maneira inteiramente nova de imaginar a mudança revolucionária, os sandinistas talvez tenham sido a primeira revolução vitoriosa a florescer das sementes plantadas por ela. A Nova Esquerda nos Estados Unidos também deveu muito à postura desafiadora de Cuba perante o rigor e as atrocidades que haviam deixado tantos radicais de esquerda nos Estados Unidos desiludidos com o modelo soviético. Por seu exemplo, por seu envolvimento militar (na África), e por seu auxílio médico, técnico e educacional em vários países do Terceiro Mundo, a Revolução Cubana teve um impacto gigantesco nos movimentos revolucionários progressistas de esquerda ao longo de várias décadas.

5. Arte, cultura e revolução

Da música de Pablo Milanés e Silvio Rodríguez aos filmes de Tomás Gutiérrez Alea, ao Balé Nacional e aos vários institutos de pesquisa criados pela revolução, Cuba promoveu a criação e a difusão da arte ao mesmo tempo em que condenou a produção cultural "fora da revolução" (como Fidel Castro descreveu em sua "Palavras aos intelectuais"). A literatura cubana, em particular, foi muito ativa fora e dentro do país, com uma primeira geração de exilados como Reinaldo Arenas e uma segunda, de Achy Obejas e Cristina García. Nos anos 1990 e nos primeiros anos do século XXI, o cinema e a música falaram criticamente das novas realidades do período pós-soviético.

Segundo os historiadores, a produção cultural prospera através do contato, da interação e da influência recíproca. Talvez por essa razão, o Caribe, um centro mundial de miscigenação desde 1492, tenha gerado tanta riqueza cultural apesar de seu tamanho e de sua pobreza. Os estilos musicais caribenhos, do reggae à salsa, tiveram um impacto global gigantesco. Cuba é o lugar de origem do realismo mágico, o estilo literário posteriormente associado ao romancista Gabriel García Márquez, ganhador do Prêmio Nobel. A História Mundial como disciplina se desenvolveu a partir das obras revolucionárias de acadêmicos caribenhos como C. L. R. James, Eric Williams e Walter Rodney, que defendiam a importância de estudar as colônias para entender os acontecimentos globais. O Caribe promoveu as primeiras formas de identidade pan-africana, como as defendidas por Marcus Garvey e Frantz Fanon.

O novo governo cubano se empenhou em criar uma cultura revolucionária que abrangeu uma extraordinária expansão do acesso à cultura, incluindo a campanha de alfabetização e a expansão da educação pública em todos os níveis, a proliferação de instituições culturais como bibliotecas, museus, editoras, teatros, além de lugares e espaços locais, regionais e nacionais para a produção e participação de atividades culturais – a democratização da cultura. O governo criou instituições e investiu uma grande quantidade de recursos em todas as artes.

"Em 1959, Cuba publicou menos de um milhão de livros", afirma David Craven.

> Nos anos 1980, já publicava mais de 50 milhões de livros por ano, todos vendidos abaixo do custo de produção, sendo que os didáticos eram distribuídos gratuitamente para todos os estudantes (...). Em 1962, o Conselho Nacional da Cultura [CNC] patrocinou eventos que tiveram quatro milhões de espectadores, quase metade da população. Em 1975, o governo cubano patrocinou eventos artísticos que tiveram um público de 67 milhões de pessoas, quase sete vezes a população do país.[1]

O governo revolucionário também procurou, através de leis, mobilizações, instituições e campanhas, criar uma nova política cultural: novos ideais, novos princípios, novas maneiras de agir nas esferas políticas e sociais. Nessa e em outras áreas, a cultura evoluiu através das maneiras como o povo cubano absorveu as oportunidades e as decisões que vieram de cima. Ao analisar as formas contemporâneas da cultura popular não oficial, como o cinema e o rap, Sujatha Fernandes afirma que, em Cuba, "as artes assumiram um papel vital na formulação, na articulação e na compreensão da vida cotidiana".[2]

Quase todos os que estudam a cultura cubana se deparam com o aparente paradoxo da política cultural revolucionária e de seus desenvolvimentos. Por um lado, a revolução promoveu, democratizou e contribuiu para todas as áreas da cultura de uma maneira sem precedentes na história da América Latina. Por outro, a revolução controlou, censurou e restringiu a produção cultural a ponto de muitos autores e artistas terem decidido se exilar, e muitos cubanos se queixam das limitações do que podem ler, ouvir, assistir ou fazer. Depois do advento da internet, essa contradição ficou ainda mais acentuada.

Literatura

De acordo com o especialista em literatura Roberto Gonzáles Echevarría, "A Revolução Cubana é a linha divisória na literatura latino-americana contemporânea, uma literatura de antes da revolução e uma depois da revolução". Segundo ele, é de fato "difícil conceber o Boom Latino-Americano",* não fosse pela Revolução Cubana. O maior interesse norte-americano pela América Latina causado pela revolução deu margem não só ao crescimento dos Estudos Latino-Americanos nas universidades dos Estados Unidos, como discutido previamente, mas também gerou uma proliferação de oportunidades para escritores da América Latina nos Estados Unidos, na mesma época em que Cuba estava investindo grandes recursos na criação de suas próprias

* *Nota da edição brasileira: Movimento editorial que, nos anos 1950, revelou ao mundo escritores como Julio Cortázar (Argentina), Gabriel García Márquez (Colômbia), Mario Vargas Llosa (Peru) e Carlos Fuentes (México).*

instituições literárias. O resultado foi uma riqueza sem precedentes de autores latino-americanos.[3]

O autor mais influente de Cuba foi, provavelmente, Alejo Carpentier, cuja carreira produtiva se estendeu do período pré-revolucionário até 1980, quando ele morreu. Autor de diversas obras traduzidas para várias línguas, Carpentier também introduziu o conceito de "realismo mágico" na literatura latino-americana. No prólogo de seu romance de 1949 *O reino deste mundo*, Carpentier cunhou a frase "lo real maravilloso americano" – o maravilhoso real das Américas. Artistas e escritores europeus, afirmou ele, precisavam entrar na fantasia para inventar o maravilhoso ou o mágico. Nas Américas, não havia necessidade de recorrer à fantasia. "Foi preciso um pintor das Américas – o cubano Wilfredo Lam – para nos ensinar a magia da vegetação tropical, a criatividade desenfreada das nossas formas naturais com todas as suas metamorfoses e simbioses (...)."[4] Os europeus sofriam para inventar romances de cavalaria, mas "o único livro de cavalaria verdadeira já escrito" foi o relato factual do conquistador Bernal Díaz del Castillo sobre a conquista do México.

> Sem perceber, Bernal Díaz superou os bravos feitos de Amadis de Gaula, Belianis da Grécia e Felixmarte de Hircania. Ele havia descoberto um mundo de monarcas coroados com plumas de pássaros verdes, vegetações que datavam das origens da terra, comidas nunca antes provadas, bebidas extraídas de cactos e palmeiras (...). Nesse mundo, os acontecimentos costumam criar seu próprio estilo, sua própria trajetória única.[5]

É possível dizer que o investimento da revolução na literatura se estendeu em todos os aspectos, desde a campanha de alfabetização e a fortíssima ênfase na educação, criando a maior população alfabetizada das Américas, à criação de institutos como a Casa de las Américas e a Casa del Caribe, editoras e prêmios literários, à redescoberta e à publicação da história da literatura cubana. A revolução claramente fez da promoção da literatura uma prioridade. Enquanto outras revoluções deram origem a uma literatura de guerra ou de mudança social, Gonzáles Echevarría sugere que

> a literatura da Revolução Cubana foi criada pela noção de autoquestionamento possibilitada pelos incontáveis textos cubanos colocados nas mãos de novos escritores; a literatura que se aprofundou nos arquivos abertos da memória cubana em busca de registros para reuni-los pela primeira vez; a literatura que leu e releu a história incansavelmente, construindo um passado literário para torná-lo acessível à geração de leitores e escritores cubanos.[6]

O projeto incluiu a criação de um mercado editorial e tiragens enormes de clássicos, começando com as 100 mil cópias de *Dom Quixote* que iriam "encontrar seu caminho a toda esquina da ilha". Uma edição comparável de *Cem anos de solidão*, de García Márquez, em 1968 foi esgotada.[7] Embora o Período Especial tenha prejudicado um pouco o mercado editorial, Cuba ainda publicava 25 milhões de volumes por ano em 2013. Um dos meus livros foi lançado na Feira do Livro de Havana em 2013 e pude ver com meus próprios olhos as gigantescas multidões que apareceram para procurar e comprar livros no evento.[8] Os grandes da literatura cubana, como Carpentier (1904-1980) e Nicolás Guillén (1902-1989), representaram papéis fundamentais na liderança dessas campanhas pela recuperação cultural. Outros autores cubanos importantes que eram próximos do projeto revolucionário incluem Roberto Fernández Retamar (1930-), Pablo Armando Fernández (1930-), Miguel Barnet (1940-), Reynaldo González (1940-) e Nancy Morejón (1944-). Outros, como José

Lezama Lima (1910-1976), permaneceram em Cuba, mas tiveram relações mais conflituosas com o governo revolucionário.

Os desafios e contradições inerentes à ideia de criar uma cultura revolucionária nova e autêntica podem ser exemplificados no caso da revista *Lunes de Revolución*, um suplemento literário do jornal diário *Revolución*, do Movimento 26 de Julho. Editado pelos escritores Guillermo Cabrera Infante e Pablo Armando Fernández, *Lunes* começou a ser publicado em março de 1959 e, no seu auge, teve uma circulação de 250 mil, tornando-se "o suplemento literário mais lido e importante da história de Cuba e do mundo ocidental", segundo William Luis.[9] Ousado, vanguardista e revolucionário, *Lunes* publicou autores de Cuba, da América Latina e do mundo, e também coordenou a programação em seu próprio canal televisivo.

No decorrer de 1960, o Partido Comunista de Cuba, que representava algumas das vozes mais conservadoras do ponto de vista social e cultural da coalizão 26 de Julho, ganhou mais proeminência no governo revolucionário. *Lunes*, por sua vez, estava nas mãos de um grupo de "livres-pensadores jovens não alinhados a nenhuma tendência política". O conflito iminente entre os membros do partido que chegavam ao topo das instituições culturais do país e a revista estourou por conta do filme P.M. O documentário retratava a vida noturna de Havana, com destaque para a bebida, os bares, e a música e dança africana. Embora não fosse considerado pelos produtores, afiliados à Lunes, como sendo crítico ou contrário à revolução, o filme retratava a Cuba revolucionária de uma maneira que contradizia a visão comunista mais puritana de moral e bons costumes. Em junho de 1961, pouco depois da invasão à Baía dos Porcos, com a maior demanda por unidade nacional e cerramento das fileiras, somada à relação mais cordial da liderança revolucionária com o PSP e a União Soviética, a revista foi obrigada a fechar as portas. "Em um breve momento, os membros do suplemento literário e do jornal tinham sido transformados de representantes da revolução em inimigos dela."[10]

Outros escritores cubanos sofreram o mesmo destino. Um dos poetas mais famosos do país, Heberto Padilla, criticou as exigências feitas aos intelectuais cubanos em seu poema "Em tempos difíceis": "Em tempos difíceis", ele escreveu, referindo--se à insistência oficial de que o ataque externo e o perigo de subversão pediam uma maior lealdade, "eles" pediram que o escritor dedicasse todas as partes do seu corpo à causa. "Explicaram-lhe depois que tudo o que doara seria inútil sem que ele entregasse a língua", continua o poema.[11] Quando publicado pela primeira vez, em 1968, a coletânea em que aparecia o poema venceu o maior prêmio de poesia de Cuba. Três anos depois, porém, Padilla foi preso. Depois de um mês, ele reapareceu para ler uma confissão pública de seus erros contra a revolução.

Intelectuais em todo o mundo, incluindo alguns dos principais defensores da revolução, ficaram indignados. Jean-Paul Sartre, Simone de Beauvoir, Italo Calvino, Gabriel García Márquez e muitos outros assinaram uma carta aberta em protesto. Alguns, como Sartre e Beauvoir, se desiludiram para sempre com a revolução. Outros, como García Márquez, mantiveram seu apoio apesar das críticas ao caso Padilla. O acontecimento marcou o princípio do "quinquenio gris", ou "cinco anos cinzentos". O CNC foi reorganizado e o linha-dura Luis Pavón foi colocado no comando do que ficou conhecido como "Pavonato". Os "guardiões da doutrina" estavam no controle e a "guilhotina do censor" caiu sobre um grande número de artistas e escritores – todos que se desviassem do rígido dogma socialista. A literatura precisava ser "didática", com o objetivo de impor valores socialistas.

"Se eu precisasse resumir o que aconteceu", concluiu o escritor e crítico literário cubano Ambrosio Fornet,

> eu diria que, em 1971, o equilíbrio relativo que havia nos favorecido foi abalado e, com ele, o consenso que sustentava a política cultural da revolução. Ficou clara uma situação de antes e depois: um período no qual

tudo era discutido abertamente – mesmo se nem sempre chegássemos a um acordo – deu lugar a um período de *ukase* [termo russo para ordem do governo]: uma política cultural instaurada por decreto, e não por consulta, feita de exclusões e marginalização, a qual transformou a vida intelectual num pântano (pelo menos para aqueles acusados do vírus de "diversionismo ideológico" e para os jovens da contracultura, aqueles que gostavam de cabelos longos, Beatles e calças justas).[12]

Para Fornet, o *quinquenio gris* terminou no fim de 1976, quando um novo Ministério da Cultura foi criado e o antigo ministro da educação Armando Hart, que havia presidido a Campanha de Alfabetização, assumiu o cargo. Outros afirmam que as tentativas oficiais de definir e controlar a cultura cubana duraram muito mais. Padilla não voltou a publicar até receber permissão de sair do país e se instalar nos Estados Unidos em 1980.

O autor cubano de romances policiais Leonardo Padura (1955-) talvez exemplifique uma nova geração de autores cubanos. A literatura policial norte-americana era imensamente popular em Cuba antes da revolução. A primeira onda de histórias de detetive pós-revolucionárias tentou recriar o gênero para atender aos objetivos revolucionários: os vilões eram representantes da antiga ordem corrupta, ao passo que os heróis trabalhavam coletivamente e eram motivados por valores revolucionários. Pouco valor literário sobreveio dessa fase abertamente didática.

Os escritos de Padura, publicados na década de 1990, apresentam uma perspectiva nova e muito mais sofisticada das realidades cubanas por meio de histórias de detetive. Seu protagonista, Mario Conde, é um tipo de anti-herói, frustrado na vida pessoal e em sua visão sobre a situação do país. Um de seus amigos próximos perdeu uma perna combatendo em Angola; outro é um médico aparentemente bem-sucedido que decide emigrar.

Os romances revelam frustrações não apenas com a escassez material que ainda existem depois de décadas difíceis de revolução, mas também com o caráter hierárquico, por vezes corrupto e excessivamente regimentado da vida na ilha. "Somos uma geração que obedeceu a ordens", queixa-se o médico prestes a emigrar, "mas ninguém nunca perguntou o que queríamos."[13]

A literatura cubana também prosperou nos Estados Unidos. Alguns autores cubanos decidiram se exilar, como Reinaldo Arenas (1943-1990, deixou Cuba em 1980), Lino Novás Calvo (1903-1983, deixou Cuba em 1960) e Heberto Padilla (1932-2000, deixou Cuba em 1980). Outros, como Edmundo Desnoes (1930-, deixou Cuba em 1979) e talvez Antonio Benítez-Rojo (1931-2005, deixou Cuba em 1980), saíram de Cuba sem necessariamente ver suas decisões como um exílio político – eles simplesmente decidiram viver e trabalhar em outro país. E uma nova geração de autores cubano-americanos surgiu dentre os trazidos aos Estados Unidos quando crianças nos anos que se seguiram à revolução, como Roberto G. Fernández (1951-), Cristina García (1958-) e Achy Obejas (1956-), ou aqueles nascidos nos Estados Unidos como Ana Menéndez (1970). Embora sejam, em certo sentido, filhos da revolução, eles também são herdeiros de gerações anteriores de escritores cubanos imigrantes, como Oscar Hijuelos, nascido em Nova York em 1951 de pais cubanos imigrantes. Outros emigrados cubanos, como Guillermo Cabrera Infante (1929-2005, saiu de Cuba em 1965) e Zoé Valdés (1959-), se instalaram na Europa.

Por outro lado, escritores de outros países da América Latina buscaram refúgio temporário ou permanente em Cuba. O autor uruguaio Daniel Chavarría (1933-) veio morar permanentemente em Cuba, ao passo que o também uruguaio Mario Benedetti passou parte de seu exílio no país. Outros, como o colombiano Gabriel García Márquez, mantiveram fortes relações com a ilha.

A revolução de Cuba, sua literatura e suas instituições também serviram como inspiração ao gênero latino-americano do *testimonio*, ou testemunho, nos anos 1980. A *Biografia de un cimarrón*, de Miguel Barnet, publicada em 1966, foi provavelmente o trabalho pioneiro do gênero. O Prêmio da Casa de las Américas, a promoção do gênero e suas práticas no país criaram o ambiente que deu à luz obras como Meu nome é Rigoberta Menchu. A antropóloga venezuelana Elisabeth Burgos-Debray tinha conhecido revolucionários guatemalenses na Conferência Tricontinental de Havana em 1966; posteriormente, eles levaram Rigoberta para conhecê-la em Paris, onde as duas trabalharam no testemunho.[14] O livro ganhou o Prêmio Casa de las Américas em 1983, atraindo o reconhecimento internacional. O poeta revolucionário de El Salvador Roque Dalton passou um tempo de seu exílio em Cuba, assim como o tema do celebrado testemunho que ele veio a escrever anos depois, o líder comunista salvadorenho Miguel Mármol.

Quanto à crítica literária cubana, González Echevarría observa que, "quanto menos acadêmica e mais popular, mais militante ela é".[15] Nesse aspecto, a crítica literária reflete as obras de não ficção em geral. Os jornais diários de Cuba trombeteiam uma linha partidária incansavelmente celebrativa dos acontecimentos atuais, ao mesmo tempo em que publicações mais especializadas mostram uma visão mais séria, analítica e aprofundada das questões.

Com a exceção do caso do testemunho, tudo indica que o impacto de Cuba no mundo literário latino-americano teve mais a ver com as instituições criadas pelo país do que com a produção literária propriamente dita desde a revolução. Por outro lado, nas áreas de cinema, música e, especialmente, arte de cartazes, as inovações e obras da Cuba revolucionária tiveram um forte impacto tanto dentro como fora do país.

Cinema

O Instituto Cubano de Arte e Indústria Cinematográficas (ICAIC) foi criado em março de 1959, poucos meses após o governo revolucionário ter tomado o poder (Figura 5.1). O ICAIC, segundo David Craven sugere, "era um refúgio para as figuras mais flexíveis e abertas dentro do governo cubano".[16] De fato, ao lado da música, o cinema cubano foi talvez a arte mais crítica e de mais vigoroso engajamento social.

Os diretores afiliados ao ICAIC, como Tomás Gutiérrez Alea, Humberto Solás, Pastor Vega, Sara Gómez, Julio García Espinosa, Sergio Giral e outros, produziram um número, uma variedade e uma qualidade impressionante de filmes ao longo das décadas da revolução. Alguns trataram da história de Cuba, explorando novos ângulos e interpretações à luz dos estudos e acontecimentos contemporâneos. *El otro Francisco* (1975), de Sergio Giral, reinterpretou *Francisco*, um famoso romance abolicionista cubano do século XIX. O romance, na linha de *A cabana do Pai Tomás*, apresentava uma visão relativamente romantizada e melodramática dos males da escravidão, tendo os escravos como vítimas humildes, os donos de escravos como pessoas cruéis e os abolicionistas como humanitários. O filme nos apresenta "o outro Francisco" – um escravo que é um rebelde pluridimensional – e um sistema escravocrata e um movimento abolicionista que estão inseridos em seu tempo e seu espaço, a economia açucareira colonial. Tomás Gutiérrez Alea também se voltou para a sociedade escravocrata oitocentista em *La última cena* (1976), a história de um dono de escravos que tenta reencenar a Última Ceia com seus escravos escolhidos. A Revolução Haitiana de 1791 e a Revolução Cubana de 1959 ressoam no fundo do drama e, também aqui, um rebelde desafia as realidades estruturais e ideológicas do sistema escravocrata. Esses e outros filmes desenvolveram o gênero de filmes históricos com um diálogo explícito com o presente.

Outros filmes se dedicaram mais diretamente às realidades contemporâneas. O *Memorias del subdesarrollo* (1968), de Gutiérrez Alea, baseado no romance de Edmundo Desnoes, mostra a vida e a psique de um intelectual burguês alienado e quase paralisado que permanece em Cuba após a revolução, observando a partida de sua família e de seus colegas, as mudanças profundas que ocorrem na sociedade e o pânico da crise dos mísseis com uma espécie de fatalismo distanciado. O filme chamou a atenção do mundo para o cinema cubano. As críticas publicadas em todo o mundo após o lançamento do filme foram cheias de adjetivos laudatórios, viessem elas de Nova York, Paris, Londres ou Montevidéu: "impressionante", "extraordinário", "excepcional" e "perfeito". "Um dos melhores filmes de todos os tempos", escreveu David Elliott em 1978 no Chicago Sun-Times, enquanto Arthur Cooper afirmou na Newsweek que "Memorias del subdesarrolo é sem dúvida um filme brilhante, complexo, irônico e de uma inteligência extraordinária." "O que ainda fascina hoje nesse filme e o que deve ter fascinado os públicos da época", conclui Nancy Berthier em uma obra recente,

> é a maneira como Gutiérrez Alea, por meio de uma estética profundamente original, coloca a questão do relacionamento entre o intelectual ou, muito simplesmente, o indivíduo e a sociedade ao redor em termos de um dilema básico. Escolher ser solitário ou em solidariedade, viver à distância ou em fusão?[17]

Retrato de Teresa (1979), de Pastor Vega, que se propunha a "colocar uma pequena bomba em todos os lares" com seu retrato sensível de uma mulher que enfrenta dificuldades para equilibrar a "jornada tripla" de cuidar do marido e dos filhos, trabalhar numa fábrica têxtil e atender às demandas de seu sindicato, com seus talentos como dançarina e produtora. Seu marido vai ficando cada vez mais furioso com o que considera o fracasso dela como mãe e esposa, ao passo que Teresa fica dividida entre a camaradagem e a realização pessoal da trupe de dança, e seu grito angustiado de que "o dia só tem 24 horas!". O filme foi lançado alguns anos depois da aprovação do Código Familiar de 1975 que legislava a igualdade das mulheres em casa e no ambiente de trabalho.

Teresa, como muitos filmes que vieram depois, nos anos 1980, olharam para a maneira como os ideais da revolução se traduziram nas realidades do cotidiano. Apesar de todos os seus sucessos na criação de oportunidades de educação e trabalhos gratificantes, cuidados de saúde e nutrição adequada, a revolução não trouxe nada parecido com a prosperidade do Primeiro Mundo. *Retrato de Teresa* mostra incansavelmente ônibus superlotados, merendas escolares insossas, água e eletricidade precárias e televisores quebrados.

No entanto, mesmo no ICAIC havia limites. *Techo de vidrio* (1981), de Sergio Giral, que retratava a corrupção e o racismo na Cuba da época, não foi distribuído na ilha. Em meados dos anos 1980, Giral descreveu *Techo de vidrio* como "um filme fracassado. Tentei fazer um filme sobre temas contemporâneos, num tom mais ou menos crítico, mas não fiquei contente com os resultados. É muito difícil para nós falar sobre temas contemporâneos", explicou ele.[18] Depois de se mudar para Miami em 1991, Giral falou mais duramente sobre o destino de *Techo*: "É claro que a censura político-ideológica sempre esteve presente (...) Meu filme, *Techo de vidrio*, foi censurado desde o princípio e acabou indo parar no buraco negro".[19]

Techo foi, em certos sentidos, uma vítima do clima político dos anos 1970. O ICAIC foi reorganizado em 1982 sob a direção do cineasta veterano Julio García Espinosa, o que levou a certa descentralização e à experimentação com novos gêneros, incluindo comédias como *Se permuta* (1984) e *Plaff* (1988), ambas de Juan Carlos Tabío. *Se permuta* usou a falta de moradia em Cuba – e a política habitacional – como pano de fundo de uma comédia doméstica. Como em outras áreas da economia, não havia "livre mercado" nas atividades imobiliárias de Cuba. Os moradores tinham permissão de se mudar se encontrassem alguém disposto a trocar de casas, o que gerava um complexo sistema de classificados de troca de casas. Do mesmo modo, *Plaff* ironizava as burocracias e dificuldades materiais da vida cotidiana.

Embora os filmes mencionados incorporem críticas às realidades contemporâneas, a instituição cultural e política não levantou objeções. A recepção de *Alicia en el pueblo de Maravillas*, em sua primeira exibição em 1989, foi muito diferente. *Alicia* era ainda outra comédia que parodiava as burocracias e ineficiências de Cuba. Mas, no contexto político e econômico da queda do bloco soviético e da grande incerteza que Cuba enfrentava – o colunista Andrés Oppenheimer, do *Miami Herald*, estava prevendo "a hora final de Fidel" –, a censura caiu em cima de *Alicia*. Poucos dias depois de o filme ser lançado e de receber um prêmio no Festival de Cinema de Berlim, ele foi banido em Cuba. Ainda mais drástica foi a informação de que o Instituto de Cinema Cubano se tornaria uma das muitas vítimas da crise econômica e seria fundido com a divisão de televisão e cinema das Forças Armadas. O instituto viu isso como um golpe fatal à autonomia e à criatividade de toda a indústria cinematográfica do país.

Depois de fortes protestos, o governo recuou – em parte. O instituto foi restaurado, mas seu diretor, García Espinosa, foi substituído por seu predecessor, Alfredo Guevara. E *Alicia* continuou proibido, vítima tanto do momento histórico em que estreou como da longa contradição entre as tensões libertadoras e repressivas da política cultural cubana.

Sergio Giral descreveu *María Antonia*, lançado em 1990 e o último filme dirigido por ele na ilha, como sua melhor obra. Como seus filmes históricos anteriores, *María Antonia* falava da cultura afro-cubana – a *santería* de origem yoruba – e das duras realidades da pobreza e do racismo. Embora baseado numa peça de 1968 e ambientado nos anos 1950, o filme também fazia uma clara crítica às realidades da época, especialmente na cena final em que a pobreza e as desigualdades raciais do passado eram transpostas para o presente.

Embora Giral se mudasse de Cuba para Miami depois disso, outros diretores históricos e novos continuaram a empurrar a indústria cinematográfica de Cuba para novas direções nos anos 1990, com filmes como *Morango e chocolate* e *Guantanamera* (1995), ambos de Gutiérrez Alea, e *La vida es silbar* (1998), de Fernando Pérez, sendo aclamados tanto na ilha como no exterior. A crise econômica dos anos 1990 obrigou os cineastas cubanos a recorrerem ao exterior em busca de financiamento, o que trouxe novas dificuldades mas também novas oportunidades.

Música

A herança musical de Cuba é vasta, assim como suas contribuições à música mundial. Nos Estados Unidos, a música cubana talvez tenha causado seu maior impacto por suas influências na evolução do jazz na primeira metade do século XX e pela salsa na segunda.

Muitos aspectos da música cubana foram afetados ou transformados pela revolução. Cantores e compositores como Carlos Puebla, Silvio Rodríguez e Pablo Milanés se tornaram a cara musical da Revolução Cubana em grande parte do mundo de língua espanhola a partir dos anos 1970 e 1980. A música tradicional cubana *son* foi ressuscitada internacionalmente nos anos 1990 com o lançamento do disco *The Buena Vista Social Club* em 1997 e do filme em 1999. O rap, hip hop e o reggaeton também proliferaram nos anos 1990 e no início do novo século.

Carlos Puebla é mais conhecido por suas canções engajadas que falam das realidades políticas e sociais, especialmente aquelas dos primeiros anos da revolução. Sua canção mais famosa é provavelmente "Hasta Siempre, Comandante", composta em 1965, quando Che partiu de Cuba para espalhar a revolução pela África e pela América Latina. "Seu amor revolucionário te conduz a nova missão, onde aguardam a força de teu braço libertário", cantava ele. "Aqui ficamos com a transparência clara e íntima de sua presença querida."

O movimento "Nueva Canción" na América Latina e sua encarnação cubana, a "Nueva Trova", pretendiam desafiar o domínio comercial e estrangeiro nas ondas do rádio com músicas profundas e autenticamente locais. Artistas do Chile e do México se voltaram às raízes musicais locais e indígenas, e desenvolveram uma música que tratava das realidades latino-americanas em vez de ajudarem a escapar delas. O movimento de músicas de protesto nos Estados Unidos dos anos 1960 e 1970, com artistas como Bob Dylan e Joan Baez, surgiu do mesmo tipo de desejo artístico por uma música que fosse relevante, engajada e tivesse raízes nativas.

Milanés e Puebla se inspiraram principalmente em ritmos musicais cubanos tradicionais. Rodríguez levou a experimentação com as formas tradicionais ao ápice, tanto em termos musicais como em termos líricos. Algumas das suas muitas canções exploram os limites entre o pessoal e o político, com imagens mágicas, sentimentos e comentários políticos unidos a melodias marcantes. Unicórnios azuis perdidos são encontrados nas montanhas de El Salvador, enquanto crianças encontram a força para enfrentar o futuro mesmo sem os Três Reis Magos. "Nasci para sonhar o sol e dizer coisas que despertam o amor", escreve ele numa canção que evoca um pesadelo de bombas e caos.

Tanto Milanés como Rodríguez mantiveram seu ritmo de produção criativa e engajamento político ao longo do Período Especial e no início do novo século. (Puebla faleceu em 1989 depois de um longo período doente.) "Como é sedutor questionar", escreve Rodríguez em "Desilusão" em 1989. "Desilusão – um brilhante desfile de moda. Abre um negócio, redescobre o prazer. Como o turismo, ela inventa o abismo. Toca o diamante e o transforma em carvão." Milanés, que é bissexual assumido e chegou a ser preso mais de uma vez no fim dos anos 1960, gravou "El pecado original" em 1994, descrevendo o amor entre dois homens. "Não somos Deus", ele advertiu. "Não vamos entender mal de novo", referindo-se às antigas e variadas formas de homofobia em Cuba*.

A música *dance* sempre esteve no centro da tradição musical cubana. O etnomusicólogo Robin Moore afirma que, perto do fim dos anos 1960, a liderança cubana tinha passado a associar dança e entretenimento com a antiga Cuba corrupta e capitalista. À medida que os locais de dança cubanos iam se fechando e que a Escuela Nacional de Arte dava ênfase ao treinamento clássico, os dançarinos cubanos não desapareceram, mas se voltaram a canais extraoficiais, encontrando inspiração em tradições cubanas informais, fontes estrangeiras e experimentação. Em certo sentido, essa marginalização abriu espaço a novas formas de criatividade para bandas como Irakere (fundada em 1973) e

---

* *Nota da edição brasileira: em fevereiro de 2015, Pablo Milanés, em uma entrevista ao jornalista Mauricio Vicent, do El País, falou mais longamente sobre suas prisões nos anos 60: "Nunca me perguntaram tão diretamente sobre as UMAP (Unidades Militares de Ajuda à Produção). A imprensa cubana não se atreve e a estrangeira desconhece a nefasta transcendência que aquela medida repressora de caráter puramente stalinista teve. Estivemos ali, entre 1965 e finais de 1967, eu e mais de 40 mil outras pessoas, em campos de concentração isolados na província de Camagüey, realizando trabalhos forçados desde as cinco da madrugada até o anoitecer, sem nenhuma justificativa nem explicações, e muito menos o perdão que estou esperando que o Governo cubano peça. Eu tinha 23 anos, fugi do meu acampamento – e me seguiram mais 280 companheiros que estavam presos no mesmo território que eu – e fui a Havana para denunciar a injustiça que estavam cometendo. O resultado foi que me enviaram por dois meses à prisão de La Cabaña, e depois fui transferido para um acampamento de castigo pior que as UMAP, onde permaneci até que essas unidades fossem dissolvidas devido à pressão da opinião internacional.*

Quando ainda estava lá, após ler Um dia na vida de Ivan Denisovich, de Aleksander Solzhenitsyn, que um amigo me enviou, me dei conta de que as ideias de um revolucionário não se desviam por causa dos erros cometidos pelos dirigentes. Então, saí mais revolucionário. A UMAP não foi um fato isolado. Antes de 1966, Cuba se alinhou definitivamente à política soviética, incluindo procedimentos stalinistas que prejudicaram intelectuais, artistas e músicos. Segundo a história, em 1970 começou o que era chamado de o quinquênio cinza, e eu defendo que esse período começou em 1965 e que foram vários quinquênios."

O jornalista Mauricio Vicent então pergunta:

"E por que depois de tudo isso o senhor continuou a se considerar um revolucionário e a defender a revolução?"

Milanés responde: "A origem está no que Cuba significou para o mundo no ano de 1959. Eu tinha, nessa época, quinze anos, e quando me aprofundei sobre a realidade social da América Latina me transformei em um revolucionário. Essas ideias não só impactaram em mim, mas em todos os países latino-americanos. Os ideais que professávamos eram os mais puros que se podiam ter naquele momento. Outra coisa teria sido trair meu pensamento, portanto, embora erros fossem cometidos, vi que era preciso defender a ideia original... e ainda a defendo."

Los Van Van (fundada em 1969), que foram chamadas de "os Rolling Stones de Cuba" por sua popularidade, longevidade e inovação contínua adentro do novo século.[20]

Nos anos 1990, houve o surgimento da música rap cubana, variando desde grupos de orientação comercial e relativamente apolíticos a grupos underground mais ousados. "A princípio, o Estado promoveu o rap comercial como forma de diluir o potencial radical do rap", explica Sujatha Fernandes, mas logo "passou a elogiar os grupos underground por sua rejeição ao comercialismo". Nesta última postura, o governo de Cuba seguiu outros governos esquerdistas na América Latina que "forjaram alianças com o movimento hip-hop" a fim de se aproveitar do "papel que o hip-hop pode representar no engajamento da juventude negra".[21]

Um crítico cubano sugeriu que o contexto revolucionário de Cuba fazia com que os rappers cubanos representassem um papel na sociedade inteiramente diferente do que representam em outros países graças à "visão emancipatória que essas pessoas têm em comum com a Revolução Cubana, suas formas de luta, seus atos de resistência; como seu *cimarronaje** cultural característico em ação desde os tempos da Revolução Haitiana até a cultura e a história cubana atuais".[22] Por isso,

> embora os rappers cubanos construíssem redes com os rappers norte-americanos com base em raça e marginalidade que transcendiam afiliações nacionais, eles também produziam uma crítica ao capitalismo global que lhes permitia ter uma boa relação com o Estado cubano.[23]

Annelise Wunderlich acredita que a maior proeminência da desigualdade racial no Período Especial é um dos motivos pelos quais a mensagem do Black Pride no hip-hop norte-americano

** Nota da edição brasileira: "cimarrón" é o equivalente caribenho de "quilombola".*

atingiu um público tão receptivo em Cuba. Os rappers cubanos que ela estudou “admiram Malcolm X, Mumia Abu-Jamal, Nelson Mandela e outros ícones negros”, e procuraram a ativista norte-americana exilada Nehanda Abiodun, do Black Liberation Army [Exército de Libertação Negra] para lhes ensinar sobre a história dos negros. Enquanto isso, “o hip-hop cubano se tornou o queridinho da cena underground do rap norte-americano. Rappers socialmente conscientes (...) vêm à ilha em busca do que muitos consideram a pura essência do hip-hop”.[24]

Esporte

O governo revolucionário colocou o esporte no centro da política interna e externa. O esporte era parte integral da educação e da criação de oportunidades iguais na sociedade. Era também o principal elemento da projeção internacional de Cuba. Em certo sentido, o sucesso da revolução socialista se restringiu ao sucesso dos seus atletas. As conquistas esportivas ilustrariam os potenciais desencadeados e promovidos pelo socialismo. Os atletas, escrevem Paula Pettavino e Geralyn Pye em seu estudo sobre o esporte em Cuba, serviram como “modelos revolucionários e fontes de orgulho nacional”.[25]

O governo cubano iniciou um programa nacional de esportes em 1961, usando o lema “el desporte es salud” – esporte é saúde. Programas de educação física foram adotados em todas as escolas – desde a pré-escola – sob o amparo do novo Instituto Nacional de Esportes, Educação Física e Recreação (INDER). Para alunos que se mostravam particularmente talentosos, foram fundadas escolas esportivas especializadas nas quais, além do currículo normal, os adolescentes tinham acesso a treinamento e instalações especiais. De lá, eles podiam passar à educação superior em treinamento esportivo para se prepararem para competições internacionais. Nos primeiros anos de escola, a educação física se concentra em movimento e ginástica; nos anos posteriores, os esportes em equipe passam a ser centrais.

O esporte com base na comunidade é outro pilar da política esportiva cubana. O acesso aos esportes foi democratizado quando os clubes esportivos particulares exclusivos de antes da revolução foram abertos ao público. Eventos esportivos também passaram a ser gratuitos e a participação em esportes foi garantida como um direito na Constituição de 1976. Cubanos de todas as idades são estimulados a participar de exercícios por seus médicos familiares (especialmente os cerca de 30% da população que sofrem de hipertensão) e por programas para a terceira idade. Atletas cubanos logo estavam trazendo para casa números significativos de medalhas olímpicas, que cresceram de zero nos anos 1950 a dezenas nos jogos de 1992, 1996, 2000, 2004 e 2008. O corredor cubano Alberto Juantorena, que ganhou duas medalhas olímpicas históricas (400 m e 800 m) em 1976 e virou presidente da Federação Esportiva Cubana e vice-ministro do esporte, exemplificou a ênfase nacionalista e revolucionária colocada nas competições esportivas em Cuba numa entrevista em 1990:

> A revolução deu a nossas crianças a oportunidade de competir nos esportes e frequentar a escola. Antes, somente os ricos podiam fazer isso. Portanto, quando eu falo que sou um comunista e tenho muito orgulho do meu país e do que ele fez por seu povo, estou sendo sincero.[26]

Os esportes sofreram durante o Período Especial, quando os cortes enfraqueceram os programas esportivos e os atletas cubanos enfrentaram a vontade de deserção. Cerca de 50 membros da delegação cubana de 1993 aos Jogos Centro-Americanos e do Caribe em Porto Rico (uma versão regional das Olimpíadas) decidiram ficar no país. Os heróis do beisebol Liván e Orlando "El Duque" Hernández estavam entre os cerca de vinte jogadores recrutados pelo agente cubano-americano Joe Cubas. "Sou inimigo do governo cubano", vangloriou-se Cubas. Quando as equipes de beisebol cubanas viajavam, Cubas estava lá tentando-os com ofertas lucrativas.[27]

Muitos dos jogadores recrutados por Cubas eram sinceros sobre sua decisão de partir. Ángel Lópes disse:

> O governo não quer que haja nenhum astro em Cuba. Eles querem que todos sejam iguais. Querem que Linares, que é o melhor jogador em Cuba, seja igual a qualquer homem comum que você não conhece, mesmo ele sendo uma estrela em Cuba. Eles querem que ele tenha a mesma casa, as mesmas condições de vida. Querem que todos tenham os mesmos recursos. Mas às vezes precisamos de coisas que o governo não dá. Então a gente pensa: "Se eu sou um grande jogador aqui, por que não posso jogar também na Major Leagues?". Entende? Você decide deixar o país para resolver os problemas financeiros da família".

Jorge Díaz acrescentou:

> Em Cuba, nós vencemos três campeonatos seguidos. E não ganhamos coisas, presentes, incentivos. Eles nos pagaram uma cerveja, uma noite no hotel para nossa família, mas nada além disso. Se a gente pedisse coisas de que precisava, eles nos enganavam. O tempo passou e era sempre o mesmo, o mesmo. E as pessoas começaram a ficar incomodadas. E eles diziam: "nas grandes ligas você vai ter isso, e aquilo e aquilo outro". E [Rolando] Arrojo foi o primeiro a desertar. Com o sucesso dele, todos começamos a tomar nossas próprias decisões. A vida é assim.[28]

Como em outras áreas, o Período Especial começou a causar dificuldades para quase todo mundo, mas as mudanças econômicas introduzidas a fim de melhorar a situação inevitavelmente afastaram o país de sua ênfase na igualdade. Perto do fim dos anos 1990, com deserções e cortes ameaçando a reputação internacional dos times cubanos, o governo começou a oferecer incentivos materiais significativos para manter os jogadores nas suas equipes. Os jogadores receberam itens pessoais, como equipamentos e artigos de banho, além de carros, casas e o direito de receber em moeda forte.

Dança

Os cubanos, assim como todos os povos do Caribe (e de todo o resto do mundo, mas *especialmente* do Caribe), dançavam muito antes da revolução. Mas a dança, como todo o resto, era dividida socialmente. A classe alta menosprezava as danças locais, tradicionais e populares, preferindo os estilos europeus. "Uma classe privilegiada que apreciava um bom balé (...) trazia as maiores estrelas a Cuba" e seus filhos podiam estudar na Escuela Pro Arte Musical em Havana.[29] Enquanto isso, as formas de danças de origem africana, como a rumba, se desenvolviam entre as classes populares, mas eram desprezadas e perseguidas pela fina sociedade.

O governo revolucionário começou a democratizar o acesso à antes chamada de "alta" cultura, e elevar e promover as formas culturais cubanas antes vistas como "baixas". O Conjunto Folklórico Nacional foi fundado em 1962 para "contribuir para o resgate e a recuperação de nossas raízes de música e dança".[30] Como a etnomusicóloga Yvonne Daniel explica, "a revolução de Cuba em 1959 serviu para distinguir e separar ainda mais as diferentes práticas religiosas africanas, conforme a nova nação voltava seu olhar para dentro em busca de sua identidade. Durante os primeiros dias da reestruturação de uma nova sociedade, as religiões africanas foram realçadas como prova da identidade afro-latina, e não apenas hispânica, de Cuba. Embora a prática religiosa em si tenha sido reprimida no início da ideologia comunista/ateia, as representações de sua história religiosa africana foram promovidas como cenários educacionais e turísticos.[31]

A repórter Ana Campoy entrevistou Fernando Alonso, marido e parceiro profissional da celebrada bailarina Alicia Alonso. No início de 1959, ela conta: a revolução

> bateu na porta do casal Alonso (...). Entraram Fidel Castro e um de seus colaboradores. Sentados na beira da cama, eles conversaram sobre a política local e mundial durante horas, até que Fidel disse: "Vim aqui para falar de balé". "Sempre tenho tempo para falar sobre balé", Fernando lembra ter respondido. "De quanto dinheiro vocês precisam para reabrir a companhia de balé?", Fidel perguntou. "Não sei, *comandante*, 100 mil dólares", respondeu Fernando. Fidel, conta Fernando, deu 200 mil. "A revolução era uma coisa bonita no começo", diz Fernando.[32]

A Companhia Nacional de Balé fez balés revolucionários e se apresentaram em todos os lugares: "em plataformas improvisadas montadas em fábricas, escolas e campos de cana-de-açúcar". Hoje, "o público do balé mais lembra uma arquibancada de esportes do que a elite aristocrática que trouxe a dança para Cuba no princípio", explica Campoy.

> Os fãs vibram e gritam no meio da apresentação. Os bailarinos precisam parar no meio da coreografia para agradecer porque os aplausos abafam o som da orquestra. Buquês são lançados à direita e à esquerda do bailarino favorito do momento e, quando os fãs discordam, saem no braço.[33]

Assim como no caso do esporte, o acesso à formação de balé passou a ser universal e as crianças com talento eram recrutadas para escolas especiais para uma formação avançada. Também como no esporte, o balé cubano chegou à cena internacional.

Comida

A comida é um dos aspectos centrais, se não o mais central, da cultura. No mínimo, é um aspecto da cultura de que todo membro da sociedade compartilha, em todos os dias de suas vidas. E a comida é outro aspecto da cultura que a revolução jurou transformar.

O que os cubanos comem é, como outros aspectos da cultura cubana, um produto da transculturação. A base da alimentação cubana é arroz, feijão, carne e *viandas*, uma categoria na qual se incluem frutos de bananeira e raízes ricas em amido. As origens do arroz são africanas e chinesas; do feijão, sul-americanas; a carne, especialmente de boi, porco e frango, é europeia; ao passo que as *viandas* são nativas das Américas, como é o caso da *malanga* e do *boniato*, ou foram introduzidas vindas do Sul da Ásia através da África, no caso das bananas. Os cubanos também bebem quantidades prodigiosas de café (nativo da África, mas trazido ao Caribe pelos europeus) e rum (um subproduto do açúcar, também introduzido na ilha pelos espanhóis).

Nos anos 1950, os cubanos urbanos normalmente tinham uma dieta muito influenciada pelos alimentos processados e embalados dos Estados Unidos, enquanto os pobres das áreas rurais sobreviviam com pequenas quantidades de arroz, feijão e *viandas* ou, quando nem mesmo esses itens eram acessíveis, água com açúcar. Com a exceção das *viandas*, grande parte do que os cubanos comiam era importada, visto que dois terços da terra da ilha não eram cultivados – grande parte dela era usada para pasto – e, da terra que era cultivada, mais da metade era devotada ao açúcar.[34]

A revolução começou se dedicando à questão da distribuição. A Reforma Agrária, e outros programas e reformas sociais dos primeiros anos da revolução voltados, principalmente, para a redistribuição dos recursos do país. À medida que a maioria pobre do país passava a ter uma parte maior da riqueza, ela gastou seu dinheiro sobretudo em comida. A demanda logo superou a oferta. Para evitar o aumento dos preços que simplesmente voltaria a excluir os pobres, o governo primeiro impôs o controle dos preços e, pouco tempo depois, começou o racionamento. Numa situação de escassez, parecia ser o único caminho para garantir a distribuição igualitária.

Em 1980, os bens produzidos localmente e racionados foram cada vez mais suplementados com alimentos processados do bloco oriental, com o sabor peculiar do Leste Europeu: queijos, presuntos e salsichas, iogurte, vinho, e enlatados e conservas soviéticos e búlgaros. O mercado paralelo, em que aqueles com dinheiro extra poderiam comprar esses e outros itens além dos recebidos na ração, funcionou até a Campanha de Retificação em 1986. "Meu filho mais velho nasceu em 1980 e cresceu cheio da Europa Oriental", explicou uma colega. "Meu filho mais novo não – ele nasceu em 1986!"[35]

Até o Período Especial, o sistema de distribuição – junto com outras mudanças que aumentaram a disponibilidade de alimentos dentro e fora da ração – contribuiu para uma mudança drástica no perfil de saúde de Cuba. Em vez da desnutrição que afligia os pobres antes da revolução, as doenças mais comuns relacionadas à alimentação passaram a ser obesidade, hipertensão, doenças cardíacas e diabetes. Um dos entrevistados pela pesquisadora Cristina Pérez resumiu o que os cubanos gostam de comer:

> Carne!! Gostamos de comer porco. Arroz e feijão, claro. Mas aqui a gente cozinha o arroz e o feijão com toicinho e óleo também. Tudo precisa ser frito – frango, banana, *malanga* e batata. Comemos muita comida com farinha – pão, macarrão, pizza, bolacha salgada (...). Usamos muito sal e açúcar na comida. E não comemos muitos legumes, frutas ou verduras. E tem também o álcool e os refrigerantes.[36]

A nutricionista Medea Benjamin e seus colegas notaram que a cultura e a política interferiram em todas as tentativas de promover uma alimentação menos gordurosa e com mais verduras e legumes. "Os próprios líderes do governo não veem por que a dieta precisa mudar", explicam eles.

> Muitas das autoridades que entrevistamos [no início dos anos 1980] pareciam aceitar, sem questionamentos, que a dieta ocidental "moderna" era melhor. Por exemplo, a questão da proteína animal comparada à vegetal. Discutimos isso em nossa entrevista com o vice-presidente Rodriguez e, embora ele reconhecesse que a proteína animal pudesse não ser melhor do ponto de vista nutritivo ou econômico, ele acreditava que ela estava associada ao desenvolvimento. "Não apoiamos a ideia que foi espalhada nos círculos internacionais de que os países desenvolvidos teriam proteína animal enquanto aqueles em desenvolvimento comeriam proteína vegetal", ele nos disse.[37]

Cultura política e políticas culturais

A cultura, para antropólogos e historiadores, abrange mais do que áreas específicas de produção cultural como arte, literatura e música: ela inclui a estrutura da vida cotidiana, as formas como as pessoas se envolvem com a sociedade em que vivem e como a veem. Em Cuba, desde a revolução, esse processo foi explicitamente politizado. A revolução seria capaz de criar o Homem Novo invocado por Che Guevara? E esse processo e a cultura revolucionária como um todo foram caracterizados pela libertação ou pela repressão?

Richard Fagen, que, no geral, era simpático às causas da transformação cultural, via um grau significativo de mudança nos anos 1960; Julie Bunck, escrevendo duas décadas depois e bastante cética em relação aos objetivos culturais da revolução, acreditava que pouco havia mudado. "As políticas do governo", escreveu ela, "não conseguiram, em qualquer grau, moldar o 'homem novo' de Che (...). Os cubanos não estavam pensando ou agindo como cidadãos marxista-leninistas corretos."[38] O que Bunck acreditava ser uma tentativa de imposição do "pensamento ideológico correto" Fagen descreveu como um "processo de transformação da cultura" bem-sucedido.[39] Mais recentemente, Lillian Guerra apresentou uma análise mais complexa da transformação da cultura política na primeira década da revolução, mostrando como a população participou ativamente da criação daquilo que ela chama de "ditadura de base" por meio da "interação mútua da mídia, do ativismo dos cidadãos e das manifestações em massa".[40] Fagen examinou três processos que viu como fundamentais para a tentativa da revolução de criar uma nova cultura política: a campanha de alfabetização, os Comitês de Defesa da Revolução (CDRs) e as Escolas de Instrução Revolucionária (EIRs). A campanha de alfabetização foi um processo de um ano de duração em 1961; as EIRs funcionaram de 1960 a 1967; e as CDRs, também criadas em 1960, continuam a funcionar até hoje. Em todos esses três casos, a liderança revolucionária traçou projetos voltados especificamente para a criação do "homem novo" por meio da mobilização e da participação.

Esses programas eram parte das mudanças estruturais drásticas dos primeiros anos da revolução. A mobilização e a educação integravam a criação de uma sociedade mais igualitária, do desenvolvimento econômico, e da defesa contra a agressão estrangeira e a subversão interna. "Do ponto de vista cubano", conclui Fagen,

> os problemas de desenvolvimento enfrentados pelas nações mais pobres não podiam ser solucionados pela aplicação convencional de tecnologias convencionais. A verdade é que o desenvolvimento nacional não é, em primeira instância, um problema técnico nem mesmo econômico. É um problema político: suas causas são políticas e suas soluções precisam ser políticas.[41]

Tanto Fagen como Bunck analisam a criação e a transformação da cultura de cima para baixo. O livro inovador de Lillian Guerra mostra a criatividade cultural da revolução num intercâmbio dinâmico entre os cidadãos e o Estado. A relação "nasceu nas manifestações em massa sem precedentes com milhões de pessoas" que criaram uma "grandiosa narrativa" de unidade, sacrifício e redenção que Guerra chama de "fidelismo".[42] Mas os cidadãos não foram vítimas passivas da manipulação do Estado; eles foram participantes ativos. "Talvez tenha sido a reação do povo cubano à visão milenarista de Fidel do poder que realmente impulsionou o fidelismo, a lealdade incondicional a Fidel, a um movimento de massa e configurou a moralidade radical numa ideologia de Estado."[43] O fidelismo se tornou uma "religião cultural" que "levou a maioria dos cubanos, incluindo grande parte, se não a maioria, da classe média, a apoiar até as políticas mais radicais" enquanto "os cubanos criavam novos espaços para a articulação do poder político como defensores autonomeados do Estado e das encarnações morais da revolução". Assim, a transformação cultural esteve profundamente ligada à capacidade estatal de realizar a mudança estrutural.[44]

Uma pesquisa realizada na primavera de 1960 descobriu que surpreendentes 86% da população afirmavam apoiar o governo revolucionário, sendo que 43% admitiam apoio "fervoroso".[45] Esses números definitivamente ilustram o grau em que a revolução e as mobilizações populares conseguiram capturar o imaginário de cubanos comuns, indicando exatamente o tipo de mudança cultural que a revolução buscou criar.

A relação entre mudança cultural e apoio explícito ao governo mudou ao longo do tempo. Se a educação, a participação e a maior consciência política eram centrais ao projeto revolucionário de transformação cultural, então, nesse caso, um debate vigoroso sobre as realidades políticas e sociais poderia ser visto como evidência do sucesso do projeto. No entanto, tanto os linhas-duras dentro da revolução como os opositores da revolução costumavam ver esse debate como um desafio à revolução em si. Os linhas-duras tentaram eliminar esses desafios, ao passo que os opositores buscaram cooptá-los.

Como Guerra mostra, o próprio caráter radical e contestador da cultura revolucionária dos anos 1960 criou espaços para a oposição cultural, especialmente quando as políticas revolucionárias pareceram homogeneizar e conter esses ideais radicais. Os negros e jovens de Cuba viam a revolução como uma libertação, mas sua visão de "revolução socialista radical (...) não exatamente contradizia, mas ultrapassava, em claros termos ideológicos, a grandiosa narrativa oficial de moralidade e incontestabilidade messiânica" da revolução.[46] Além dos reacionários que se opunham ao processo revolucionário, segundo Guerra, a revolução criou "dissidentes involuntários": pessoas que

> criaram contranarrativas da revolução que iam contra a história simples e harmoniosa de unanimidade e homogeneidade (...) espalhando nelas as sementes de seus próprios interesses irascíveis e lembranças de promessas que os líderes queriam esquecer. Juntas, essas contranarrativas mostravam um projeto de revolução muito mais libertador e radical de revolução.[47]

Alguns desses "dissidentes involuntários" forçaram os limites da revolução internamente, enquanto outros ficaram desencantados com o projeto revolucionário.

Durante a década de 1970, o período de institucionalização e retorno aos incentivos materiais, houve também certo recuo em relação aos objetivos utópicos da transformação cultural. A reintrodução de incentivos materiais e o retorno à legalização de pequenas empresas e até mesmo, depois de 1980, dos mercados de fazendeiros simbolizaram uma redução da ambição de refazer completamente a sociedade cubana e seus membros. Ou pelo menos uma virada rumo a uma transformação em sentidos diferentes. Como vimos, a primeira metade dos anos 1970 viu as políticas culturais caindo nas mãos dos linhas-duras mais dogmáticos e os anos que os intelectuais chamam de *quinquenio gris*. A "institucionalização" da revolução em 1975, com a criação do Ministério da Cultura e a proliferação de centenas de *casas de cultura* locais administradas pelo governo, sinalizou um afastamento dos extremos do *quinquenio gris*. No entanto, a tensão entre centralização e políticas culturais controladas de cima para baixo, de um lado, e o desejo de intelectuais e artistas cubanos de se engajarem criticamente nas realidades sociais, de outro, nunca desapareceu por completo da política cultural cubana.

Embora Guerra descreva o aparato do Estado como uma força geralmente repressora contra os dissidentes involuntários, Sujatha Fernandes afirma que havia uma relação mais simbiótica. O Estado cubano "não [é] um aparato centralizado repressor que exige a aplicação de suas ordens para os cidadãos de cima para baixo", explica Fernandes, mas sim "uma entidade permeável que molda as atividades de vários atores sociais ao mesmo tempo em que é constituída por elas". Fernandes afirma que o Período Especial, com a perda do apoio econômico e do ancoradouro ideológico da União Soviética, ampliou o espaço para se repensar a cultura revolucionária de baixo para cima. "As esferas artísticas públicas" são um dos meios através dos quais os cubanos comuns participam, debatem e criticam as realidades políticas e sociais.[48]

O paradoxo da cultura revolucionária cubana é a forma como ela combinou uma democracia e uma inovação extraordinárias com aspectos terrivelmente repressores e monocromáticos. Uma forma de entender esse paradoxo é cronológica: períodos de política libertadora deram lugar a períodos de fechamento cultural. Outra maneira é olhar para os indivíduos ou instituições dentro do Estado: algumas autoridades e agências culturais promoviam abertura cultural, enquanto outras instituíam o controle de cima para baixo. Uma terceira explicação se volta para as tendências políticas dentro da coalizão revolucionária, culpando a postura

Figura 5.1 Sede do ICAIC, Havana, 2008 Fonte: Foto de Aviva Chomsky

do PSP "histórico" pelas políticas repressoras e pelo dogmatismo, e mostrando como revolucionários de mente mais aberta se opuseram a essas políticas. Outros afirmaram que as mesmas qualidades que possibilitaram que um movimento revolucionário tomasse o poder – organização militar, clandestinidade, organização vertical e obediência – o tornaram inadequado para governar de maneira democrática. Os opositores da revolução costumam atribuir essas políticas de controle a um totalitarismo inerente à revolução, ao passo que seus defensores afirmam que a agressão contínua dos Estados Unidos contra o país criou uma mentalidade defensiva que é responsável pelos excessos do controle político da cultura.

Embora muitos desses argumentos sejam plausíveis, eles não explicam totalmente a profundidade com que a revolução uniu visões radicais e oportunidades para o florescimento cultural com uma mentalidade rigidamente fechada. Talvez não tenhamos uma explicação satisfatória para esse paradoxo. Será que a própria natureza radical e utópica da ideologia revolucionária e das mudanças que ela possibilitou contribui para a contradição? Sem dúvida, a revolução transformou a cultura, explícita e implicitamente, numa prioridade política. Cubanos de todas as linhas políticas acreditavam que suas ações eram parte de uma grande transformação histórica e que o que eles faziam importava. Essa noção elevada da importância da cultura pôde contribuir para extremos tanto de criatividade como de repressão. Qualquer que seja a explicação, ela deve incluir a evidência inegável de que a revolução foi muito mais bem-sucedida na promoção da inovação cultural do que na sua supressão.

Fernandes e Guerra podem discordar em relação ao caráter repressivo do Estado, mas ambos salientam que a cultura revolucionária foi criada tanto de baixo como de cima, e se concentrou no ativismo cultural daqueles que estavam foram do oficialismo que acompanhou e envolveu a Revolução Cubana. O próprio Estado cubano não é monolítico. Suas visões radicais tiveram efeitos múltiplos e variados na cultura cubana. Claramente, porém, a revolução criou uma cultura cubana altamente politizada e tudo menos estática.

6. Cuba diversa

Como todas as sociedades com passado escravocrata recente, Cuba foi profundamente dividida por raça e gênero. A revolução fez da eliminação da desigualdade de raça e gênero um ponto central de seus objetivos, ainda que sua estratégia tenha sido muito diferente da seguida pelos Estados Unidos a partir dos anos 1960. Nos EUA, organizações de base pressionaram para conseguir mudanças jurídicas e sociais a fim de criarem oportunidades iguais. Em Cuba, as mudanças jurídicas vieram de cima para baixo, enquanto as organizações independentes com o objetivo de pressionar por mudanças sociais eram malvistas. A maioria dos brancos e muitos dos negros concordavam que as organizações nacionalistas negras não tinham lugar em Cuba. Tampouco as organizações feministas. As mulheres eram mobilizadas na organização de massa patrocinada pelo Estado, a Federação de Mulheres Cubanas, enquanto os negros eram simplesmente cubanos, não necessitando de organizações especiais visto que a igualdade racial era legislada.

Cuba atingiu um sucesso inigualável no que concerne à igualdade do acesso à saúde e à educação. As mulheres foram incorporadas em massa na força de trabalho, e muitos aspectos das tarefas domésticas tradicionalmente femininas foram socializados. Mas nem a desigualdade de raça nem a de gênero desapareceram. No caso da orientação sexual, a liderança revolucionária não fez questão de buscar a igualdade. Pelo contrário, os homossexuais foram excluídos e perseguidos, às vezes publicamente, até os anos 1990.

Raça

No início de 1959, a liderança revolucionária tinha definido claramente que a superação da discriminação e da desigualdade raciais seria uma meta básica. O advogado afro-cubano Juan René Betancourt alertou para que a revolução evitasse os "erros" de 1895, e afirmou que "não haveria uma 'revolução real' em Cuba se a questão da desigualdade racial fosse ignorada ou silenciada". Em um importante discurso de março de 1959, Fidel identificou "a discriminação racial no local de trabalho" como um dos quatro problemas econômicos a serem enfrentados pela revolução.[1]

O governo revolucionário agiu rapidamente para declarar ilegal a discriminação racial. Quatro anos depois que a *Brown v. Board of Education* decretou a ilegalidade das escolas segregadas nos Estados Unidos e um ano antes de o Congress of Racial Equality [Congresso de Igualdade Racial] começar sua campanha para dessegregar as lanchonetes no Sul dos Estados Unidos, Cuba proibiu todas as formas públicas e privadas de exclusão racial.

Outras reformas da primeira fase que não focaram especificamente tal questão também desafiaram as desigualdades raciais do país a seu modo. Como a pobreza dos afro-cubanos era desproporcionalmente maior, os benefícios que eles obtiveram das reformas econômicas que redistribuíram os recursos do país também foram desproporcionalmente maiores. Do mesmo modo, como os cubanos negros quase não tinham representação nas elites do país, poucos se sentiram ameaçados pelas redistribuições e poucos participaram do êxodo dos profissionais liberais para Miami entre 1959 e 1962. O êxodo branco criou uma Cuba com a pele cada vez mais escura e cada vez mais igualitária racialmente.

Embora, nos primeiros anos, os líderes revolucionários mobilizassem o radicalismo afro-cubano, esse processo de "promoção da militância negra como um braço exclusivo do Estado e da lealdade negra como uma expressão de gratidão" poderia ser uma faca de dois gumes. Mobilizados e inspirados pela Revolução, alguns cubanos negros se encolerizaram com o paternalismo e a conformidade que ela exigia.[2]

O estudioso afro-cubano Pedro Serviat descreveu a estratégia da revolução para superar a desigualdade racial em seu livro de 1986 *El problema negro en Cuba y su solución definitiva* [O problema negro em Cuba e sua solução definitiva]. Entretanto, no mesmo ano em que o livro foi publicado, o Terceiro Congresso do Partido Comunista de Cuba admitiu que, na realidade, não tinha havido nenhuma "solução definitiva" e anunciou medidas para aumentar a presença de mulheres e negros na liderança do partido.

Como Serviat explicou a política revolucionária das primeiras décadas:

> O principal ganho foi a garantia do direito ao trabalho para todos os cidadãos sob condições igualitárias. Isso foi atingido com algumas medidas concretas. A revolução abriu escolas de secretariado com prioridade para ex-domésticas, a maioria negra. Muitas depois passaram a trabalhar em bancos como secretárias, escrivãs etc. A abertura de escolas de bufê, administração e serviços diplomáticos possibilitou que milhares de cidadãos brancos e negros de origem humilde treinassem em diversos campos (...). A revolução colocou a cultura a serviço da população, reivindicou

> a cultura nacional cubana; estimulou os valores populares em jovens, independentemente da raça ou do sexo; ajudou a promover tradições culturais de origem africana antes discriminadas; promoveu o estudo das artes populares; e, evidentemente, montou um sistema de educação socialista, para toda a ilha, para todos os cidadãos, homens e mulheres, negros e brancos, operários e camponeses. Em Cuba, não existe mais educação privada, a qual era uma fonte de discriminação racial (...). Outra medida tomada foi permitir a entrada de homens e mulheres negros em certos esportes como esgrima, ginástica, natação, tênis, tiro ao alvo, equitação e remo, antes proibidos para os negros (...). Com a eliminação da discriminação, moradias em lugares antes exclusivos à aristocracia branca passaram para famílias negras e brancas.[3]

O compromisso de abolir a desigualdade racial pode ter priorizado reformas jurídicas e estruturais, mas não parou por aí. Políticas e programas governamentais também tentaram enfrentar as atitudes negativas presentes em toda a sociedade cubana contra formas de cultura negra. O Instituto de Etnologia e Folclore foi fundado em 1961 para estudar e promover as formas de arte cubana e, a partir de 1962, o Estado patrocinou Festivais de Cultura Popular que também ofereciam um espaço para apresentações públicas. Aos olhos de alguns, porém, a folclorização da cultura negra sob o comando da revolução lembrava mais uma forma de paternalismo do que de igualdade.

A história cubana, assim como a ideologia revolucionária, contribuiu para a ideia de que o principal caminho rumo à igualdade social seria a transformação das estruturas socioeconômicas que sustentavam a desigualdade, e a eliminação da discriminação racial nas leis e instituições do país. Afinal, como José Martí havia proclamado, “ser cubano é mais do que ser branco, mais do que ser negro, mais do que ser mulato". O Partido Independiente de Color havia tentado se organizar com base na raça já na década de 1910. A reação violenta em 1912 contribuiu para silenciar essa estratégia durante muitas décadas. Cubanos de todas as cores pareciam estar de acordo publicamente após 1959: não era necessário criar organizações especificamente negras para promover os interesses dessa população e não havia necessidade de sondar as fundações do racismo. Definitivamente não havia lugar para o tipo de nacionalismo negro de oposição que evoluiu nos Estados Unidos na década de 1960. Na realidade, esse caminho ia contra a compreensão de muitos cubanos de sua história e do princípio fundamental da nacionalidade cubana de não ver a cor, bem como contra a maneira como as ideias de libertação negra e solidariedade anticolonial foram incorporadas à nova sociedade revolucionária. Além disso, a ameaça contínua dos EUA contribuía para um ambiente no qual os chamados por uma unidade nacional muitas vezes silenciavam oposições e dissidências na área de políticas raciais, assim como em outras áreas.

Para muitos afro-americanos, a Revolução Cubana representou uma oposição à supremacia branca na forma de uma ordem colonial secular. Num estudo sobre como a imprensa negra nos Estados Unidos reagiu à revolução, Van Gosse conclui que os jornalistas negros estavam

> respondendo a sentimentos pró-Castro enraizados nas comunidades negras urbanas em todos os Estados Unidos (...). O desejo de representar o ponto de vista dos cubanos, opondo-se implicitamente à perspectiva da imprensa branca, refletia um impulso de solidariedade ao Terceiro Mundo que, em 1959, no auge do movimento de descolonização na África e em outros continentes, corria havia muito entre os negros dos Estados Unidos. Cuba e Castro (...) indicavam as formas como o anti-imperialismo nascente dos afro-americanos emergiria potente

> nos anos posteriores, durante a era do 'Black Power' [Poder Negro], do Partido dos Panteras Negras e dos movimentos multirraciais contra a guerra no Vietnã.[4]

No entanto, os nacionalistas negros nos Estados Unidos tinham experiências e reações variadas à Cuba revolucionária. Para alguns, a insistência da revolução na harmonia racial inerente a Cuba não era nada benigna. "O comunismo", escreveu John Clytus após uma visita à ilha, "com seu método benevolente de pôr fim ao problema racial condensando todas as raças numa grande e única raça humana feliz, poria um fim definitivo à consciência negra."[5]

Quando Bill Brent, ativista dos Panteras Negras, invadiu um avião para Cuba a fim de pedir asilo político após um tiroteio com a polícia de São Francisco, ele esperava ser recebido como um camarada da luta revolucionária. "Eu estava esperando me tornar parte da beleza da Revolução Cubana", escreveu ele anos depois.[6] Em vez disso, as autoridades cubanas o levaram imediatamente a uma cela de prisão. "Vim pedir asilo porque acredito na revolução", ele contou a seus interrogadores. "A polícia no meu país tinha declarado uma guerra franca contra o grupo político ao qual eu pertencia. Estávamos lutando contra nosso governo assim como vocês lutaram contra o de Batista."[7] Posteriormente, Brent descobriu que, em virtude das divisões internas do Partido dos Panteras Negras, Eldridge Cleaver havia afirmado às autoridades cubanas que Brent era um espião norte-americano, o que foi responsável por seu longo encarceramento após sua chegada a Cuba. No entanto, ficou claro que seus interrogadores cubanos não ficaram impressionados por suas declarações revolucionárias. Depois de solto da prisão, ele foi mandado para o que chamou de "casa de passagem" com outros exilados políticos dos Estados Unidos. Embora as condições materiais fossem privilegiadas, eles ficaram isolados do resto da sociedade cubana. "O governo preferia não nos incluir num plano de trabalho regular", ele concluiu depois. "Éramos estrangeiros e nossas ideias sobre a revolução eram vagas, ingênuas e românticas."[8]

O relato que ouviu sobre a temporada de Eldridge Cleaver em Cuba também foi revelador.

> Eldridge Cleaver tinha vindo do Canadá para Cuba de barco. Os cubanos o receberam, lhe deram uma casa e um carro, e permitiram que fizesse compras em lojas especiais. Ele tinha acesso aos melhores restaurantes, bares e boates em Havana. Sua casa sempre estava cheia de jovens cubanos que o admiravam por fazer parte do alto escalão do Partido dos Panteras Negras. Ele conseguiu fazer muita coisa impunemente aqui por um tempo, mas, quando começou a organizar uma divisão dos Panteras em Havana, a merda foi parar no ventilador.[9]

Mark Sawyer fez um levantamento dos vários nacionalistas negros dos Estados Unidos que passaram um tempo em Cuba, e de suas reações muito variadas à revolução e à visão que ela tinha das questões raciais. "Cuba representou um papel central na definição do nacionalismo revolucionário e cultural, um em oposição ao outro, nos anos 1960 e 1970", conclui ele.[10]

Meramente declarar o fim da discriminação racial não causa, por si só, uma transformação nas desigualdades estruturais enraizadas, como mostra a experiência norte-americana. Décadas depois que a segregação escolar e outras formas de discriminação racial foram proibidas por lei nos Estados Unidos, tanto a segregação de fato como outras formas de desigualdade continuam fortes. Em 2007, 40% das crianças afro-americanas frequentavam escolas que eram de 90 a 100% compostas por negros.[11] Mas a legislação de Cuba de igualdade racial aconteceu no contexto de uma grande transformação socioeconômica. Seus resultados foram eficientes?

O historiador cubano-americano Alejandro de la Fuente fez uma análise abrangente dos sucessos – e fracassos – da revolução no que concerte à desigualdade racial. Em diversas áreas socioeconômicas importantes, Cuba apresenta uma forte diferença em relação aos Estados Unidos e ao Brasil, dois outros países com grandes populações de ascendência africana. Em termos de expectativa de vida, aproveitamento escolar e oportunidade profissional, a desigualdade entre raças diminuiu ou desapareceu em Cuba, ao passo que ainda parece instransponível nos Estados Unidos e no Brasil. Essas conquistas estão relacionadas à prioridade que a revolução deu à melhora e ao aprimoramento e ao acesso igualitário da saúde e da educação – e de seu sucesso nessas áreas.

Em outras áreas, porém, a revolução teve menos sucesso na melhoria da vida da população em geral e na redução das disparidades raciais que ela herdou. De la Fuente mencionou duas em particular: moradia e criminalidade. Com relação à moradia, ele observou que o aprimoramento do parque habitacional da ilha continuou sendo uma área de dificuldade para a revolução por muitas décadas. Não apenas a oferta de habitações era cronicamente insatisfatória, como também houve pouca mudança na demografia racial geográfica e residencial da ilha. "O fracasso do governo em atender às demandas habitacionais deu margem à sobrevivência e à reprodução de padrões residências tradicionais que combinavam raça com pobreza e marginalização", escreveu ele.[12]

Embora as disparidades residenciais possam ser explicadas como uma herança dos padrões pré-revolucionários, o segundo abismo que De la Fuente expôs era mais complexo e alarmante. Assim como nos Estados Unidos e no Brasil, os negros em Cuba estavam encarcerados em números muito maiores do que os brancos. De la Fuente observa que, para a categoria criminal de "perigo social" – uma categoria de definição vaga –, 78% dos presos eram negros ou mulatos segundo um estudo de 1987. Acusações de "perigo social" incluíam violações de uso de drogas e álcool, além de vadiagem. "Uma definição tão ampla e vaga de comportamento antissocial dava margem a noções racistas de conduta apropriada serem impostas mais livremente do que seria possível sob provisões específicas do código penal", conclui de la Fuente.[13]

As taxas de prisões desproporcionais para negros, especialmente homens negros jovens, tornam a Cuba revolucionária muito mais parecida com os Estados Unidos e o Brasil, e mostram um ponto fraco nas afirmações de que a Revolução tenha eliminado a desigualdade racial. De la Fuente sugere duas formas de explicar as aparentes contradições. Uma é que as mudanças estruturais que reduziram a desigualdade socioeconômica não necessariamente causaram mudanças correlatas ou imediatas nas atitudes sociais. Noções culturais profundamente enraizadas sobre raça podem ser mais resistentes à mudança do que taxas de mortalidade infantil ou oportunidades econômicas e educacionais. Ou podem precisar de métodos diferentes para serem mudadas.

A segunda, observa ele, é que, apesar da maior oportunidade econômica para os negros em muitas áreas, o legado histórico da segregação residencial não foi superado. Por isso,

> continua sendo muito maior a chance de jovens negros crescerem nessas regiões mais pobres do que a de brancos. Do mesmo modo, as chances de jovens negros serem socializados naquilo que os criminologistas cubanos chamam de microenvolvimento criminal também são significativamente maiores.[14]

A segunda conclusão é, em certos sentidos, a mais otimista das duas. Ela sugere que os gastos e o ativismo do governo podem sim causar mudanças sociais fundamentais mesmo em áreas sociais aparentemente tão resistentes. A primeira possibilidade, de que atitudes raciais são duráveis mesmo diante de mudanças estruturais, apresenta uma visão menos esperançosa para as possibilidades de mudança social. A história não nos oferece muitos contraexemplos.

Outros autores – Carlos Moore e Mark Q. Sawyer, em particular – apresentam uma perspectiva muito mais pessimista. O exilado cubano Carlos Moore lamentou o "silêncio glacial [de Fidel Castro] sobre tudo que tocasse remotamente a situação dos negros de Cuba".[15] Os dois autores afirmam que uma tentativa de privilegiar a nacionalidade e a classe, desprezar a consciência racial e evitar o confronto direto contra o racismo propriamente dito caracterizou a Revolução Cubana e limitou sua capacidade de abalar as divisões raciais do país. Sawyer chama a ideologia racial de Cuba de "discriminação inclusiva", que "alimenta a marginalização contínua dos afro-cubanos na vida social, econômica e política de Cuba".[16] No início do período nacional, as declarações do Estado e uma ideologia nacional de inclusão racial permitiram que os poderosos marginalizassem e proibissem as organizações, os movimentos e as reivindicações por direitos negros.

Para Moore, a antipatia e a repressão oficial contra a consciência e a organização política explicitamente negras minaram todas as supostas tentativas de criação de igualdade racial. "Estava fora de questão que os próprios negros definissem o conteúdo de sua opressão ou os termos de sua emancipação étnica", escreve Moore. "A liderança de Castro resistia e até reprimia as tentativas de dissidentes negros de tratar a questão abertamente."[17]

De la Fuente e Sawyer dão mais crédito aos projetos estatais que "criaram oportunidades significativas em outras áreas da vida social, política e econômica para os negros".[18] No entanto, eles também concordam que, apesar desses sucessos, uma combinação complexa de fatores fez com que a desigualdade racial brotasse rapidamente no Período Especial, como discutirei no próximo capítulo.

Gênero

O esforço da revolução de vencer as desigualdades entre os gêneros foi, em certo sentido, semelhante e, em outros, distinto de sua estratégia contra a desigualdade racial. As reformas estruturais foram decisivas: criação de oportunidades econômicas para as mulheres, especialmente para as mulheres pobres, e socialização de muitas das tarefas que recaíam majoritariamente sobre as mulheres. Mas a liderança revolucionária também viu a necessidade de confrontar diretamente visões e ideologias sexistas, o que diferenciou sua estratégia contra a desigualdade de gênero de sua estratégia racial. As mulheres foram incentivadas a formar sua própria organização, a Federação de Mulheres Cubanas, sob a proteção do Partido Comunista, e identificar e enfrentar os problemas que sofriam especificamente como mulheres.

Assim como no caso da raça, as mudanças estruturais melhoraram significativamente a situação de muitas cubanas. Além disso, campanhas contínuas e explícitas se voltaram contra atitudes sexistas e desigualdades de gênero. A FMC, assim como outras organizações de massa, tais quais os CDRs, representou um papel duplo de organização, agindo tanto de baixo para cima como de cima para baixo. Por um lado, era um veículo para que as mulheres se reunissem, se organizassem, e articulassem e fizessem pressão pelos seus interesses enquanto mulheres. Por outro, servia como um meio para que o governo mobilizasse as mulheres em apoio aos objetivos do Estado. Na extensão em que os objetivos do governo expressavam as metas femininas, o papel duplo funcionava. Alguns críticos, porém, afirmam que

> A principal tarefa da FMC (...) era defender uma revolução cujos interesses foram definidos por uma elite masculina. A FMC e as mulheres cubanas em geral participavam muito pouco da formulação das políticas que governavam suas vidas, e as vidas de seus filhos e

> famílias. No que concernia ao poder, as ideias, perspectivas e experiências de mulheres cubanas simplesmente não contavam.[19]

"A FMC nunca seguiu uma ideologia feminista", explica a feminista norte-americana Margaret Randall.

> Pelo contrário, seus altos escalões, assim como a liderança revolucionária em geral, deixavam claro que a descolonização era a prioridade e consideravam o feminismo uma noção burguesa importada que acabaria por dividir a classe proletária (...). As feministas dos países desenvolvidos eram consideradas perigosas ou, no mínimo, distantes da realidade cubana, quando não intencionalmente invasivas.[20]

Os dois elementos centrais das políticas de gênero da revolução foram a incorporação das mulheres na força de trabalho e o Código de Família de 1975, que legislava a igualdade entre homens e mulheres. O código dava a homens e mulheres direitos e responsabilidades iguais na esfera pública, mas também em questões conjugais e familiares. O ponto talvez mais controverso era a estipulação de que ambos os cônjuges tinham a responsabilidade e o direito de contribuir igualmente para sustentar a família e que, mesmo que um dos cônjuges trabalhasse num serviço assalariado, isso não o isentava das "obrigações de cooperar com o serviço doméstico e o cuidado com os filhos".[21]

Nos anos 1950, as mulheres constituíam 13% da população economicamente ativa de Cuba. Um quarto dessas mulheres trabalhadoras eram profissionais domésticas; a maioria das outras era composta por professoras, assistentes sociais ou enfermeiras. Em 1980, as mulheres representavam 30% dos trabalhadores cubanos; em 1990, eram 40%.[22] Nenhuma delas era doméstica, uma categoria que foi proibida por lei. Quando a antropóloga

Helen Safa entrevistou trabalhadoras cubanas no início dos anos 1990, ela verificou que 90% "sentem que o trabalho tem um impacto positivo nelas, que fez com que se sentissem mais independentes, experientes e capazes".[23]

A revolução na saúde e sua ênfase na saúde materna e infantil melhoraram drasticamente a vida das mulheres. Nos anos 1950, apenas metade dos partos em Cuba acontecia num hospital. Com uma taxa de mortalidade infantil de 60 por 1.000 e uma taxa de mortalidade materna de 120 a cada 100 mil, a gestação era uma situação de risco. Nos anos 1990, mais de 99% dos partos aconteciam num hospital, e a taxa de mortalidade infantil tinha sido reduzida para 10 por 1.000 – a menor da América Latina e emparelhada à de países muito mais ricos, como os Estados Unidos. A contracepção e o aborto passaram a ser amplamente disponibilizados.

Com o aumento das oportunidades – e demandas – educacionais e profissionais, também aumentaram os conflitos entre seus papéis domésticos tradicionais e suas vidas profissionais. As mulheres sempre tiveram como responsabilidade principal criar os filhos, cozinhar e cuidar da casa. No filme, *Retrato de Teresa*, a mãe da protagonista suspira quando a filha se queixa de suas responsabilidades conflitantes. "Mulheres sempre vão ser mulheres, e homens sempre vão ser homens", a mãe avisa à filha. "Nem Fidel pode mudar isso."

Uma solução revolucionária foi socializar algumas das atividades tradicionalmente femininas. O serviço de creches sofreu uma enorme expansão, e passou a incorporar papéis educacionais e de saúde, a custos baixos. Os centros comunitários ficavam abertos das 7 h às 19 h, e ofereciam refeições e consultas médicas. Mas a demanda por creches ultrapassou em muito a capacidade do governo de atendê-la. Nos anos 1980 e 1990, Cuba tinha mais de um milhão de mulheres trabalhadoras – e apenas 100 mil vagas em creches.[24]

Fazer as refeições para a família também era uma função tradicionalmente feminina. O sistema de racionamento e a escassez constante fizeram com que a obtenção de alimentos passasse a ser muitas vezes uma tarefa difícil, exigindo horas de espera em diversas filas. As famílias cubanas, explicam Benjamin e seus colegas,

> compravam seus bens racionados em quatro locais: a *bodega*, ou mercado, para a "cesta básica" mensal; a *carnicería*, ou açougue, para a carne e o frango; o *puesto*, ou barraca de frutas, legumes e verduras da estação; e a *lechería*, ou leiteria, para o leite em garrafa. Elas não só compravam em quatro lojas, como muitas vezes ficavam em filas em todas. Esse era um problema grave durante a década de 1960 e o início da década de 1970, e as mulheres muitas vezes largavam os empregos para poderem ficar na fila de comida.[25]

Os locais de trabalho e escolas começaram a oferecer almoços, a principal refeição do dia, numa tentativa de igualar o acesso e reduzir parte da responsabilidade das mulheres. O governo também introduziu o "Plan Jaba" em 1971. As famílias em que todos os adultos trabalhavam receberiam um selo especial em seu livro de racionamento permitindo que um membro da família simplesmente deixasse uma sacola de compras no caminho para o trabalho e a pegasse, cheia, ao fim do dia – evitando assim as longas filas.

Assim como no caso racial, a crise econômica dos anos 1990 recriou algumas das desigualdades que a revolução havia se esforçado tanto para superar (ver Capítulo 7).

Sexualidade

Desde o princípio, a revolução fez um compromisso explícito de eliminar a desigualdade de raça e gênero. Não houve tal compromisso na área da orientação sexual. Muito pelo contrário. Na primeira década da revolução, o núcleo familiar (heterossexual) foi definido claramente como unidade essencial da sociedade, e as atividades ou relações não heterossexuais eram explicitamente condenadas.

Como inúmeros estudos sobre sexualidade e orientação sexual na América Latina mostram, a dicotomia atualmente comum nos Estados Unidos e na Europa entre "heterossexual" e "homossexual" é um construto cultural. Em outros contextos culturais e históricos, prevalecem outras categorias e distinções. Embora a atividade homossexual tenha existido em todos os tempos e lugares, a ideia de que os indivíduos possuem uma "orientação sexual" voltada a membros do mesmo sexo ou do sexo oposto é cultural e historicamente específica. Na Europa e nos Estados Unidos, ela data do final do século XIX. Antes desse período, embora a existência de atividade homossexual fosse amplamente reconhecida, ela não era vista como constituinte de uma identidade ou orientação sexual. A identificação da orientação sexual como tal foi, na realidade, parte de sua patologização.[26]

O cientista político canadense Ian Lumsden explica que em Cuba, antes da revolução, as categorias "macho" e "maricón" distinguiam os homens em relação à sua identificação com os estereótipos masculinos tradicionais de comportamento público (e práticas sexuais implicadas), e não em relação à sua preferência de parceiros sexuais. Um homem poderia ser "macho" e ter relações sexuais com outros homens, desde que mantivesse um papel dominante ou ativo na relação. "Maricón" é um termo geralmente pejorativo para um homem "cujo comportamento parecia afeminado e se desviava da masculinidade estereotipada".[27] Níveis de estigma e preconceito contra aqueles identificados como maricones eram talvez comparados ao estigma contra homossexuais em outros países, mas esse preconceito não poderia ser descrito exatamente como "homofobia", visto que a categoria "homossexual" – com o sentido de uma pessoa de orientação sexual voltada a pessoas do mesmo sexo – não era uma categoria importante no contexto cubano.

Roger Lancaster descreve um sistema comparável de conceitos e ideias na Nicarágua, onde o termo "cochón" se assemelha ao uso de "maricón" em Cuba.

> O termo marca e delimita uma série de práticas sexuais que se justapõem, mas claramente não é idêntico à nossa noção de homossexual. O termo especifica apenas determinadas práticas sexuais em determinados contextos. Certos atos que descreveríamos como homossexuais não carregam nem o estigma nem nenhum tipo de identidade correspondente.[28]

Essas ideias e categorias tradicionais vieram da herança espanhola e africana de Cuba (e provavelmente também da indígena, embora as evidências nesse sentido sejam mais obscuras). Nos séculos XIX e XX, elas também foram influenciadas pela presença crescente de pessoas e instituições dos Estados Unidos. O imperialismo, segundo muitos autores, tem perfis de gênero e sexualidade inerentes. Edward Said apresentou a visão de que o orientalismo – o estudo do que os europeus definiam como "o Oriente" nos séculos XVII e XIX – foi um componente essencial das campanhas imperialistas europeias. O Oriente era representado fundamentalmente como o Outro passivo e feminizado à espera da penetração europeia. Autores posteriores se basearam nessas ideias e a aplicaram em seus estudos a respeito de outras partes do mundo. No caso de Cuba, noções sobretudo de conquista definiram a relação entre os Estados Unidos e Cuba desde o princípio. Sobretudo na primeira metade do século XX, o lugar de Cuba como um roteiro de turismo, prazer e pecado era altamente sexualizado. Não é nenhuma surpresa, como afirma o historiador Ian Lekus, que

> o governo revolucionário tenha priorizado a erradicação dessa economia colonial [sexualizada] (...).

> Considerando-se o caráter especialmente sexualizado da antiga relação de Cuba com os Estados Unidos (...) a reforma sexual se tornou ainda mais importante para simbolizar a rejeição da revolução à dominação ianque.[29]

Essa reforma sexual, porém, estava mais interessada na reafirmação de formas adequadas de masculinidade do que na incorporação de ideias sobre direitos gays. O movimento pelos direitos gays dos anos 1960 e 1970 estava desafiando normas de preconceito e exclusão nos Estados Unidos, e apresentando novas formas de definir a identidade gay, exatamente quando a relação íntima entre Cuba e os Estados Unidos era rompida. Enquanto isso, novos elementos formulados pela ideologia comunista e pela sexologia soviética, somados à forma de machismo revolucionário de Cuba, contribuíram para a repressão oficial e extraoficial contra a não conformidade sexual durante as primeiras décadas da Revolução Cubana.

A repressão da homossexualidade atingiu seu ponto mais alto durante a primeira década da revolução. A mentalidade bélica da revolução foi exacerbada pelas ameaças incessantes dos Estados Unidos e pela avassaladora dificuldade de recriar a economia. Em 1963, o governo instituiu o serviço militar obrigatório para homens entre 16 e 45. A obrigatoriedade também se tornou um meio de separar aqueles que as autoridades consideravam como potencialmente subversivos ou simplesmente inaptos para o serviço militar. Em 1965, os assim identificados eram enviados para as recém-fundadas Unidades Militares de Ajuda à Produção (UMAPs) – algo entre um campo de concentração, uma prisão de trabalhos forçados e um programa de reabilitação.

Os homens homossexuais assumidos se enquadravam diretamente nessa categoria. “Nada impede um homossexual de professar a ideologia revolucionária e, portanto, exibir uma postura política correta”, afirmou Fidel Castro a Lee Lockwood em 1965. “No entanto”, continuou ele,

> não temos como crer que um homossexual personifique as condições e condutas necessárias para possibilitar que o consideremos um verdadeiro revolucionário. Um desvio dessa natureza vai contra o conceito que temos de como um militante comunista deve ser.[30]

Os programas de reabilitação não eram novidade na Revolução Cubana. Até mesmo a Campanha de Alfabetização em 1960 era, em sua concepção, uma espécie de reabilitação. A partir de 1960, as Escolas Ana Betancourt para Mulheres Camponesas – dirigidas pela psiquiatra Elsa Gutiérrez – levaram quase 100 mil mulheres das áreas rurais a Havana para um ano de treinamento num ofício, além de educação política, atividades culturais e tratamento de saúde. Quando elas voltavam para casa, suas famílias

> encontravam as jovens transformadas – saudáveis, com os dentes corrigidos, a disenteria curada. De volta às suas cidadezinhas, as *Anitas* ajudavam a organizar programas de corte e costura. Algumas fundaram delegações da FMC. Vilma Espín comentou posteriormente que as *Anitas* se tornaram "as primeiras líderes políticas do interior".[31]

As profissionais domésticas também receberam instrução e oportunidades para sair do serviço doméstico, que era visto como uma peça-chave da desigualdade social enraizada que a revolução buscava derrubar. Quando a prostituição foi proibida por lei em 1961, as prostitutas também receberam reabilitação e educação escolar, além da chance de participarem produtivamente da nova sociedade.

As UMAPs foram criadas em 1965 para "reabilitar" homens considerados inaptos para o serviço militar.

> Entre 1965 e 1967, a UMAP passou a receber delinquentes que tinham sido denunciados pelos vizinhos ou pelos CDRs. Essas unidades militares recebiam todos que não se portavam de acordo com a definição oficial de conduta adequada. A UMAP abrigava homens capturados como vadios, contrarrevolucionários e os chamados transviados: homossexuais, delinquentes juvenis e religiosos, incluindo católicos, batistas e testemunhas de Jeová.[32]

Tanto dentro do país como fora, as pessoas – incluindo muitos defensores da revolução – protestaram contra as UMAPs, que foram fechadas entre 1967 e 1969. Muitos dos protestos não se baseavam numa visão positiva dos direitos gays, mas eram apenas contrários à crueldade e à brutalidade dos campos.

A ideia de que a homossexualidade era um distúrbio psiquiátrico e poderia ser causada pelo contato com homossexuais adultos (e, em contrapartida, "curada" pela exposição a homens adultos adequadamente masculinos) continuou a caracterizar as políticas de Cuba ao longo dos anos 1970. (Essa ideia não era presente única e exclusivamente em Cuba, claro.) No entanto, desde que os homens apresentassem um comportamento público devidamente "masculino", havia uma política de silêncio em relação a suas vidas privadas.

Foi só na década de 1980 que as ideias norte-americanas de identidade e libertação gay começaram a se consolidar em Cuba. Na mesma época, tanto o pensamento científico ocidental como o soviético recuaram de sua postura de criminalização e estigmatização da homossexualidade. Seguindo as tendências internacionais, os atos homossexuais foram descriminalizados em Cuba em 1979, embora estatutos proibindo a "ostentação pública" da homossexualidade continuassem na legislação. A identidade gay continua a evoluir em Cuba hoje e, especialmente nas áreas urbanas, está muito mais alinhada a movimentos gays europeus e norte-americanos do que no passado.

O filme *Morango e chocolate* poderia ser visto como emblemático das aberturas políticas e sociais do Período Especial. Ambientado em 1979 – bem depois do fechamento das UMAPs, mas logo ao fim do *quinquenio gris*, o período de cinco anos da década de 1970 durante o qual o espaço para o debate político e intelectual estava talvez em seu ponto mais cerceado –, o filme traça uma amizade improvável entre Diego, um simpatizante da revolução que, porém, se recusa a se conformar a qualquer das ortodoxias desta, e David, um membro da União de Jovens Comunistas. Diego diverge de uma linha dura revolucionária em quase todas as áreas: ele é religioso, um artista livre-pensador, um bibliófilo e um homossexual assumido, e se recusa a se mobilizar para o trabalho voluntário e outras atividades revolucionárias. David fica enfurecido, intrigado e desconfiado quando Diego tenta seduzi-lo na famosa sorveteria Coppelia no centro de Havana – e lhe oferece um livro do escritor peruano, então banido, Mario Vargas Llosa. Com o tempo, a mente de David se expande além do discurso revolucionário ingênuo que ele adotava no início do filme, ao passo que se esforça para convencer Diego que a revolução é mais do que os erros dela e que cabe a eles, como verdadeiros revolucionários, lutarem para conseguir mais abertura. Uma crítica clara aos limites do pensamento e comportamento considerados permissíveis durante esse período, o filme atraiu um público enorme e causou grande discussão quando estreou em Cuba em 1994.

Alguns analistas estrangeiros criticaram o filme como tendencioso. A ambientação em 1979, alegavam eles, permitiu que o filme evitasse abordar o período de maior repressão homofóbica nos anos 1960, ao mesmo tempo em que implicava que a repressão e a discriminação eram coisas do passado. Outros, porém, afirmaram que o filme era uma enorme contribuição por dar visibilidade a uma crítica ao dogma revolucionário, no que concerne à sexualidade mas também à literatura, às artes, e à liberdade de pensamento e ação personificadas no personagem de Diego. O caráter fechado da burocracia cubana, como o filme deixa claro, obrigou Diego a se exilar. "Precisamos de mais comunistas como você", Diego diz, amargamente, a David.

Quase todas as fontes citadas acima, assim como a maioria dos estudos sobre homossexualidade em Cuba, se focam nos homens. O lesbianismo continua pouco estudado e quase sem visibilidade. Alguns poucos documentários, romances e estudos acadêmicos começaram a tratar da história e da vida lésbica em Cuba, entre eles o documentário *Gay Cuba* (1995), dirigido por Sonja de Vries, e o romance *Querido primer novio*, da emigrada Zoé Valdés.[33]

Pode haver certos paralelos na maneira como as autoridades cubanas e muitos cubanos comuns responderam a ativistas norte-americanos e ao movimento gay e lésbico, e na maneira como responderam ao movimento Black Power. Os revolucionários cubanos se ressentiam da imposição de valores norte-americanos e de suas análises sobre a realidade cubana, e, em particular, desconfiavam que as críticas à revolução fossem promovidas ou, pelo menos, manipuladas pelo projeto imperialista de destruir a revolução. Sua visão de libertação nacional não incluía políticas de identidade no estilo norte-americano. Ao mesmo tempo, os ideais da revolução e o conceito de unidade nacional também excluíam ou ignoravam certas realidades cubanas e sua diversidade.

Religião

A diversidade religiosa caracterizou a história de Cuba. A Igreja Católica tem raízes profundas na história colonial de Cuba, embora sempre tenha representado um papel ambivalente. O próprio catolicismo é amplo o bastante para ter abarcado um enorme espectro de posições políticas e sociais ao longo de cinco anos nas Américas. Alguns teólogos católicos defenderam a superioridade racial espanhola e o domínio colonial, ao passo que outros se opuseram a isso. Alguns missionários católicos defenderam e participaram da escravização de povos africanos e indígenas, enquanto outros lutaram contra os sistemas escravocratas. Nos anos 1960, bispos latino-americanos elaboraram uma Teologia da Libertação que desafiou a Igreja a assumir uma "opção preferencial pelos pobres" e lutar ao lado deles por sua libertação – incluindo movimentos revolucionários de orientação marxista. Padres como Camilo Torres, na Colômbia, morreram em batalha depois de pegar em armas nas últimas revoluções do século XX; outros, como o monsenhor Oscar Romero em El Salvador, foram assassinados por esquadrões de morte de direita. Romero foi morto após sugerir que os soldados se recusassem a seguir ordens que fossem contra suas consciências.

O catolicismo não foi a única tradição religiosa em Cuba. Religiões indígenas preexistentes deixaram sua marca nas crenças espirituais e na vida religiosa que evoluiu em Cuba. Mesmo no fim do século XX, o antropólogo José Barreiro encontrou crenças religiosas taíno sobre medicina, funerais, danças, ciclos agrícolas e outros costumes ainda vivos em certas regiões do leste de Cuba.[34]

Os diferentes povos africanos transportados à força para Cuba do século XVI ao XIX trouxeram suas próprias tradições religiosas. Elas, por sua vez, foram transformadas e recriadas em Cuba, especialmente durante o século XIX, quando o mercado de escravos atingiu seu ápice. Santería, Palo Monte e Abakuá são três tradições religiosas que cresceram em Cuba entre os africanos das regiões Iorubá (sudoeste da Nigéria), Congo e Igbo/Calabar (sudeste da Nigéria), de onde foram trazidos um grande número de escravos para Cuba.[35] Essas religiões prosperaram e evoluíram muitas vezes em segredo, sob as condições da escravidão. A Santería adotou especialmente santos católicos em sua cosmologia e, em troca, permeou o catolicismo popular.

A diversidade religiosa de Cuba aumentou ainda mais com os 100 mil chineses que foram trazidos como trabalhadores contratados para os canaviais em meados do século XIX, imigrantes árabes cristãos e muçulmanos no fim do XIX e começo do XX, e uma onda de imigrantes judeus da Europa em torno da mesma época. Depois da ocupação norte-americana em 1898, missionários protestantes também vieram em grandes quantidades para a ilha, fundando igrejas, escolas e seminários.[36]

Fidel Castro foi educado por jesuítas; o líder revolucionário Frank País era filho de um pastor batista e ele próprio era professor numa escola batista. Mas as primeiras ações revolucionárias refletiam uma desconfiança em relação à religião organizada, por diversos motivos. A maioria dos padres católicos de Cuba era composta por estrangeiros – espanhóis – e conservadores. Suas igrejas e escolas serviam às elites. Quando o governo aboliu as escolas particulares em seu esforço para criar acesso igual a todos, escolas católicas e protestantes, entre outras, foram fechadas.[37] Muitos padres espanhóis foram deportados, acusados de apoiar a contrarrevolução. Depois que Fidel se declarou marxista e afirmou que a revolução era comunista, a prática religiosa passou a ser rejeitada oficialmente. A Constituição de 1976 explicitou que o Estado Socialista "baseia sua atividade e educa o povo na concepção científica materialista do universo". O Partido Comunista impediu os praticantes religiosos de se tornarem membros. Ao mesmo tempo, porém, a Constituição garantia "liberdade de consciência e o direito de todos professarem qualquer fé religiosa".[38]

As religiões afro-cubanas, que tinham uma presença menos institucionalizada, foram menos afetadas pelas restrições governamentais. Elas eram historicamente associadas aos oprimidos e sua luta contra a opressão colonial, e correspondiam mais facilmente – embora não perfeitamente – às ideologias e políticas do governo revolucionário.[39]

O protestantismo em Cuba era historicamente relacionado ao envolvimento norte-americano no país. A maior parte dos líderes dessas igrejas eram dos Estados Unidos e muitas das missas eram realizadas em inglês. No entanto, essa religião também apresentava certa diversidade. As relações do protestantismo norte-americano com o abolicionismo no século XIX e o Movimento dos Direitos Civis no século XX significavam que ele incorporava espaços para o pensamento revolucionário. O protestantismo negro, tanto nos Estados Unidos como no Caribe anglófono, era infundido por formas culturais africanas e ligado à libertação negra de forma que tinha ecos significativos em Cuba. Trabalhadores imigrantes das Índias Ocidentais também trouxeram suas próprias formas de protestantismo de influência africana.

A maioria dos pastores norte-americanos e cubanos se mudaram para Miami no começo dos anos 1960. Alguns protestantes cubanos, porém, especialmente dentre os batistas do leste, não viram nenhum conflito entre sua religião e a revolução. O reverendo Raúl Suárez, um jovem ministro batista do leste de Cuba, participou da campanha de defesa durante a invasão da Baía dos Porcos em 1961. Posteriormente, assumiu o cargo de vice-reitor do Seminário Batista em Havana, onde ele próprio havia estudado, e, em 1971, assumiu a posição de pastor da Igreja Batista Ebenézer – cujo nome homenageava a congregação de Martin Luther King em Atlanta – no bairro havanês fortemente afro-cubano de Marianao. Nos anos 1980, ele se tornou secretário executivo do Conselho Ecumênico de Cuba.[40]

Em 1984, o Conselho de Igrejas Cubanas (CIC) convidou uma delegação de líderes religiosos afro-americanos, incluindo o famoso reverendo Jesse Jackson, a Cuba. Jackson e outros se encontraram com Fidel Castro – negociando, com sucesso, a libertação de várias dezenas de prisioneiros políticos. Em 1987, o CIC, sob a liderança de Raúl Suárez, fundou o Centro Memorial Martin Luther King Jr., em Havana.[41]

A Igreja Católica de Cuba ficou relativamente isolada dos ventos da Teologia da Libertação que emanavam de Roma, bem como das reuniões posteriores de bispos latino-americanos em Puebla, no México, e Medellín, na Colômbia, no final dos anos 1960 e início dos 1970. No entanto, na década de 1980, essas ideias começaram a chegar a Cuba, sobretudo por intermédio das revoluções centro-americanas na Nicarágua e em El Salvador. Em 1986, o teólogo brasileiro da libertação frei Betto publicou uma longa entrevista com Fidel Castro, *Fidel e a Religião*, na qual o dirigente cubano destacou a relação entre o pensamento marxista e o pensamento cristão. Assim como em outras áreas, o Período Especial trouxe aberturas significativas para a religião, que serão abordadas nos próximos capítulos.

7. O "Período Especial" Socialismo em uma ilha

Certas coisas mudaram drasticamente com a queda do bloco soviético, a qual eliminou as relações de auxílio e comércio que tinham sustentado a economia de Cuba por três décadas. Para sobreviver dentro do novo contexto internacional, o governo cubano introduziu fortes reformas econômicas, incluindo a abertura para o investimento estrangeiro, a permissão de algumas formas de empresa privada, a facilitação de remessas de valores e a promoção do turismo. No entanto, ele manteve o compromisso de preservar algumas das principais conquistas da revolução, especialmente os sistemas educacional e de saúde.

A geração que atingiu a maioridade durante o Período Especial se deixava impressionar menos pelas conquistas da revolução e era mais cética em relação a suas contradições. As desigualdades sociais aumentaram e fenômenos associados à pobreza pré-revolucionária, como prostituição e mendicância, ressurgiram. Embora os Estados Unidos e, particularmente, a geração mais antiga de cubanos nos Estados Unidos continuassem com sua obsessão contra Fidel Castro, a grave doença do presidente de Cuba em 2006 não levou ao colapso da revolução, mas sim a uma transferência pacífica da autoridade a seu irmão Raúl.

1993-1995: Reformas rápidas

Quando cheguei a Cuba pela primeira vez em janeiro de 1995, as contradições econômicas eram muitas. Mercados agrícolas recém-criados ofereciam frutas e verduras frescas – mas a maioria dos cubanos não tinha condições para comprar. Era ilegal alugar um apartamento para estrangeiros – mas todos alugavam. Os cubanos portavam cartões de racionamento que lhes davam direito a alimentos e outros itens básicos a preços bem subsidiados – mas muitas vezes o que o cartão garantia não estava disponível. (Ver Figura 7.1, e note as prateleiras quase vazias.). Lojas de dólar ofereciam itens de luxo – e produtos que a maioria das pessoas considera básicos, como óleo de cozinha e papel higiênico – a estrangeiros e aos poucos cubanos prósperos que tinham acesso a dólares (Figura 7.2). Até pouco mais de um ano antes, os cubanos poderiam ser presos por posse de dólar. Será que o capitalismo estava chegando a Cuba após a perda do comércio e do auxílio soviético?

As lojas de dólar lembravam os supermercados do Primeiro Mundo – mas só um pouco. Algumas prateleiras ficavam vazias. Outras tinham longas fileiras de uma única marca de um único produto. Não havia concorrência ou publicidade. Todas as lojas eram controladas pelo Estado. Grandes placas anunciavam seu objetivo: "Captación de divisas" – captação de moeda [estrangeira]. As lojas eram parte de um projeto maior para trazer moeda forte ao país e ao sistema socialista.

Essas lojas controladas pelo governo simbolizavam as contradições da abertura hesitante e parcial de Cuba ao capitalismo nos anos 1990. As lojas vendiam itens (de luxo ou básicos) que não estavam disponíveis na economia do peso. Seus lucros

Figura 7.1 Bodega em Havana, 2009. Fonte: foto de Arnold Weissberg.

Figura 7.2 Loja de dólar em Havana, 2008. Fonte: foto de Aviva Chomsky.

seriam usados para financiar serviços estatais para o bem de todos, mas o sistema colocava o governo na posição paradoxal de alimentar a desigualdade a fim de subsidiar a igualdade.

O mesmo aconteceu com setores como turismo, investimento estrangeiro e empresas privadas, especialmente os restaurantes particulares, ou *paladares*, autorizados em 1995. Ao permitir, regular e receber parte dos lucros dessas atividades na forma de definição de preços, taxas e impostos, o governo pretendia ser capaz de sustentar sua forte rede de segurança social.[1] Mas todas essas iniciativas trouxeram consigo o consumismo e a desigualdade. O cantor Silvio Rodríguez lamentou, em sua canção intitulada "Paladar", de 1996, que tudo agora tinha um preço. "O que vou fazer", ele se perguntava, "quando colocarem um preço no sol?"

A dolarização permitiu que os cubanos no exterior enviassem dinheiro para seus parentes na ilha e Cuba passou a ser um dos muitos países pobres que dependiam muito de remessas de dinheiro. Numa escala global, os 400 bilhões de dólares transferidos anualmente de países ricos para países pobres através de remessas de dinheiro (segundo dados de 2013) são uma quantia maior do que a transferida em auxílio ou investimento estrangeiro e, para muitos países pobres, as remessas constituem a maior fonte de moeda estrangeira.[2]

A legalização do dólar no verão de 1993 foi apenas a primeira de uma série de reformas ou aberturas econômicas que introduziram o capital – e o capitalismo – no país. Em muitos aspectos, as reformas econômicas de Cuba dos anos 1990 lembravam os Programas de Ajuste Estrutural (PAEs) adotados por outros países do Terceiro Mundo sob o comando do Banco Mundial e do Fundo Monetário Internacional como condição para novos empréstimos. As despesas e os serviços do governo foram cortados, e algumas das indústrias estatais foram abertas aos investimentos do setor privado. Em certo sentido, as reformas foram ainda mais difíceis em Cuba, por serem realizadas sem empréstimos internacionais para atenuar seus efeitos. O sociólogo cubano Haroldo Dilla observou, irônico, que "os cubanos estão começando a ter os prazeres e desprazeres de serem realmente, e não apenas simbolicamente, latino-americanos".[3]

As fazendas estatais começaram a ser convertidas em cooperativas (UBPCs) em setembro de 1993. Ao fim de 1996, a porcentagem de fazendas sob o controle do Estado tinha decaído de 82% para 24,4%.[4] A tomada de decisões econômicas foi descentralizada. Os mercados agrícolas, onde os agricultores podiam vender diretamente ao público, foram reinstituídos em outubro de 1994 (ver Figura 7.3). (O primeiro experimento com mercados agrícolas foi entre 1980 e 1985, mas terminou durante o período de Retificação.)

Figura 7.3 Mercado agrícola em Havana, 2000. Fonte: foto de Jackie McCabe.

Reformas subsequentes abriram Cuba para investimentos estrangeiros, e empreendimentos conjuntos permitiram que os cubanos trabalhassem para entidades estrangeiras, promoveram o turismo e legalizaram certas formas de trabalho autônomo. Empreendimentos estrangeiros e *joint ventures* foram promovidos especialmente nos setores de mineração (níquel), energia (óleo e gás) e turismo, ao passo que zonas de livre comércio eram instauradas para atrair fabricantes estrangeiros. Foram abertas feiras de artesanato onde os produtores podiam vender diretamente ao público. A "gota de capitalismo", que Benjamin e outros haviam identificado no início da década de 1980, estava virando uma enxurrada. Em 2000, 22% dos trabalhadores de Cuba estavam empregados no setor não estatal – fossem como autônomos ou como funcionários de empresas estrangeiras.[5] O trabalho autônomo chegou a um ápice de 208.500 profissionais em 1996, até que novas medidas começaram a refrear algumas dessas oportunidades.[6]

Como parte da campanha por moeda estrangeira, o governo cubano começou a estimular a visita de emigrantes. Ele abrandou as restrições de vistos a cubano-americanos e permitiu, pela primeira vez, que ficassem com parentes em vez de obrigar que ficassem em hotéis. O número de visitas de retorno disparou de 7 mil em 1990 a mais de 80 mil por ano entre 1994 e 2001.[7]

O governo ofereceu uma justificativa para todas as rápidas mudanças econômicas entre 1993 e 1995, e para as aparentes contradições que elas trouxeram consigo. Ao enfrentar a perda do comércio e do auxílio do bloco soviético, a economia cubana havia entrado numa espiral descendente a partir de 1989. Durante décadas, Cuba havia sido sustentada e escorada pelo auxílio, pelo comércio e, em particular, pelo "comércio justo" que os soviéticos empreendiam com Cuba. Em vez de pagar os preços de "mercado" para o açúcar cubano – que tinham decaído vertiginosamente quando o açúcar de beterraba e o xarope de milho passaram a representar alternativas de custo mais baixo –, a URSS pagava preços que realmente refletiam o custo da produção do açúcar cubano. E a economia de Cuba era completamente dependente de produtos e matérias-primas importados – especialmente combustível – que eram comprados com esses lucros. Agora o sistema havia entrado em colapso. As novas medidas, embora penosas e contraditórias, eram a única forma de compensar a perda do apoio econômico soviético e, ao mesmo tempo, ressuscitar a economia e manter os serviços sociais que tinham se tornado a marca da revolução.

Impacto social das reformas de mercado

As reformas conseguiram causar o crescimento econômico, mas também causaram desigualdade. O controle governamental da economia havia possibilitado uma distribuição extraordinariamente igualitária da riqueza do país. Antes de 1989, o salário de Cuba variava de cerca de oitenta a noventa pesos por mês para o trabalhador menos bem pago, a cerca de 450 a quinhentos pesos por mês para um alto funcionário do governo – ou seja, uma razão de cerca de cinco para um. Agora, a discrepância entre aqueles que tinham acesso a dólares e à economia privada, e aqueles que continuavam a subsistir dos seus salários estatais cresceu astronomicamente. O economista Carmelo Mesa-Lago estimou que a razão era de 829 para um em 1995 e 12500 para um em 2001.[8]

As piadas cubanas refletiam as distorções econômicas. Uma mulher levou o marido, um renomado cirurgião cerebral, a uma ala psiquiátrica. "Ele está alucinando! Acha que conseguiu um trabalho como motorista de táxi e ficou rico!" Em 2000, cerca de metade da população de Cuba tinha acesso a dólares, por meio de remessas, emprego ou como autônomo.[9]

As desigualdades econômicas globais causaram um fenômeno generalizado de "fuga de cérebros", no qual profissionais altamente instruídos e especializados trocam o Terceiro Mundo pelo Primeiro, onde podem desfrutar de melhores oportunidades e modos de vida mais atraentes. Em Cuba, o Período Especial causou o que a socióloga Susan Eckstein chamou de "fuga de cérebros interna".[10] Profissionais altamente qualificados trocavam posições no setor público por trabalhos sem qualificação que pagavam mais. A própria educação passou a ser menos importante. O governo não tinha mais como garantir o emprego, mesmo para jovens formados com excelentes referências. Antes da década de 1990, quase todos os formados por uma universidade ou escola técnica conseguiam uma posição profissional com seu diploma. Em 2001, apenas 72% conseguiam.[11]

Outro desincentivo era que os empregos não eram mais garantia de segurança material. Como o cirurgião cerebral da piada, muitos cubanos formados abandonaram ou suplementaram suas profissões por meio de trabalhos que rendiam pagamento em dólar. Restrições governamentais tentaram limitar a fuga proibindo certos grupos profissionais – como os médicos – de trabalhar na economia privada. Contudo, essa medida desestimulou muitos jovens ambiciosos de se dedicarem à educação formal. Em tese, a educação superior levaria a maiores oportunidades; agora, porém, parecia que um nível maior de educação limitava as opções dos jovens. As oportunidades de educação superior também diminuíram, uma vez que as vagas nas universidades foram reduzidas para se adaptarem à falta de empregos disponíveis para pessoas formadas. Em 1980, 17% da população em idade escolar continuavam os estudos superiores, ao passo que, em 1990, esse número era de 21%. Em 1997, apenas 12% seguiam os estudos superiores. "Uma das populações com maior nível de escolaridade da América Latina se tornou 'desescolarizada' e 'desespecializada'", concluiu Susan Eckstein. Vários milhares de crianças em idade escolar (cinco a onze anos) "trabalhavam" na antiga região de Havana, fosse mendigando, fosse oferecendo pequenos bens e serviços para turistas.[12]

O dinheiro que os cubanos de Miami enviavam a seus parentes na ilha criou outras contradições. Em geral, os cubanos de Miami vinham de setores mais ricos e brancos da sociedade cubana pré-revolucionária. Embora a comunidade cubana de Miami tivesse se diversificado depois do êxodo de Mariel em 1980, os primeiros a chegar, que eram mais brancos, tinham uma situação economicamente melhor. Em geral, eles também eram mais antirrevolucionários do ponto de vista político. Seus parentes em Cuba, que antes tentavam esconder sua relação com as antigas elites e com a comunidade exilada em Miami, de repente descobriram que essas relações passaram a ser uma vantagem em vez de uma desvantagem.

Os cubanos em 1990 falavam sobre o que chamavam de "bloqueio triplo". O primeiro era o embargo econômico norte-americano, que estava em vigor desde o início dos anos 1960 e se fortaleceu durante a crise econômica dos anos 1980 com a lei Torricelli de 1992 e a lei Helms-Burton de 1996. O segundo era o desaparecimento do bloco soviético. Por fim, o terceiro era o bloqueio interno: as burocracias, regras e a falta de imaginação que faziam da mudança econômica um processo difícil e canhestro.

Limites ao capitalismo

Nem todas as mudanças no Período Especial foram no sentido do capitalismo. Como Susan Eckstein aponta, algumas das reformas do Período Especial almejavam manter e até fortalecer o setor socialista. Na maior parte da América Latina, a crise de endividamento dos anos 1980 gerou programas de ajuste estrutural que incluíram privatizações, cortes na despesa pública e incentivos a investidores estrangeiros. Cuba estava muito à frente do restante da América Latina em termos de despesas sociais: em 1990, Cuba gastava 20% de seu PIB em serviços sociais, incluindo saúde, segurança social e educação – duas vezes os 10% gastos por outros países latino-americanos.[13] Além disso, como o economista cubano Pedro Monreal explicou em 2002:

> As medidas do governo [cubano] para lidar com a crise foram muito diferentes do padrão de ajuste

econômico adotado por outros países. Serviços sociais básicos, como saúde e educação, continuaram sendo oferecidos universalmente e sem custo nos piores momentos da crise. Alimentos subsidiados – ainda que em quantidades relativamente reduzidas – garantiam um nível mínimo de nutrição, enquanto outros programas sociais importantes se destinavam a ajudar grupos sociais específicos. A adesão à igualdade de condições e à justiça social foi a marca registrada das políticas de ajuste cubanas durante os anos 1990.[14]

Julie Feinsilver observa que, durante a crise econômica, "Cuba aumentou continuamente seu gasto em saúde como percentual da despesa pública total a fim de proteger a população mais vulnerável dos piores efeitos da crise".[15] Não apenas o gasto com saúde aumentou, como também o gasto com segurança social e educação. Mesmo durante os piores anos da crise, essas áreas cresceram tanto em termos absolutos quanto como proporção do PIB. Em 1998, 32% do PIB era gasto em serviços sociais – ainda a taxa mais alta da América Latina.[16] Embora a falta de uma moeda forte significasse que esses gastos em peso não poderiam resolver a escassez de medicamentos, materiais e infraestrutura, Miren Uriarte destacou que o compromisso contínuo do governo com seu papel de bem-estar social distinguiu a via cubana de outros experimentos de ajuste estrutural. Ela observou três áreas em particular: "compromisso com a igualdade no acesso mantendo todos os serviços sem custo (...), compromisso com o acesso universal" e que "o papel do governo como protagonista nessa esfera continuou inalterado".[17]

Monreal, Uriarte e Feinsilver viram a natureza e o ritmo precavidos das reformas sob uma luz positiva. Para outros analistas, o fato de Cuba não ter adotado uma estratégia de "tratamento de choque" para a reforma econômica era sinal de que Fidel estava tentando guardar uma "reserva de poder". "Por trás do simulacro de reformas de mercado, o governo cubano acabou ampliando o poder do Estado de decidir quem pode se beneficiar das atividades de mercado e quanto", escreveu o cientista político Javier Corrales.[18]

Embora investidores estrangeiros fossem convidados para Cuba, o Estado manteve – e continua a manter – controles que vão além do que as empresas enfrentam em outros países. Por exemplo, o Estado supervisiona a contratação de empregados. As empresas estrangeiras pagam os salários de seus funcionários em dólares diretamente ao governo, que então transfere o dinheiro para os trabalhadores em pesos desvalorizados. O governo afirma que esse sistema possibilita que ele utilize a moeda estrangeira valiosa para sustentar seus programas sociais, em vez de permitir que vá para os bolsos dos poucos trabalhadores com a sorte de terem esses empregos. Como Corrales aponta, porém, o sistema viola as regulações da Organização Internacional do Trabalho que proíbem o confisco de salários.[19]

Embora os salários passassem pelo governo e chegassem em pesos, o emprego no setor estrangeiro trazia benefícios para os trabalhadores. Muitos empregadores suplementavam salários com regalias como itens alimentícios e variedades difíceis de obter na economia em peso, além de presentes caros e dólares.[20] Em alguns setores-chave, como mineração e construção civil, os empregadores podiam fazer pagamentos de bônus legalmente em dólares. Muitos empregadores estrangeiros em outros setores faziam o mesmo de maneira extraoficial.[21] Ao contrário dos autônomos, os trabalhadores no setor estrangeiro também tinham direito a benefícios estatais como seguro-desemprego e pensão.

A partir de 1994, o governo começou a pagar bônus em moeda forte para os funcionários públicos em indústrias importantes, como as de turismo, mineração, eletricidade, portos e tabaco. Cerca de um quarto dos trabalhadores de Cuba estava recebendo esses bônus em dinheiro em 2000 e muitos outros recebiam benefícios em espécie.[22] As empresas estrangeiras ofereciam os mesmos benefícios, em quantidades ainda maiores.[23]

Embora a maioria dos analistas cubanos, assim como estudiosos norte-americanos como Eckstein e Feinsilver, salientem a continuidade do compromisso socialista apesar das reformas de Cuba, Corrales tira a conclusão oposta.

> Não é socialista (...) porque o Estado é agora o fiador, na verdade o gerador, de enormes desigualdades: o Estado determina quem tem acesso ao próspero setor externo do Estado; todos os outros saem perdendo ou apenas sobrevivem. O Estado é, portanto, diretamente responsável pelo aumento da desigualdade em Cuba.

Para Corrales, o sistema de moeda não distribui o bem da sociedade de maneira justa ou igualitária; em vez disso, serve para beneficiar uma "pequena coalizão vencedora".[24]

Traçando novos territórios

Outra série de reformas também se afastou do estilo soviético de centralismo e industrialização – Eckstein as denominou de "pré-capitalistas", embora algumas possam receber o útil nome de "pós-capitalista/pós-socialista" ou ainda "pós-industrial". Os estrategistas do governo tentaram usar o fato de haver escassez de combustível, para promover a agricultura sustentável e o uso de bicicletas. Também tentaram encontrar vias de desenvolvimento econômico menos dependentes de recursos, aproveitando-se da maior força de Cuba, sua população altamente qualificada. O governo promoveu a biotecnologia, o turismo de saúde, o turismo educacional e a exportação de médicos.

Embora o sistema de posses de terra de Cuba tenha mudado nos anos 1990, as reformas agrárias dos anos 1960 não foram exatamente revogadas. Em termos de acesso à terra, a reforma de 1993 na verdade colocou mais terras nas mãos de pequenos agricultores, desmontando as fazendas estatais e transformando-as em cooperativas ou pequenas fazendas. O Estado cubano também continuou a oferecer fácil acesso a crédito e assistência técnica – benefícios que os programas de ajuste estrutural na maioria dos outros países haviam restringido.

Outros insumos se tornaram muito mais difíceis de obter, especialmente os que Cuba precisava importar com moeda forte, como pesticidas, fertilizantes, combustíveis e equipamentos agrícolas.[25] Cientistas e economistas cubanos especializados no domínio agrícola afirmaram que essa era a chance de Cuba se tornar líder mundial na agricultura sustentável, e muitos especialistas estrangeiros concordavam.[26] Nem sempre os agricultores cubanos ficaram contentes ao ouvir que precisavam experimentar com soluções orgânicas e de baixa tecnologia. No entanto, Laura Enríquez verificou que mais gente estava entrando na agricultura – "recampesinização", como ela denominou – e que esses novos e velhos camponeses tinham um padrão de vida relativamente melhor do que a população urbana durante a crise econômica.[27]

A nova valorização do ambientalismo foi além da agricultura. A relação entre consciência e proteção ambiental, de um lado, e crescimento e desenvolvimento econômico, de outro, não é óbvia. A maioria dos ambientalistas afirma que tanto o modelo capitalista como o socialista de industrialização e progresso econômico se basearam na depredação do meio ambiente. Grande parte da destruição ambiental no Terceiro Mundo foi resultado da agricultura de plantio e das economias extrativistas coloniais e neocoloniais. Os sistemas agrícola e industrial de Cuba apresentaram quase o mesmo descuido ambiental do mundo capitalista.[28]

Muitos no Terceiro e no Primeiro Mundo afirmam que a consciência ambiental é um luxo e que o desenvolvimento econômico necessário para a sobrevivência dos pobres do mundo deve vir em primeiro lugar. "É particularmente raro que governos de qualquer país proponham, adotem ou imponham normas ambientais mais rígidas em tempos de crise econômica", apontam Daniel Whittle e Orlando Rey Santos.[29]

No entanto, as emendas à Constituição de Cuba de 1992 incorporaram novas questões ambientais. O capítulo 1, artigo 27, determina que

> o Estado deve proteger o meio ambiente do país e seus recursos naturais. Ele reconhece que as relações íntimas entre esses recursos e o desenvolvimento econômico e social sustentável visam a tornar a vida humana mais racional e garantir a sobrevivência, o bem-estar e a segurança da geração atual e das futuras gerações.

Além disso, "é dever dos cidadãos contribuírem para a proteção da água, do ar, do solo, da flora, da fauna e de todo o rico potencial da natureza". Logo depois da nova Constituição, vieram a adoção formal dos princípios da cúpula ECO-92 sobre o meio ambiente; a criação do Ministério da Ciência, da Tecnologia e do Meio Ambiente em 1994; e a aprovação de uma variedade de leis para a adoção de novas formas de proteção ambiental.

No papel, a nova legislação ambiental de Cuba é impressionante. As dificuldades, como apontam Whittle e Rey Santos, estão nos interesses conflitantes de desenvolvimento econômico e proteção ambiental, bem como no fato de que, dado o papel do Estado na economia cubana, o governo está basicamente se autorregulando.[30] Todavia, Whittle e Rey Santos, assim como outros analistas, veem sinais promissores de que a vontade de colocar as leis em prática é real.[31]

Contradições: Desigualdade e *jineterismo*

A crescente desigualdade econômica resulta do cenário econômico instável. A manifestação mais óbvia da desigualdade está no fato de que os cubanos com acesso à nova economia de mercado – em particular aqueles com acesso a dólares – podem desfrutar de padrões de vida muitos melhores do que os que eram obrigados a sobreviver na economia do peso.

Em diversos aspectos, as aberturas econômicas, ainda que supostamente neutras do ponto de vista racial, acabaram por favorecer cubanos de pele mais clara. Apesar da relativa igualdade socioeconômica que a revolução havia trazido entre as raças, existiam fatores globais, estruturais, históricos e ideológicos que tomaram a dianteira em diversos sentidos durante o Período Especial e resultaram no ressurgimento de antigos padrões de desigualdade racial.

A legalização do dólar em 1993 beneficiou aqueles com parentes em Miami. Os cubanos ironizavam que, para sobreviver ao Período Especial, era preciso ter "fe" – "fé" em espanhol, mas uma piada com o acrônimo para "familia en el exterior" – família no exterior, para receber dinheiro. Em razão das desigualdades raciais prévias à revolução, os cubanos mais brancos tinham muito mais chances do que os demais de ter parentes no exterior, especialmente parentes que faziam parte da primeira geração de exilados que haviam enriquecido nos Estados Unidos. Um dos últimos estudos dos anos 1990 mostrou que 96% dos cubanos em Miami ainda se consideravam "brancos".[32] Por isso, os cubanos de pele mais clara se beneficiaram muito mais das remessas de dinheiro.

Os cubanos de pele mais clara também se beneficiaram de formas sutis, ou não tão sutis, das preferências de contratação na indústria do turismo. Investidores europeus e canadenses trouxeram consigo seus próprios preconceitos raciais e suas ideias sobre o que os turistas que se hospedavam em seus hotéis e resorts prefeririam. Autoridades do governo cubano, que representaram um papel importante na contratação, também tinham noções de estereótipos raciais e conjecturas sobre as predileções dos estrangeiros. Com frequência, o eufemismo "buena presencia", ou "boa aparência" – que implicava características associadas à pele branca –, era usado como uma qualificação profissional implícita ou explícita. Todos esses preconceitos raciais globais ou locais contribuíram para uma preferência por empregados de pele mais clara, especialmente em cargos de autoridade ou de tratamento com o público, os quais também eram em geral os cargos mais bem pagos no setor estrangeiro.[33] Uma pesquisa em Havana em 2000 confirmou que cubanos de pele mais clara tinham mais chances de serem pagos em dólar e receberem mais dólares do que suas contrapartes de pele escura.[34]

Na economia recém-aberta, privilégio gera privilégio. Vestígios do privilégio pré-revolucionário – como uma casa grande ou um carro – agora permitiam acesso à economia do turismo. O acesso a dólares abria novos meios de investimento e autonomia profissional. A falta de acesso inicial implicava continuidade e agravamento da exclusão. Assim, as desigualdades sociais e raciais tendiam a se reproduzir e se intensificar.

O setor turístico tocou em estereótipos raciais de cubanos e estrangeiros também em outros sentidos. A cultura afro-cubana se tornou mais uma atração turística. Alguns turistas estrangeiros iam a Cuba para ver o Balé Nacional de Cuba, que era racialmente diverso. Muitos, porém, queriam aproveitar a oportunidade para ver apresentações de dança afro-cubanas ou cerimônias religiosas afro-cubanas. Em alguns aspectos, esses desejos dos estrangeiros, assim como os programas do governo cubano para atendê-los, beneficiaram os cubanos negros que obtiveram emprego e financiamento nesse setor. Mas apresentar sua etnia para turistas também tem seu preço psíquico e cultural.

Em certos sentidos, todos os cubanos pagaram esse preço por apresentarem sua sociedade aos turistas. A própria revolução passou a ser uma atração turística, com a venda de camisetas e chaveiros de Che.

Outro custo psíquico e cultural foi o que alguns críticos chamaram de “apartheid turístico”. Novos hotéis abertos para estrangeiros não só eram extremamente caros como também eram declaradamente proibidos para os cubanos. O governo partiu do pressuposto, não sem certa razão, de que os turistas estrangeiros prefeririam evitar o regateio e a chateação de cubanos em busca de dólar. O governo também fez algumas tentativas fracas de promover formas de turismo mais socialmente aceitáveis – turismo familiar, turismo educacional, turismo de saúde – em vez do turismo de "vícios" baseado em jogos de azar, bebida e prostituição, que historicamente havia caracterizado a indústria na ilha. Mas as tentativas do governo de proteger os turistas de prostitutas criaram fortes contradições. Os cubanos podiam ser criminalizados pela simples associação com estrangeiros ou por entrarem nos espaços recém-criados para satisfazer os turistas.

O *jinterismo* – uma variedade de atividades legais, semilegais e ilegais a serviço da economia do turismo – assumiu proporções desenfreadas. Embora a prostituição explícita fosse ilegal, ela costumava ser tolerada oficialmente, apesar de algumas sanções severas ocasionais. Mas muitos cubanos começaram a sair, fazer companhia e ter outras formas de relação com estrangeiros que confundiam os limites entre prostituição e outras formas de relacionamento casual ou até mesmo sério. Uma tirinha de 1995 da série norte-americana *Zippy the Pinhead* parodiou o encontro de dois estrangeiros com uma cubana seminua que os abordou dizendo: "Hola, meninos! Vocês são lindos! Gostariam de me levar para jantar?". No último quadro, Griffy (alterego do autor, Bill Griffith) está bebendo com Zippy e comenta: "**Não** era isso que eu estava esperando! Ela queria **mesmo** discutir **Hemingway** & fazer **compras**! Além disso, era **formada** em **engenharia**!".

Mas também na questão do gênero o Período Especial pareceu redespertar antigos comportamentos que a revolução havia se esforçado tanto para mudar. A cientista política Mala Htun examinou a questão: "Com a intensificação da luta pela sobrevivência, diferenças sociais latentes foram manipuladas para se tornarem justificativas para oportunidades desiguais".[35] "Como as mulheres costumam ser responsáveis pelo bem-estar da casa e pela economia familiar", explica Julie Shayne, "elas são obrigadas a assumir a responsabilidade pelo equilíbrio do orçamento familiar." Ela cita a cinematógrafa Belkis Vega numa entrevista de 1999:

> Esse período especial enfraqueceu (...) a luta pelos direitos da mulher. O feminismo é enfraquecido porque as mulheres estão exaustas pela luta pela sobrevivência (...), outras lutas passam a ser secundárias, porque a luta é por comida, uma luta de "Como alimento minha família?", "Como sustento minha casa?", "Como consigo comprar sapatos e roupas para os meus filhos?". E isso assume um papel central (...). O trabalho ocupa tanto tempo que, ao fim do dia, tudo o que você quer é dormir.[36]

A entrada da indústria turística e os dólares que ela trouxe consigo também ofereceram oportunidades diferentes para homens e mulheres. A indústria faz propaganda das mulheres do país com imagens sedutoras e degradantes. E, embora tanto homens como mulheres sejam atraídos à indústria de prostituição, os maiores números são entre jovens mulheres, especialmente negras e morenas.

A cubano-americana Coco Fusco descreve as *jineteras* que entrevistou em meados da década de 1990 como "sofisticadas comerciantes de fantasia". Uma das mulheres, ao descrever como os vizinhos viam sua profissão, respondeu: "Eles veem o *gallego* entrar com uma mulher e não é ele que eles veem. Eles veem frango, arroz, feijão – a geladeira cheia".[37] Embora destaque o papel ativo das mulheres, ela também conclui: "Senti que estava assistindo à parte mais triste do último capítulo do socialismo cubano – a prova viva da versão niilista da ilha de uma geração X sem sonhos de um futuro que fosse além da próxima compra".[38]

Os termos depreciativos *jinetera* [prostituta] e, por associação, *jinetero* passaram a definir qualquer pessoa que receba alguma forma de benefício pela associação com estrangeiros. Pode ser um motorista de táxi com licença ou um profissional liberal que faz bicos sem licença; pode ser um guia turístico extraoficial que encontrava quartos ou uma refeição para estrangeiros. Mas o termo carrega consigo um peso de ilegitimidade. Mesmo que a atividade seja perfeitamente legal, chamá-la de *jineterismo* implica que a pessoa está se vendendo em troca do todo-poderoso dólar. Alguns cubanos acham que o próprio país está vendendo seus ideais em troca de dólares.

Mas a fronteira entre *jineterismo* e livre mercado é nebulosa. Afinal, a realização de serviços ou a venda de bens em troca de pagamento é inerente ao sistema capitalista. O que parece *jineterismo* em Cuba pode ser chamado simplesmente de lei da oferta e procura num país capitalista.

Opção por sair: O êxodo de 1994

Os Estados Unidos saudaram a crise econômica de Cuba com uma onda de publicações prevendo a "Hora Final de Castro". O "Cuban Democracy Act", mais conhecido como lei Torricelli (porque proposto pelo senador democrata Robert Torricelli)*, foi uma legislação aprovada em 1992 que tornou ainda mais rígido o embargo econômico contra Cuba.

Em meados de 1994, a crise econômica estava no auge. Todos os efeitos do Período Especial pairavam ameaçadoramente sobre o país. A comida era escassa. Ao longo do verão escaldante, cortes de eletricidade desligavam os ventiladores de que muitos cubanos dependiam. Enquanto isso, a maior parte da população ficava só olhando enquanto os poucos sortudos com acesso a dólares e as recém-abertas *dollar stores* ostentavam seus produtos. Em agosto, algo mudou.

Em 1984, os Estados Unidos tinham aceitado conceder até 20 mil vistos por ano aos cubanos que desejassem imigrar.

---

* *Nota da edição brasileira: a carreira política de Torricelli acabou dez anos depois disso, em meio a diversos escândalos relativos a financiamento de campanhas eleitorais.*

(O teto foi aumentado para 27 mil em 1990.) Mas o escritório dos EUA em Havana dificultava muito a obtenção desses vistos – em 1993, por exemplo, apenas 2700 foram concedidos.[39] A política praticada, tão diferente da anunciada, tornava quase impossível para os cubanos a obtenção de um visto dentro da lei. No entanto, aqueles que simplesmente partem para os Estados Unidos por mar, sem nenhum documento, ganham o status de residente legal (e diversas outras vantagens, como moradia por um ano) graças à Lei de Ajuste Cubano de 1966.

Em 1991, José Basulto, veterano da Baía dos Porcos, um criminoso procurado em Cuba por sua participação em diversos ataques terroristas no início da década de 1960, incluindo uma tentativa de assassinar Fidel, fundou uma nova organização em Miami, a Brothers to the Rescue. O objetivo da organização era patrulhar as águas entre Cuba e Flórida, pegando pessoas que fugiam da ilha de balsa e garantindo sua recepção oficial nos Estados Unidos.

Cuba alegou razões humanitárias para tentar impedir a saída ilegal via mar, insistindo que as práticas norte-americanas que privilegiavam aqueles que chegavam sem permissão formal eram um estímulo a viagens arriscadas que resultaram em diversas mortes. A Guarda Costeira cubana trazia de volta as pessoas que conseguia interceptar em águas cubanas. Guias ilegais e pessoas que punham em risco a vida de crianças foram perseguidos legalmente. Os Brothers of the Rescue, segundo os cubanos, só estimulavam ainda mais a prática perigosa.

Nesse contexto, no decorrer do quente verão de 1994, alguns cubanos recorriam a atos de desespero – roubando ou invadindo navios – a fim de partirem para a Flórida. De acordo com a política norte-americana, eles eram bem recebidos, desde que conseguissem sair das águas cubanas. Em meados de julho, um navio cubano abalroou um rebocador roubado, afogando os 41 migrantes a bordo. No início de agosto, um oficial da marinha foi morto durante uma tentativa de sequestro de um navio. A temperatura e as tensões cresceram sem trégua. Revoltas agitaram o centro de Havana.

Então, em 11 de agosto, Fidel decidiu expor o blefe norte-americano. Os cubanos que quisessem partir por mar, anunciou ele, não seriam mais interceptados. A costa estava livre para partidas.

Centenas de cubanos atravessaram o mar na semana seguinte. O governador da Flórida se queixou que o estado não tinha como lidar com o influxo. Em 18 de agosto, o presidente norte-americano Bill Clinton anunciou a decisão inédita: os cubanos que tentassem chegar aos Estados Unidos sem permissão não seriam mais recebidos. Em vez disso, seriam enviados para a base militar norte-americana em Guantánamo. "Com um só golpe, Clinton transformou os cubanos no equivalente legal dos haitianos", comentou o *Washington Post* com assombro.[40] Ao fim de 1994, cerca de 50 mil refugiados foram abrigados na base, com um custo de 500 mil a um milhão de dólares por dia.[41] Mas, quando os cubanos viram que sua garantia de entrada automática nos Estados Unidos se havia dissipado, o número de partidas decaiu acentuadamente.

A maioria dos cubanos enviados a Guantánamo acabou sendo admitida nos Estados Unidos. Mas Clinton foi forçado a admitir os efeitos nocivos do padrão de dois pesos e duas medidas da política norte-americana sob a Lei de Ajuste Cubano. Em maio de 1995, ele anunciou a nova política de "Wet Foot, Dry Foot" [pé molhado, pé seco]. Os cubanos apanhados no mar, assim como todos os aspirantes a imigrantes sem visto de qualquer lugar do mundo, seriam reenviados a seu país. Aqueles que conseguissem chegar por terra – fosse através dos estreitos ou do México –, com os "pés secos", receberiam tratamento preferencial e condição de refugiado quase automática conferida pela Lei de Ajuste. Clinton também aceitou facilitar o processo de concessão de vistos, para favorecer a entrada legal dos cubanos. Cuba, por sua vez, aceitou restaurar sua política de interceptar balsas não autorizadas.

Os Brothers to the Rescue, privados de sua razão de ser mas ainda em posse de várias aeronaves, reviveram a tática dos anos 1960 de sobrevoar Havana atirando panfletos que convocavam a população cubana a se rebelar. O governo cubano protestava regularmente aos Estados Unidos contra essas violações de espaço aéreo e, no início de 1996, derrubou um pequeno avião, matando seu piloto. Os cubanos alegavam que o avião estava dentro do espaço aéreo cubano, o que os Brothers to the Rescue negaram. O escândalo gerado incentivou o Congresso norte-americano a aprovar a legislação Helms-Burton, que reforçou e ampliou o embargo dos EUA contra Cuba. As relações se agravaram ainda mais em 1998, quando autoridades norte-americanas prenderam cinco agentes de inteligência cubanos que se haviam infiltrado em organizações como a Brothers to the Rescue e a Alpha 66. Os cubanos afirmaram que os agentes não estavam espionando os Estados Unidos, mas as organizações terroristas que planejavam ataques contra seu país. Eles tinham até compartilhado informações com o FBI. Mas os Cinco Cubanos foram condenados a sentenças de prisão prolongadas, e sua libertação tornou-se uma

cause célèbre internacional.[42] René González foi libertado em 7 de outubro de 2011, mas a Justiça norte-americana não permitiu que ele voltasse definitivamente para Cuba até abril de 2013. Fernando González foi libertado em 27 de fevereiro de 2014. E os três restantes (Antonio Guerrero Rodríguez, Gerardo Hernández Nordelo e Ramón Labañino Salazar) continuaram em cárcere até 17 de dezembro de 2014.

Embora as partidas por mar tivessem diminuído drasticamente após os acordos, elas não cessaram por completo. Surgiu uma nova indústria de entrada clandestina, em que passadores profissionais cobravam milhares de dólares para levar os cubanos à costa da Flórida. Um dos casos mais famosos foi o do menino de seis anos Elián González. Embora seus pais divorciados dividissem a guarda dele em sua cidade natal de Cárdenas, em Cuba, sua mãe e o namorado fugiram com o garoto num pequeno barco rumo a Miami no final de 1999. Apenas Elián sobreviveu à jornada. Ele foi resgatado por pescadores, entregue à Guarda Costeira e, depois, a seus parentes em Miami. Embora a família de Miami o tenha recebido de braços abertos, sua família cubana, incluindo o pai e as duas avós, exigiram seu retorno. A comunidade cubana de Miami se mobilizou para ficar com o garoto, e o mundo viu quando um fotógrafo da agência de notícias Associate Press capturou uma imagem de agentes federais tirando-o dos braços de seus parentes para devolvê-lo à família cubana.

Outros cubanos chegaram através do México. Embora os mexicanos e outros latino-americanos corressem risco de morte ao tentarem fugir da Patrulha de Fronteira no deserto, como apontou o escritor Tom Miller, "se você é cubano e chega ilegalmente, mesmo que trazido por um passador profissional, é recompensado com um rápido procedimento para obtenção de moradia e cidadania". Os cubanos

> não precisam atravessar o Rio Grande a nado ou caminhar pelo Deserto de Sonora – eles podem simplesmente ir andando a qualquer posto de entrada ao longo da fronteira de mais de 3 mil quilômetros e dizer ao inspetor de imigração norte-americano: "*Soy cubano. ¿Me permite entrar?*", sou cubano, posso entrar? E a resposta quase sempre é: "Entra aí!".[43]

Debate e seus limites durante os anos 1990

Eu não fui a única viajante norte-americana a comentar sobre o processo de mudança em Cuba nos anos 1990. No mesmo período em que o Congresso tornava o embargo comercial mais rígido, a administração de Clinton passou a permitir que grupos educacionais, religiosos e de direitos humanos viajassem à ilha. A curiosidade sobre o processo revolucionário – ou, como alguns pensavam, pós-revolucionário – em Cuba cresceu. Ao mesmo tempo, o governo cubano chamava turistas e estudiosos estrangeiros. Uma multidão de viajantes, jornalistas e estudantes dos Estados Unidos visitou Cuba nos anos 1990 e escreveu sobre o que viu. A literatura de viagem a Cuba se tornou um gênero em expansão. Até o ano 2000, cerca de 35 mil a 40 mil pessoas dos Estados Unidos haviam visitado Cuba sob o regime de restrições de viagem recentemente abrandado, e 750 faculdades e universidades norte-americanas haviam obtido licenças para intercâmbios acadêmicos no país.[44] A expansão continuou até que a administração Bush voltou a cortar as viagens permitidas para Cuba em 2003 e 2004.

Em Cuba, cientistas sociais debateram os prospectos econômicos de Cuba, tanto dentro como fora do governo. Embora os jornais diários continuassem a apresentar relatos incansavelmente otimistas sobre a economia e a sociedade, revistas acadêmicas mergulharam em críticas e debates. Os cubanos também se envolveram com estudiosos estrangeiros, viajaram para o exterior e publicaram ensaios e livros conjuntos com seus colegas de fora.[45] O espaço para o debate "dentro da revolução" crescia.

A nova Constituição de 1992 formalizou essa abertura política crescente. O sociólogo cubano Haroldo Dilla resumiu algumas das mudanças que foram especialmente significativas em termos de liberdades políticas:

> a proclamação do caráter não sectário do Estado e a proibição de qualquer forma de discriminação contra religiosos, a supressão de alusões ao centralismo democrático e à unidade de poder, a supressão da definição de fundação social do Estado baseada unicamente em classe, e a criação de eleições diretas para cargos parlamentares.

Ele destaca, porém, que o impacto da mudança no sistema eleitoral parlamentar foi limitado pela lei eleitoral subsequente que permitia apenas um candidato por vaga.[46]

Dilla analisou como a crescente incapacidade do Estado para oferecer serviços e produtos contribuiu para a formação e o fortalecimento da sociedade civil. As pessoas improvisaram sistemas e organizações para atender às necessidades antes atendidas pelo governo e suas organizações. A Constituição Cubana afirma que o governo

> reconhece, protege e apoia organizações de massa (...) as quais se originaram da luta de classes histórica de nosso povo, e representam os interesses específicos de nossos cidadãos e os incorporam nas tarefas de construção, consolidação e defesa da sociedade socialista.

A Lei de Associações cubana rege as organizações não governamentais (ONGs), garantindo seu direito de existir ao mesmo tempo em que impõe sua obrigação de "coordenar" e "colaborar" com o governo e suas organizações oficiais.[47] O número de ONGs disparou no início da década de 1990.

Os espaços para a colaboração entre estudiosos cubanos e norte-americanos também começaram a se abrir nos anos 1990. Em encontros, conferências e publicações, acadêmicos dos dois países discutiram tópicos que variavam desde a crise dos mísseis às relações entre EUA e Cuba, e às reformas políticas e econômicas contínuas de Cuba. O que o jornalista Marc Frank chamou de "zona cinzenta" em Cuba – na qual os intelectuais podiam criticar e contestar aspectos das instituições e políticas de seu país dentro dele – cresceu visivelmente.[48]

Debate sobre a democracia

Os intelectuais cubanos se envolveram num debate intenso, especialmente desde a década de 1990, sobre a natureza e o significado de democracia. Ao mesmo tempo em que pediam um aprofundamento e uma expansão da democracia em seu país, eles tomaram cuidado para distinguir as suas concepções das concepções norte-americanas sobre democracia formal.

Para Haroldo Dilla e Rafael Hernandez, "a construção da democracia em Cuba não é um exercício de engenharia constitucional (...) mas um projeto amplo de justiça social, desenvolvimento, independência nacional e abertura participativa".[49] Outro acadêmico cubano, Juan Antonio Blanco, sustenta que

> eleições não são sinônimo de democracia mas representam apenas um aspecto da democracia. O Ocidente tenta há décadas reduzir a democracia ao exercício da votação a cada quatro anos. Para mim, a democracia é a participação diária da população em questões que afetam a vida das pessoas, e não simplesmente votar numa lista de candidatos apoiados por forças poderosas.[50]

O aprimoramento da democracia, diz o cientista social Hugo Azcuy Henriquez, não deve

> ser apenas, tampouco principalmente, sobre sistemas pluripartidários, eleições periódicas supervisionadas ou outros tópicos comuns no discurso regional sobre democracia, mas sim sobre participação popular, justiça social, igualdade, desenvolvimento nacional e outros elementos que são de maior importância para a construção de regimes democráticos estáveis e para o crescimento de sociedades em que os direitos humanos sejam respeitados de maneira mais plena.[51]

Estudiosos cubanos apontam instituições como as assembleias eleitas do Poder Popular, participação em organizações de massa, e canais institucionais para discussão e debate de leis e políticas como os fóruns de democracia direta em Cuba.[52]

Os cubanos também destacam que a agressão norte-americana serviu para limitar as possibilidades democráticas em Cuba. Em particular, a realidade da interferência norte-americana teria contribuído para sanções contra a organização política independente:

> Um cenário de negociação e menos tensões entre os Estados Unidos e Cuba poderia permitir que o sistema político cubano superasse essas restrições. Se os Estados Unidos renunciassem a suas atividades políticas internas em Cuba, isso significaria que Cuba poderia permitir o desenvolvimento de uma oposição leal.[53]

No entanto, os analistas cubanos não deixam, de maneira alguma, de criticar as instituições políticas e econômicas de seu país. Existe uma importante corrente de opinião dentro de Cuba que, ainda que rejeitando as concepções norte-americanas de democracia liberal, coincide com concepções liberais em determinadas áreas, como a insistência por uma imprensa crítica livre e maior tolerância a posturas políticas divergentes.

> A democratização deve, inevitavelmente, incluir o fortalecimento dos espaços para participação que permitam que o cidadão comum influencie as decisões que afetam sua vida, participe de debates sobre as direções nacionais, tenha um controle efetivo sobre seus representantes, e tenha acesso às informações necessárias e relevantes. Em suma: que deixe de ser um mero consumidor de políticas para se tornar um produtor ativo de política.[54]

Acadêmicos cubanos fazem uma distinção clara entre críticas da direita, a qual rejeita toda a experiência socialista, "fundamentando suas críticas em valores supostamente universais do modelo autointitulado de democracia representativa, baseado na propriedade privada, num sistema pluripartidário, no comercio eleitoral e nas liberdades individuais", e aquelas da esquerda, "que incluem críticas internas que ativistas partidários, acadêmicos, líderes políticos e a população cubana têm em relação ao sistema político cubano" e que pedem por uma "estrutura de poder mais diversificada, descentralizada e despersonalizada" cujo objetivo seja "preservar o poder revolucionário e desenvolver uma democracia participativa".[55]

Sendo assim, existe uma opinião disseminada entre intelectuais cubanos que, a partir de uma posição de apoio à revolução, exige maior espaço político para debate, uma imprensa mais crítica e mais aberta, e maior participação política. Sua posição difere daquela de críticos norte-americanos a Cuba em diversos sentidos importantes. Primeiro, eles afirmam que, se Cuba não desenvolveu esses aspectos da democracia, é precisamente *por causa* das ameaças norte-americanas. "A unanimidade presente na mídia cubana é reflexo de uma *mentalidade defensiva* condicionada pelas pressões norte-americanas, que agem contra o maior pluralismo e um debate público mais amplo", afirma Alfredo Prieto González, um crítico da mídia cubana.[56] "Parte da intolerância vista em Cuba contra os dissidentes do sistema tem a ver com a percepção de que os dissidentes se aliaram a um poderoso país estrangeiro", explica outro intelectual cubano, Juan Antonio Blanco.

> Estamos lidando com uma guerra não declarada que os Estados Unidos estão travando contra nós. Por isso, obviamente, não se tem o tipo de ambiente tolerante que pode ser encontrado na Suíça (...). Para que haja um relaxamento na forma como os dissidentes da revolução são vistos, é preciso que haja um relaxamento no ambiente internacional a fim de que possamos aceitar opiniões dissidentes ao sistema de uma outra forma.[57]

Além disso, os críticos cubanos traçam uma distinção clara entre a questão de abertura, debate e participação política, de um lado, e a ideia de um sistema pluripartidário, de outro. Embora vejam as limitações da primeira como o resultado infeliz de fatores históricos e internacionais, a ausência do segundo não é vista com maus olhos. Juan Antonio Blanco afirma:

> Em muitas ocasiões, sistemas pluripartidários são identificados com o pluralismo. Mas esse não é necessariamente o caso; por vezes, os sistemas pluripartidários são exatamente a forma de negar o pluralismo. Em Cuba, na década de 1900, tínhamos partidos políticos de sobra, mas nenhuma democracia. Para nós, o sistema pluripartidário sempre negou a possibilidade de uma via alternativa para o país.[58]

O cientista político Luis Suárez Salazar afirma que a "democracia que realmente existe" na América Latina e no Caribe é uma "democracia do 'apartheid'".

> A contribuição de uma democracia popular é construir um sistema representativo de uma maneira diferente daquela como as democracias burguesas liberais o constroem. Nosso sistema representativo não precisa ser desenvolvido com base num sistema pluripartidário que, historicamente, foi um fracasso em Cuba.

No entanto, Suárez é crítico em relação às limitações à mobilização e à participação popular em Cuba, e defende especialmente uma maior "capacidade dos representantes populares em todos os níveis de *tomar decisões bem ponderadas* (e avaliar seus resultados) sobre todas as questões que afetam os cidadãos como um todo".[59] Do mesmo modo, Dilla afirma que Cuba precisa de "um modelo mais pluralista para as políticas, em acordo com a diversidade sociológica, cultural, ideológica etc. do país" – mas reconhece que o

> pluralismo não pode ser reduzido à organização de diversos partidos políticos. Na verdade, os sistemas pluripartidários que "realmente existem" demonstram uma incapacidade tenaz de refletir a diversidade

existente na sociedade, diversidade esta que costuma, em grande parte, ser expressa fora do sistema partidário formal.[60]

Hugo Azcuy Henriquez explica a diferença entre as visões cubana e norte-americana de pluralismo nos seguintes termos:

> Na cultura política cubana de hoje, a identidade inclui valores sociais que vão além das características nacionais. Seria incompreensível conceber a sociedade cubana como um mosaico de compartimentos separados, de setores desconexos que não têm nada em comum exceto o fato de coexistirem lado a lado. A identidade cubana surge de uma forte noção de comunidade, criada em quase quatro décadas de sacrifício e perigos, especialmente por ter de confrontar inimigos externos hostis à revolução (...). Nesse contexto, o pluralismo não significa passar para a fragmentação e a ruptura da sociedade cubana.[61]

Note que Azcuy Henriquez não rejeita a noção de pluralismo na sociedade cubana. Em vez disso, ele afirma que os acontecimentos políticos em Cuba durante a década de 1980 e o início da de 1990 agiram precisamente no sentido de reconhecer e comportar uma forma cubana de pluralismo.

> A necessidade de uma expressão mais pluralista da sociedade cubana se acentuou nos últimos anos de crise, mas seus antecedentes se originam na segunda metade da década de 1980, quando as pessoas começaram a questionar publicamente a reprodução do modelo institucional e ideológico soviético que começou nos anos 1970. Em 1990, houve uma importante discussão pública e generalizada sobre a necessidade

de introduzir mudanças na raiz do sistema institucional. Entre as medidas mais importantes nesse processo estava o novo espaço dado a organizações sem fins lucrativos e também a organizações religiosas.

Em um período de poucos anos, a partir de 1985, quando a Lei de Associações foi aprovada, e 1987, quando o Código Civil foi aprovado, mais de 2 mil associações e organizações civis foram criadas, incluindo a maioria daquelas que atuam hoje como organizações não governamentais. Elas incluem um vasto espectro de grupos culturais, científicos, esportivos e ambientais, entre outros.

Esse pluralismo representa um reconhecimento de que a diversidade da sociedade cubana, que sempre existiu, não pode continuar sendo expressa exclusivamente dentro das velhas organizações de massa.[62]

Análises de intelectuais cubanos sobre a política nos Estados Unidos e em Cuba são importantes em vários sentidos. Primeiro, elas apresentam uma crítica ponderada à democracia pluripartidária – o sistema político que os analistas norte-americanos costumam defender como um ideal universal. É claro que, para muitos pensadores cubanos, a democracia pluripartidária é apenas uma das muitas formas de democracia, e não necessariamente a mais interessante. Em segundo lugar, ler as análises de escritores cubanos sobre seu próprio sistema político incentiva públicos norte-americanos a reconhecerem que o sistema político de Cuba não pode ser descrito simples e estaticamente, ao contrário de como costuma ser descrito no discurso político norte-americano, como uma "ditadura". Os cidadãos cubanos indicam candidatos e votam em eleições secretas; participam de organizações de massa; participam de assembleias comunitárias, do ambiente de trabalho, e municipais em que problemas reais são discutidos e debatidos, e decisões são tomadas. Além disso, o sistema político evoluiu consideravelmente no decorrer da revolução, e inclui aspectos que favorecem e abrem espaços para a participação política, além de aspectos que os desfavorecem e os fecham.

As discussões sobre democracia que acontecem em Cuba também mostram que os cientistas sociais cubanos não são – como costumam ser retratados no exterior – meros regurgitadores de uma linha ideológica oficial determinada pelo partido. Os estrangeiros tendem a supor que todos os críticos internos ao sistema político de Cuba – especialmente os que pedem mais democracia – são dissidentes. Mas existe uma voz na vida intelectual cubana que busca uma mudança interna, buscando abrir espaço devagar para o diálogo e o debate por meio de seu próprio trabalho.

Limites ao debate

Os limites ao novo espaço para ONGs e ao debate intelectual foram revelados em março de 1996, quando Raúl Castro fez um discurso televisionado atacando acadêmicos que, segundo ele, se vendiam ao inimigo, aceitando financiamento estrangeiro, privilégios e viagens em troca de artigos feitos sob medida para objetivos estrangeiros. Em particular, ele mencionou o Centro de Estudios sobre América (CEA), um famoso grupo de pesquisa havanês que tinha produzido diversas obras importantes e oposicionistas sobre a direção política e econômica de Cuba. (Vários dos autores citados na seção anterior trabalharam para a CEA.)[63]

O caso da CEA revelou as formas sutis e complexas como a liberdade intelectual é administrada em Cuba. Algumas restrições são aplicadas de formas rigorosas e públicas, sendo bem documentadas e conhecidas no exterior. Mas as sentenças de prisão são reservadas a cubanos acusados e condenados por conspirarem com forças externas (ou seja, os Estados Unidos) para derrubar o governo cubano. No caso da CEA, ninguém foi acusado formalmente nem punido judicialmente. O diretor da CEA, que havia incentivado grande parte do trabalho inovador do centro, foi rebaixado, substituído por um linha-dura do Partido Comunista. Vários outros também perderam seus cargos e diversos pesquisadores optaram por sair. A maioria encontrou novos refúgios em outras instituições de pesquisa cubanas, mas alguns abandonaram o país.

Outra organização cubana que forçou os limites durante o Período Especial foi a Magín. A Magín foi iniciada em 1993 por um pequeno grupo de descontentes com a contínua desigualdade de gênero e, em particular, pela forma como os corpos femininos eram usados para vender a ilha aos turistas. "Elas se revoltavam com as imagens de mulatas sedutoras, com as nádegas cobertas apenas por fios dentais, e com os objetos sexuais de seios fartos que chamavam turistas debaixo da sempre-viva palmeira-real-de-cuba."[64]

A Magín foi a primeira organização independente explicitamente feminista em Cuba e a primeira a desafiar o protagonismo da FMC, a organização de massa apoiada pelo governo encarregada de promover os interesses das mulheres. Apesar da desconfiança da FMC, as ativistas da Magín fizeram publicações, oficinas e encontros com grupos feministas internacionais. Mas a FMC cortou o convite às membras da Magín para a Conferência Mundial sobre a Mulher em Pequim, insistindo que a FMC havia preenchido todas as vagas disponíveis para a delegação de Cuba. Quando a Magín solicitou a categoria de ONG sob a lei cubana de 1996, o Comitê Central do Partido recusou, como se, segundo a antiga apoiadora da revolução Margaret Randall, "tivessem medo que essas mulheres pudessem ser ludibriadas a, inadvertidamente, fazer contatos ou serem manipuladas pelo inimigo". Randall escreveu com amargura que "confiar nas opiniões e na inteligência de suas melhores cidadãs em vez de se basear em desculpas tão insultuosas poderia ter feito a verdadeira revolução avançar".[65]

O clima para o debate e as críticas não melhorou com a pomposa política de "Via Dois" do presidente Clinton para eliminar o governo de Fidel. A primeira via era a já antiga política negativa de se opor à revolução. A Via Dois acrescentaria um lado positivo de tentar promover os objetivos norte-americanos entrando em contato com dissidentes cubanos atuais ou em potencial, na tentativa de incentivar contatos na academia e em outras áreas não governamentais a atrair os cubanos para o lado norte-americano ou "pró-democrático". Embora o governo cubano tenha recebido bem o maior número de viagens a Cuba engendrado pela Via Dois – uma vez que ia ao encontro da estratégia cubana de aumentar o turismo e promover a oposição às políticas norte-americanas entre aqueles que viajassem à ilha –, o foco da Via Dois em cultivar a dissidência internamente apenas aumentou a desconfiança do governo em relação aos cubanos que pareciam se aproximar demais dos estrangeiros.

Alguns intelectuais de destaque afiliados ao partido se opuseram ao discurso de Raúl de 1996 falando em defesa da liberdade acadêmica e do pensamento crítico. Abel Prieto, presidente da União de Escritores e Artistas de Cuba (Uneac) e membro do Politburo, declarou que a "arte crítica" é indispensável para a revolução e caracterizou o discurso de Raúl como uma "autocrítica" visto que se dirigia aos órgãos do partido. "Não haverá nova censura, tampouco retornaremos aos anos 1970 com seu realismo socialista e sua caça às bruxas", anunciou Prieto. "A arte crítica e o debate político são indispensáveis para manter a coesão de intelectuais cubanos em torno da revolução", continuou ele.[66]

Alfredo Guevara, diretor do instituto de cinema de Cuba (Icaic), também respondeu implicitamente ao discurso de Raúl em seu elogio a Tomás Gutiérrez Alea, diretor de *Morango e chocolate* – um filme que faz uma crítica explícita à atmosfera intelectual fechada dos anos 1970. "Ele foi um revolucionário difícil e isso fazia dele ainda mais revolucionário", afirmou Guevara. "Os tolos não são revolucionários, muito menos os que acreditam ser."[67]

O ministro da Cultura Armando Hart fez declarações atenuando – ou elaborando – as palavras de Raúl na apresentação da edição seguinte da revista *Contracorriente* da Uneac, afirmando que o Ministério da Cultura deve "garantir um espaço para o diálogo sobre as complexidades da sociedade".[68]

Uma nova edição da *Temas*, uma revista com a qual membros do CEA haviam colaborado de perto, também foi publicada tranquilamente depois do discurso de Raúl. A edição incluía o ensaio do pesquisador da CEA Azcuy Henriquez – que sofreu um ataque cardíaco fatal no dia seguinte ao discurso – sobre a natureza da "sociedade civil" em Cuba. A publicação livre de *Temas* levou alguns a crerem que o discurso de Raúl não deveria ser visto como um sinal de um novo cerceamento intelectual em Cuba.

Alguns analistas interpretam o discurso de Raúl como um chamado ao debate crítico, e não como uma tentativa de silenciá-lo. Raúl teria apresentado sua crítica à CEA no contexto de uma crítica mais ampla ao impacto das reformas do Período Especial. Segundo esses analistas, ao se focar em aspectos da abertura econômica que não tinham sido admitidos oficialmente nem discutidos abertamente até então – aspectos como prostituição, desigualdade e corrupção –, o discurso abriria certo espaço para o debate público sobre essas questões.[69]

8. Cuba no século XXI

O discurso de Raúl havia criticado os "novos-ricos" – fazendeiros, trabalhadores autônomos e intermediários que se haviam beneficiado excessivamente das aberturas econômicas, bem como aqueles que recebiam dinheiro do exterior. "Precisamos lutar obstinadamente para garantir que eles sigam as leis de maneira rigorosa e paguem o imposto progressivo sobre seus ganhos", declarou ele. Ele também admitiu a existência da onda de desemprego, que aumentava a desigualdade econômica.[1]

Esse discurso e as políticas que se seguiram a ele marcaram uma resposta ao descontentamento popular contra algumas das distorções econômicas introduzidas pelas reformas do Período Especial. O avanço rumo ao chamado "livre" mercado seria controlado. A maioria dos analistas considera que as aberturas econômicas perderam a velocidade ou até se reverteram na segunda metade da década de 1990. O Período Especial continuou na primeira década do século XXI, mas se transmutou no que o governo cubano denominou *estrategia de perfeccionamiento* – ou seja, aperfeiçoamento, no lugar de uma experimentação drástica. O *perfeccionamiento* se tornou uma recentralização completa em 2003.

No verão de 2006, Fidel Castro, então com 79 anos, anunciou que, em virtude de sua doença, estava cedendo temporariamente a presidência a seu irmão Raúl. Em fevereiro de 2008, ele declarou que não tentaria a reeleição quando seu mandato expirasse alguns dias depois. A Assembleia Nacional elegeu Raúl Castro por unanimidade para suceder Fidel como presidente. A presidência de Raúl voltou a oscilar na direção de reformas de mercado e maiores aberturas políticas que continuaram firmes 2014 adentro.

As aberturas da política de mercado, tanto as do início dos anos 1990 como as que aconteceram depois de 2006, tentaram pôr fim à burocracia e às ineficiências do setor estatal. Mas também trouxeram consigo outros problemas, conhecidos por todos que vivem num mundo capitalista, mas que ali foram exacerbados pela pobreza generalizada do país, e entraram em choque com o fato de a legitimidade da revolução ser baseada na vitória sobre os problemas do desemprego, do consumismo e da desigualdade social e econômica. Muitas das medidas de recentralização tinham o objetivo de restringir aspectos da abertura econômica que haviam aberto as portas para esses problemas sociais. Porém, como esses males sociais eram, em certo sentido, inerentes à própria abertura econômica, ficava difícil atacar apenas os efeitos indesejáveis da abertura. A regulação e a taxação mais rígida de pequenas empresas e trabalhadores autônomos, por exemplo, tiveram o efeito de levar alguns para o mercado negro e outros a simplesmente fecharem as portas. Por isso, as reaberturas de mercado após 2006 tentaram recriar um equilíbrio que, ao mesmo tempo, manteria o socialismo cubano e também aumentaria a produtividade e atrairia o investimento estrangeiro. Dessa vez, porém, as medidas foram apresentadas como permanentes, ao contrário das medidas emergenciais e provisórias introduzidas nos anos 1990. Quando Fidel Castro passou a tocha da liderança ao irmão Raúl, os cubanos começaram a falar sobre um "novo modelo" ou até mesmo de uma "transição".[2]

Do *perfeccionamiento* à recentralização

Se muitas das reformas de 1993 a 1996 foram na direção da abertura de mercado, o que se viu no período após 1996 e, especialmente, de 2003 a 2006 foi uma tentativa de restringir e reverter algumas dessas reformas. Carmelo Mesa-Lago descreveu o período a partir de 2003 como de "medidas de recentralização drástica na tomada de decisões econômicas e maior redução do já pequeno setor privado".[3] Se o ritmo das reformas diminuiu após 1996, elas foram efetivamente revertidas em 2005, naquilo que Jorge Pérez-López denominou "rectification redux", ou seja, uma retificação restaurativa.[4] "Se definido como um período de reforma e experimentação de programas", escreveu ele em 2006, "o período especial chegou ao fim."[5] Mal sabia ele que muitas outras mudanças drásticas estavam por vir.

Como parte da recentralização, os criadores da abertura de mercado foram removidos do Gabinete Cubano. O ministro da economia e do planejamento, o ministro das finanças e dos preços, e o ministro da indústria básica, todos os quais estiveram envolvidos nas primeiras reformas, foram substituídos entre 2003 e 2004.[6] Os novos ministros começaram a instaurar um maior controle governamental sobre as mudanças caóticas do Período Especial.

Um exemplo da recentralização foi a desdolarização, que possibilitou que o governo assumisse um maior controle da oferta monetária. No fim de 2003, o governo introduziu o "peso conversível". Os cubanos ainda podiam ter posse de dólares – mas não poderiam gastá-los. Agora precisariam trocá-los por pesos conversíveis, que passaram a ser a única moeda aceita nas lojas de moeda forte de Cuba. As lojas de dólar se tornaram "lojas de peso conversível". Em maio de 2004, os preços nas lojas de peso conversível foram aumentados entre 10% e 35%, ao passo que, em junho de 2004, os salários em peso receberam aumentos. Todas essas medidas serviram como uma espécie de taxação aos proprietários de dólares – aqueles que se haviam beneficiado das aberturas econômicas – a quem se exigia que subsidiassem a economia socialista do peso. Outra série de regulações buscou desfazer os privilégios que os trabalhadores na economia turística haviam alcançado. Em janeiro de 2005, os trabalhadores do setor turístico foram proibidos de receber presentes, aceitar convites e acessar uma variedade de outros benefícios dos estrangeiros com quem trabalhavam. Os críticos chamaram essas medidas de "draconianas".[7] Ao mesmo tempo, porém, até mesmo os mais céticos pareciam concordar com o governo cubano no sentido de que

> há denúncias de que a corrupção em empresas estatais, particularmente nas que operam com moedas fortes no setor de turismo, esteja fora do controle. Entre as práticas corruptas aparentemente comuns na indústria turística estão aceitar comissões de executivos estrangeiros, nepotismo, venda de empregos e mal uso de carros, contas de despesa e viagens oficiais.[8]

Novas restrições e taxas impuseram mais controles sobre os autônomos e as pequenas empresas como os *paladares*. Enquanto muitos países latino-americanos começaram, nos anos 1990, a repensar os programas de ajuste estrutural que privilegiavam os mercados e os investidores estrangeiros, Javier Corrales observou, com tristeza, que poucos além de Cuba "tiveram uma política franca de penalizar os vencedores da reforma".[9] O número de autônomos caiu de 208.500 em 1996 para apenas 149.990 em 2004, e continuou a cair com o aumento das restrições e taxações.[10]

Os economistas que defendiam o modelo de ajuste estrutural criticaram o refreamento das políticas de mercado ao fim dos anos 1990. Jorge F. Pérez-López chamou a nova direção de "retorno da ideologia".[11] Corrales se queixou de que

> as reformas econômicas desiguais serviram para iludir – de fato, ludibriar completamente – os setores

> que, no início dos anos 1990, estavam pressionando por uma abertura política e econômica profunda. As reformas permitiram que o Estado desse a impressão de que o regime estava se aproximando do mercado – o tipo de sinal necessário para aplacar as pressões vindas dos defensores das reformas – sendo que, na realidade, o governo nunca pretendeu seguir esse caminho.

O não avanço de Cuba significava que as políticas do Período Especial não teriam passado de um "estatismo sorrateiro" ou da "simulação de reformas de mercado".[12]

A última grande iniciativa política de Fidel Castro, a "Batalha de Ideias" lançada logo depois da crise Elián Gonzáles em 2000, apresentou uma contraposição política e social à recentralização. A Batalha de Ideias tentou reviver um espírito de voluntarismo, aproveitando-se da enorme mobilização política pelo retorno de Elián e se ligando a um gigantesco movimento rumo à revitalização de um socialismo para o século XXI. Ela destacou a relação de Cuba com a Revolução Bolivariana de Hugo Chávez na Venezuela – que alguns afirmavam ter vindo substituir a URSS como base da economia cubana – para reengajar uma geração mais jovem cada vez menos afetada pela ideologia revolucionária.

A campanha criou dezenas de programas novos para mobilizar os jovens a assumir setores estatais com pouco financiamento e excesso de burocracia que estavam cedendo sob o peso das reformas de mercado do Período Especial. Jovens treinados às pressas foram colocados em escolas, centros de saúde e outros serviços sociais. Eles trabalharam diretamente sob o comando de Fidel, ignorando as burocracias do partido e do governo. Uma peça central da batalha foi a educação, incluindo um esforço para reduzir o tamanho das salas de aula e trazer mais estudantes de todas as idades para o sistema. Nem todos se deixaram convencer pelo maior uso de tecnologia – computadores, televisões e videocassetes pareciam estar substituindo professores experientes. Novos núcleos de "professores emergentes" foram colocados às pressas na sala de aula, muitas vezes sem o treinamento adequado.[13]

Com resultados um pouco melhores, os novos grupos de jovens foram mobilizados a organizar o "Ano da Revolução Energética" de 2006. A "revolução" buscou solucionar os cortes e blecautes recorrentes que vinham afligindo o país desde 1989, quando perdeu o fornecimento de petróleo soviético. O objetivo era melhorar a infraestrutura energética e, ao mesmo tempo, aumentar a eficiência e reduzir o uso como um todo. Assim como iniciativas anteriores desde a Campanha de Alfabetização de 1961, a revolução energética convocou a participação e a mobilização popular em grande escala para atingir essa grande mudança.[14] Outdoors ambientalistas aconselhavam os cubanos a economizarem energia. O governo distribuiu aparelhos econômicos, desde lâmpadas e panelas de pressão a fogões e geladeiras. Archibald Ritter explicou que o

> presidente Castro tratou a questão energética com uma campanha microgerida e quase militar (...). A vantagem desse método, inserido numa economia planificada, é que consistiu em ações rápidas e simples. No entanto, os pontos fracos são os mesmos da economia planificada: passou por cima da tomada de decisões da população com base nos seus próprios interesses, não teve a oportunidade de aprender gradualmente pela prática, e teve muitos erros.[15]

A jornalista e acadêmica chilena Monica González García descreveu a entrega de refrigeradores num bairro de Havana.

> Um megafone me acordou e fui correndo até a porta. Toda a vizinhança – crianças, adultos e avós – estava reunida em torno de um senhor gritando:

> "¡Compañeros! ¡Compañeros! Pedimos que todos os homens no quarteirão cooperem com a nova missão de nossa Revolução Energética!" (...). Daquele momento em diante, nenhuma porta se fechou até o fim da tarde, quando a tarefa estava cumprida.[16]

Os grupos de jovens lideraram outras mudanças no final de 2005 que impuseram maior controle ao mercado. Em 17 de outubro, eles assumiram o controle dos postos de gasolina. Os gerentes dos postos, acusou Castro, vinham surrupiando os estoques e vendendo gasolina ilegalmente, embolsando os lucros. No mesmo dia, o exército foi colocado no comando do Porto de Havana – também para combater a corrupção. Em novembro, a polícia invadiu mercados agrícolas, na tentativa de prender agricultores que estavam vendendo hortifrútis sem antes cumprir suas obrigações com o Estado. No final do mesmo mês, o alvo foram as bicitáxis ilegais.[17] Estas últimas ações atacaram atividades que, embora ilegais, eram comuns e toleradas até então.

Desilusão

Embora seja difícil medir os resultados associados às reformas econômicas – em parte porque o país mudou seu método de cálculo do crescimento econômico e de outras estatísticas em 2003 –, uma coisa ficou clara: a população de Cuba não foi igualmente beneficiada. Uma pesquisa em Havana em 2000 mostrou que 77% da população tinha "renda insuficiente para cobrir suas despesas diárias";[18] 42% dos cubanos pesquisados em 2007 e 43% em 2008 acreditavam que os baixos salários e o alto custo de vida eram os maiores problemas enfrentados pelo país.[19]

Gerações mais antigas de cubanos lembravam de Cuba antes da revolução, e da rapidez da mudança social e crescimento das possibilidades dos anos 1960 ou da relativa estabilidade material das décadas de 1970 e 1980. Essa bagagem concedia às mudanças dos anos 1990 e começo dos anos 2000 um caráter triste e até mesmo angustiante. Para aqueles que atingiram a maioridade no Período Especial dos anos 1990 essas décadas anteriores pareciam um sonho distante.

Tanto os que viveram as experiências como os que aprenderam sobre elas na escola precisavam enfrentar realidades contemporâneas que não faziam jus aos sonhos revolucionários. A revolução pretendia trazer igualdade – mas o que estava visível na década de 1990 era uma desigualdade crescente. A revolução pretendia pôr fim à dependência econômica nacional e às relações neocoloniais, mas os anos 1990 trouxeram um influxo renovado de turistas e investimentos estrangeiros, agora anunciados como a salvação de Cuba. A revolução pretendia criar oportunidades para que o povo cubano vencesse o subdesenvolvimento, mas, nos anos 1990, os empregos e oportunidades só pareciam existir no exterior.

A geração 1990 também foi muito exposta a um materialismo e ao ceticismo da cultura jovem global que não haviam tocado gerações anteriores – tanto em função das mudanças na natureza dessa cultura como porque as novas tecnologias estavam criando grandes avanços na conectividade global. Nos anos 1960, John Lennon havia desafiado os jovens do mundo com o verso "*imagine no possessions*" [imagine não haver posses]. Nos anos 1990, a afirmação de Madonna "*we are living in a material world (...). The boy with cold hard cash is always Mr. Right*" [estamos vivendo num mundo material (...). O rapaz com dinheiro vivo está sempre certo] ressoava melhor para os jovens cubanos.

A blogueira cubana Yoani Sánchez descreveu uma "geração Y" em seu país, referindo-se não apenas à ideia norte-americana de uma "geração X" mas também à popularidade de nomes, como o dela própria, começando com a letra Y: "Yanisleidi, Yoandri, Yusimí, Yuniesky". (Em Cuba, assim como em outras partes da América Latina e especialmente do Caribe, houve uma forte tendência de inventar nomes novos com o enfraquecimento da influência da Igreja Católica e da prática de dar nomes bíblicos aos filhos no final do século XX.) Essa geração, escreve ela, "nasceu em Cuba nos anos 1970 e 1980, marcada por escolas nas áreas rurais, desenhos russos, emigração ilegal e frustração". Sánchez escreve com um ceticismo sofisticado que os leitores norte-americanos e europeus acharam irresistível, e ela recebeu elogios da *Time Magazine*, da Foreign Policy e de Barack Obama nos Estados Unidos, bem como do *El País* na Espanha, por suas críticas cortantes ao cotidiano no Período Especial cubano.

Retornei a Cuba para uma visita no verão de 2008, pouco depois que Raúl assumiu formalmente as rédeas do poder. Fui pega de surpresa por três coisas em particular.

Como toda a minha experiência pessoal em Cuba foi a partir da crise econômica iniciada em 1991, sempre pergunto para as pessoas: "Como está a situação?". Dessa vez, a primeira resposta que as pessoas me deram foi sobre o transporte: melhorou muito. Os novos ônibus chineses eram confortáveis e eficientes. Pode parecer trivial, mas fez uma enorme diferença no cotidiano de Havana, uma cidade tão espalhada.

Em um aspecto menos positivo, as pessoas indicaram que os sistemas de saúde e educação, há tanto alardeados como os maiores sucessos da revolução, estavam mais fracos. Como o Estado se tornou menos capaz de garantir um trabalho gratificante ou até mesmo a subsistência aos mais qualificados, alunos e professores estavam abandonando o ideal da educação e largando os estudos. O programa da "Batalha de Ideias" para treinar professores às pressas e colocá-los rapidamente nas escolas só piorou a situação do sistema: os novos professores simplesmente não eram qualificados.

A saúde também estava sofrendo. Consultórios de médicos familiares ficaram vazios quando dezenas de milhares de médicos foram exportados para a Venezuela e para outros países a fim de trazerem de volta a tão necessária moeda estrangeira. Em abril de 2008, Raúl Castro anunciou reformas que consolidariam o sistema de médicos familiares, fechando consultórios vazios e responsabilizando os consultórios restantes por mais pessoas, e também enviando mais estudantes de medicina para residências com médicos comunitários.

Em um relatório de agosto de 2009, a Anistia Internacional documentou outros obstáculos que o sistema de saúde de Cuba enfrentava. O mais crítico dentre eles era o embargo norte-americano. "As restrições impostas ao comércio e ao financiamento, com seus aspectos extraterritoriais, limitam fortemente a capacidade de Cuba de importar remédios, equipamentos médicos e as tecnologias mais modernas, algumas das quais são básicas para tratar doenças fatais e manter os programas de saúde pública de Cuba", concluiu a Anistia.[20]

Também inquietantes para mim foram os comentários de um casal de velhos amigos na casa dos 60 anos. Ambos são profissionais liberais, livres-pensadores formados pela revolução e profundamente engajados nela, que trabalham em áreas que os fazem repensar continuamente as formas de promover justiça social e desenvolvimento econômico. A única filha deles, também muito esclarecida e motivada, casou-se desde a última vez que os vi. Ela conheceu o marido, um espanhol, no trabalho, quando ele estava numa viagem de negócios em Havana. Eles e seu filhinho moram agora na Espanha.

"Nós nos chamamos de geração de pais órfãos", afirmaram meus amigos. "Todos os nossos amigos estão na mesma situação. Seus filhos trabalharam duro, se formaram – e agora não existem oportunidades para eles aqui. O que minha filha teria feito se tivesse ficado? A luta diária, esperando que a gente morresse para ficarem com nosso apartamento?"

Cuba após Fidel: Uma nova era?

Raúl Castro assumiu o comando diante de um panorama econômico difícil. A recessão global, iniciada em 2008, afetou as remessas (embora esse setor tenha se recuperado rapidamente) e o turismo, e derrubou os preços do açúcar e do níquel, os principais produtos exportados por Cuba. Uma série de desastres naturais agravou a crise.

Cuba foi atingida por cinco furacões entre 2000 e 2005. Charley e Ivan, em 2004, causaram um prejuízo de US$2,15 bilhões. Em 2008, os furacões Ike e Gustav, em menos de duas semanas, causaram "os piores danos provocados por intempéries na história de Cuba" (cerca de US$5 bilhões em perdas); em 2012, o furacão Sandy devastou a segunda maior cidade da ilha, Santiago.[21] Várias secas entre 2003 e 2004 e, depois, de 2008 a 2011 abalaram ainda mais as esperanças de recuperação agrícola e econômica.

Nos primeiros meses de Raúl no poder, ele propôs várias medidas econômicas e políticas que geraram muitas discussões dentro e fora do país. A Batalha de Ideias chegou a um fim definitivo e foi desmontada discretamente. Uma série de reformas tentou estimular a produção agrícola oferecendo incentivos a pequenos lavradores, incluindo o arrendamento de terras estatais para agricultores privados e o aumento dos preços estatais para produtos agrícolas. Desenvolver a agricultura para reduzir a dependência de produtos importados, argumentou Raúl, era uma questão de segurança nacional.[22]

Outras reformas se focaram em restrições políticas e sociais. O acesso a computadores, gravadores de vídeo e celulares foi liberado, e os cubanos passaram a ser admitidos nos hotéis turísticos.

Raúl convidou os cubanos a discutirem abertamente os problemas econômicos e políticos do país. "Fidel não pode ser substituído a menos que todos o substituamos juntos", ele discursou a estudantes universitários, indicando o que muitos cubanos viram como uma passagem de um estilo menos personalista para um mais coletivista de liderança.[23] No início de 2009, renovou o gabinete mais uma vez, criando o que o jornalista Marc Frank chamou de "mudança sísmica na paisagem política" e, talvez mais importante, indicando Marino Alberto Murillo Jorge como ministro da economia e do planejamento. Murillo ficaria conhecido como o "czar econômico" de Cuba, supervisionando uma mudança definitiva rumo a novas aberturas de mercado.[24]

No fim de 2010, Raúl anunciou que 500 mil funcionários públicos – quase um décimo da força de trabalho cubana – seriam demitidos ao longo dos meses seguintes. Os cubanos foram aconselhados a se aproveitar das novas aberturas para o trabalho autônomo e para as pequenas empresas. Embora o ritmo das demissões tenha acabado mais lento do que o proposto inicialmente, no início de 2014, cerca de 600 mil empregos no setor público tinham sido cortados.[25] Enquanto isso, o trabalho autônomo crescia e era legalizado em cada vez mais áreas. Algumas restrições, como sobre o tamanho dos estabelecimentos comerciais e a contratação de funcionários, foram abrandadas.

No entanto, como a revista *Time* apontou, "motoristas e barbeiros não fazem uma economia".[26] Além disso, não bastassem as antigas restrições aos tipos de empresas que as pessoas poderiam abrir, futuros empreendedores, assim como nos anos 1990, ainda enfrentavam enormes obstáculos para ter acesso às matérias-primas de que necessitavam. "Os trabalhadores autônomos normalmente obtêm matérias-primas através mercado negro, o qual, por sua vez, é abastecido em grande parte por roubos do setor público", explicaram Díaz-Briquets e Pérez-López. Eles citaram um exemplo apresentado por Ana Julia Jatar-Hausmann, que descreveu como Jorge, um sapateiro autônomo, fugiu da pergunta sobre onde comprava seus equipamentos e ferramentas. "É, de fato, uma pergunta boba", explicou Jatar-Hausmann:

> Todo mundo sabe que não existem livres mercados para nenhum dos instrumentos usados por Jorge, como tampouco existem matérias-primas para a maioria dos produtos fabricados pelos artesãos. Ou eles os tiram de seus locais de trabalho (em outras palavras, roubam) ou compram no mercado negro. De onde vêm os produtos no mercado negro? De outros

> trabalhadores que fazem o mesmo. Todo mundo rouba em Cuba para sobreviver.[27]

Outras reformas voltadas ao mercado vieram na sequência. Uma nova lei de propriedade em 2011 permitiu que os cubanos comprassem e vendessem imóveis pela primeira vez em décadas. Como era de se esperar, as reações foram mistas. O sociólogo Ted Henken celebrou a mudança, explicando que "Com um mercado imobiliário, as pessoas de repente passaram a ter certa riqueza, o que é uma das bases de uma economia geradora de atividade". Um morador de Havana comentou um ponto negativo: "O que acontece se eu vender minha casa e depois não achar outra para comprar? Onde vou dormir?". O ex-diretor de urbanismo e arquitetura de Havana, Mario Coyula, temeu que diferenças de classe fossem exacerbadas quando o dinheiro passasse a determinar opções de moradia.[28]

O Sexto Congresso do Partido, realizado em 2011, publicou uma nova série de diretrizes, ou *lineamientos*, para o país, priorizando as reformas de mercado e a descentralização, e deixando claro que a era do governo de um homem só estava terminada. No plano político, os *lineamientos* pediram um limite de dois mandatos de cinco anos cada para os cargos de mais alto poder político em Cuba. Isso significava que Raúl Castro teria de ceder o poder até no máximo 2018 – o que ele depois confirmou ser sua intenção. A participação popular na preparação dos *lineamientos* foi à moda cubana: encontros e discussões nacionais de massa precederam o congresso para discutir as propostas antes que elas fossem finalizadas e aprovadas.

O impulso reformista continuou com a implantação dos *lineamientos*. Em 2013, a lei de migração de Cuba sofreu alterações para permitir que os cidadãos viajassem ao exterior sem a necessidade de obter um visto de saída. Assim como a maioria dos latino-americanos de baixa renda, porém, apenas os cubanos que tinham alguém no exterior para pagar suas despesas de viagem poderiam realmente aproveitar essa oportunidade. (Assim como muitos latino-americanos, muitos cubanos tinham parentes que podiam ajudá-los.)

Uma nova Zona de Processamento de Exportação foi inaugurada no Porto de Mariel, oferecendo baixos impostos e importações com isenção de direitos aduaneiros a investidores. O governo pretendia que a zona criasse oportunidade de emprego para os muitos trabalhadores demitidos do setor público. O Estado também planejava lucrar diretamente: assim como as antigas empresas estrangeiras, as novas pagariam salários em dólar ao Estado, o qual, por sua vez, contrataria os trabalhadores e pagaria seus salários em pesos, embolsando a diferença. Críticos argumentaram que esse "imposto oculto" tornaria os salários tão altos a ponto de não serem competitivos, o que inibiria os investidores –, além de violar as regulações da Organização Internacional do Trabalho sobre a proteção de salários.[29]

No início de 2014, foi aberto o mercado de automóveis. As estradas de Cuba eram ocupadas por carros norte-americanos de antes de 1959, renovados, bem cuidados e bem rodados, e Ladas soviéticos, que eram destinados principalmente para aqueles em profissões prioritárias, como os médicos. Uma reforma de 2011 permitiu que os indivíduos comprassem e vendessem esses carros, mas ainda precisavam de autorização do governo para comprar um carro novo. Com a lei de 2014, todos poderiam comprar um carro novo e importado nos novos mercados geridos pelo Estado – desde que tivessem dinheiro. Os preços eram convertidos em pesos (CUC) e eram até quatro vezes maiores do que nos Estados Unidos. Como a maioria dos cubanos recebia em moeda cubana, a maioria só tinha condições para olhar os produtos novos e importados.

Outro problema que os *lineamientos* confrontaram era a moeda dupla e a dupla taxa de câmbio. Enquanto os indivíduos podiam trocar pesos por CUCs a uma taxa de 24-1, a taxa para as empresas era de 1-1.

Além de serem simplesmente complicadas e confusas, as taxas duplas criaram vencedores e perdedores. Em alguns casos, o governo usava a taxa dupla propositalmente para beneficiar determinados setores; em outros, criava obstáculos arbitrários.

A taxa de câmbio de 1-1 funcionou bem para as empresas estatais que estavam importando itens básicos, como comida e medicamentos, e manteve esses itens baratos para os consumidores na economia do peso. Ela era cara para os investidores estrangeiros que precisavam usar seus dólares na taxa de 1-1 para comprar insumos locais ou que queriam vender para a população local. A taxa também prejudicou empresas estatais que produziam para exportação, as quais só recebiam um peso cubano para cada dólar vendido dos bens exportados. Além disso, aumentou a dificuldade para os produtores locais competirem com produtos importados que eram, essencialmente, subsidiados.[30]

A taxa de câmbio dupla também justificou o sistema previamente mencionado, em vigor desde os anos 1990, no qual empresas estrangeiras pagavam os salários dos funcionários em dólares para o governo – que então pagava os funcionários em pesos (na taxa de 1-1). Essa medida, assim como outros aspectos do sistema de moeda dupla, criou "taxas e subsídios disfarçados", que complicaram e encareceram a produção em Cuba.[31] No fim de 2013, o governo anunciou que a unificação da moeda e da taxa de câmbio estava a caminho e, no início de 2014, as empresas estatais estavam sendo preparadas para passar a um sistema tivesse como base apenas o peso. Até o fim de 2014, foram liberados poucos detalhes sobre como a mudança seria implantada.

Um setor que pareceu manter-se em atividade plena e constante mesmo com a recessão global e as reformas foi o das remessas, vindas, sobretudo, dos Estados Unidos. Em 2013, os cubanos recebiam mais de 5 bilhões de dólares em remessas – mais do que foi ganho pelas quatro fontes seguintes de moeda forte (turismo, e exportações de níquel, farmacêuticos e açúcar) combinadas. Metade desse valor era em dinheiro e a outra metade em bens. Mais de 60% das famílias cubanas recebiam remessas e essa renda sustentava 90% dos mercados de varejo.[32]

No entanto, um levantamento em Havana em 2013 mostrou que 48% da população descrevia sua situação econômica como "ruim" ou "muito ruim".[33] Apesar das reformas no setor agrícola, a ilha ainda importava 60% de seus alimentos em 2013, a um custo de US$2 bilhões por ano.[34]

Sociedade civil no novo século

A ambiguidade do Estado em relação a organizações independentes foi exemplificada pelas fortes sanções ao CEA e à Magín. No entanto, o final dos anos 1990 viu um certo crescimento súbito em novas formas de organizações e produção intelectual e artística. Algumas entidades patrocinadas pelo governo, como instituições de pesquisa, se tornaram ONGs independentes. Outras ONGs tinham origens independentes ou origens em diferentes entidades religiosas, e atuavam com a aprovação do governo. Além delas, havia organizações ilegais, que se identificavam claramente com a oposição ao governo cubano e não tinham buscado ou conseguido se legalizar.

Na área de gênero e sexualidade, o novo século presenciou avanços significativos. O Centro Nacional de Educação Sexual (CENESEX), fundado nos anos 1970, vinha há tempos sendo uma voz progressista na luta para "derrubar preconceitos e tabus tradicionais sobre sexualidade".[35] Sob a direção da filha de Raúl Castro e célebre sexóloga Mariela Castro desde 2000, o centro foi pioneiro em campanhas como a "Diversidade é a norma", o direito de operações de mudança de sexo sob o sistema de saúde nacional de Cuba, aprovado em 2008 e colocado em vigor em 2010, e a participação ativa nas celebrações do Dia Internacional contra a Homofobia desde 2008. Até meados de 2014, porém, o governo ainda não tinha apresentado propostas para o direito de casamento igualitário.

As organizações religiosas aproveitaram os novos espaços abertos no fim do século XX. A Constituição de 1992 de Cuba removeu o trecho que definia o Estado como ateu, redefinindo o país como um Estado secular, e proibindo a discriminação contra fiéis e praticantes religiosos. Somadas a outros avanços, essas mudanças geraram uma expansão na prática e na presença religiosa.

A Igreja Católica ganhou mais autonomia e poder como instituição durante o Período Especial. Ela era uma das poucas entidades com infraestrutura e contatos internacionais suficientes para remediar algumas das carências criadas pela crise econômica. Em certos aspectos, a crise econômica também gerou uma crise de fé e houve quem recorresse à Igreja em busca de respostas.

Em 1992, o governo aprovou a instalação da Caritas Cuba. A Caritas, uma organização católica internacional de assistência com sede em Roma, atua em todo o mundo – mas antes era proibida em Cuba, uma vez que o Estado não queria concorrentes na provisão do bem-estar social.[36] Em 1993, a norte-americana Catholic Relief Services [Serviços de Assistência Católica] iniciou um projeto para apoiar a Caritas Cuba e, até 2008, tinha enviado US$27 milhões em suprimentos de assistência.[37] A decisão do papa João Paulo II de visitar Cuba em 1998 e sua recepção oficial calorosa revelaram aspectos de uma mudança tanto na Igreja como em Cuba.

As relações mais amigáveis entre a Igreja e o governo continuaram sob o comando de Raúl Castro. Uma segunda visita papal aconteceu em 2012, do papa mais abertamente anticomunista Bento XVI. Embora condenasse a ideologia marxista e pedisse uma "transição pacífica" em Cuba, ele também criticou o embargo norte-americano e destacou que a nova Cuba deveria ser "fraternal e justa" – parecendo ecoar a mesma linguagem que os líderes cubanos haviam empregado historicamente para defender o socialismo.[38] O novo papa Francisco fez um discurso incisivo no fim de 2013 contra as teorias econômicas que acreditam bastar os livres mercados para promover a justiça social, apoiando implicitamente as tentativas latino-

-americanas do século XXI de fortalecer a intervenção governamental e até o socialismo.[39]

As religiões afro-cubanas passaram por um tipo diferente de abertura política nos anos 1990. Como não têm uma organização central e tampouco uma hierarquia ou coleta de dados institucional, é mais difícil medir o crescimento na prática religiosa. Mas a Santería, em particular, se expandiu como prática e como atração turística. Nos primeiros dias da revolução, o governo promoveu esforços para apoiar e validar as formas culturais afro-cubanas. Nos anos 1990, os praticantes perceberam que a Santería também poderia ser uma fonte de renda. Alguns *santeros* se tornaram "entertainers" e buscaram vender a experiência religiosa afro-cubana para visitantes do exterior.[40] Muitos cubanos lamentam o que o músico e pesquisador Rogelio Martinez Furé denominou "autoexotismo" ou "*jineterismo cultural*" – a prostituição da própria cultura em troca de dólares.[41]

O cinema cubano cresceu em novos sentidos sob as restrições econômicas que começaram na década de 1990. Com a menor capacidade do governo de financiar a produção cinematográfica, cineastas experientes e iniciantes foram obrigados a procurar patrocínio no exterior. Essa nova dependência no mercado, no lugar do Estado, trouxe oportunidades e dificuldades. Sujatha Fernandes aponta, por exemplo, que "a questão da homossexualidade e da espiritualidade afro-cubana são consideradas especialmente atraentes para públicos internacionais, dado o interesse pela 'diferença' como mercadoria comercializável".[42] Isso significou que temas antes secundários agora poderiam ser explorados. Embora a dependência ao mercado pudesse impor suas próprias demandas e limitações à liberdade e à imaginação artísticas, coproduções dos anos 1990 e 2000 copatrocinadas por fontes estrangeiras, como *Guantanamera* (Tomás Gutiérrez Alea e Juan Carlos Tabío, 1995), *La vida es silbar* (Fernando Pérez, 1998), *Lista de espera* (Juan Carlos Tabío, 2000), *Suite Habana* (Fernando Pérez, 2003), *Habana Blues* (Benito Zambrano, 2005),

Memorias del desarrollo (Miguel Coyula, 2010) e *7 dias em Havana* (Benicio del Toro, entre outros, 2012), receberam elogios da crítica dentro e fora da ilha. Com a redução do financiamento europeu depois da recessão de 2008, os sempre ativos cineastas cubanos recorreram ao financiamento coletivo, até empresas como PayPal e Indiegogo suspenderem seus contatos em Cuba sob ameaças do Departamento do Tesouro por violação do embargo.[43]

Enquanto isso, aqueles que Ann Marie Stock chamou de "cineastas de rua" também despontaram no Período Especial. Com o uso de tecnologias baratas e leves como câmeras de vídeo manuais, e praticado por jovens aspirantes a cineastas fora do ICAIC, um gênero inteiramente novo de cinema cubano se desenvolveu. "Por necessidade, trabalhando com orçamentos limitados e sem a infraestrutura da indústria, essa geração se tornou adepta do *resolviendo* e *inventando*", explica Stock. A maioria de seus filmes são curtas e muitos são documentários. Filhos do Período Especial, os novos cineastas "voltaram suas câmeras na direção das margens, para registrar as histórias dos desprovidos, aqueles que tinham sido deixados de lado pelo projeto socialista hegemônico de Cuba".[44]

Filmes como *Video de familia* (2001), de Humberto Padrón, ilustram algumas das inovações artísticas e políticas do gênero. Rodado de forma independente, o filme foi distribuído pelo ICAIC e ganhou diversos prêmios nacionais e internacionais. A história assume a forma de um cartão-postal em vídeo gravado por membros da família para o filho (ou irmão), que se mudou para Miami quatro anos antes. Enquanto a câmera roda, a conversa da família entra em discussões sobre raça, política, emigração, relações familiares, cotidiano e a inesperada revelação que a filha faz sobre a homossexualidade do irmão ausente.

Grande parte das organizações e projetos cubanos atuava dentro dos espaços para a sociedade civil delineados pela estrutura jurídica existente. Alguns forçaram os limites e buscaram mais mudanças fundamentais nas leis e nos sistemas econômicos e sociais de Cuba. Em 1998, Oswaldo Payá, do Movimento Cristão Libertação, fundou o Projeto Varela, coletando assinaturas, de acordo com a lei cubana, para um referendo que propusesse algumas mudanças fundamentais no sistema político cubano. O projeto pedia que os cubanos votassem em cinco questões: liberdade de expressão e associação; liberdade de imprensa; anistia para prisioneiros políticos; o direito dos cubanos de formar empresas; e mudanças nas leis eleitorais de Cuba.[45] O Projeto Varela se distanciou explicitamente de outras organizações "dissidentes" e do exílio, insistindo que atuava dentro da lei cubana, e que estava envolvido em meios legais e não violentos de mudança. A morte de Payá em um acidente automobilístico em 2012 o transformou numa espécie de mártir da causa dissidente.

No começo de 2003, o aumento da atividade dissidente – parte da qual ligada à Seção de Interesses dos EUA [U.S. Interests Section*] – coincidiu com uma série de tentativas armadas de sequestrar aviões e barcos que permitissem a viagem para a Flórida. Várias delas foram bem-sucedidas, mas as autoridades cubanas interceptaram uma tentativa de obrigar uma embarcação da Baía de Havana a ir para Miami, prendendo os responsáveis. Três homens foram presos e sentenciados à morte, gerando uma onda de protestos. Enquanto isso, 75 membros de organizações dissidentes também foram presos e sentenciados a até 28 anos de prisão, no que ficou chamado como "primavera negra".

Cerca de metade dos presos estava ligada ao Projeto Varela. Eles foram acusados e, logo na sequência, condenados por

---

* *Nota da edição brasileira: Em 1961, quando os EUA e Cuba romperam relações diplomáticas, o prédio onde funcionava a embaixada norte-americana foi ocupado oficialmente por diplomatas suíços que passaram a funcionar como intermediários entre os governos americanos e cubanos. O lugar mudou o nome para U.S. Interests Section [Seção de Interesses dos EUA], ainda que na prática tenha sido uma embaixada. Em 1977, com o relaxamento nas relações entre os dois países promovido por Jimmy Carter, o corpo diplomático norte-americano reocupou oficialmente as funções e o prédio, que, ainda assim, continuou não se chamando embaixada, mas U.S. Interests Section.*

aceitar apoio e financiamento de James Cason da Seção de Interesses dos EUA. Cason, segundo o ministro cubano das relações exteriores, tinha transformado a Seção de Interesses num "quartel de subversão contra Cuba" e estava usando sua condição diplomática para acobertar tentativas de derrubar o governo cubano. Membros do Projeto Varela eram usados por ele com ou sem seu consentimento. Ao trabalharem como agentes de um Estado estrangeiro dedicado a derrubar o governo de Cuba e ao colaborarem com a implementação da legislação Helms-Burton, eles estavam violando a lei cubana.[46]

Parentes dos presos se autodenominaram "Damas de Branco" e iniciaram protestos dominicais semelhantes aos realizados pelas Mães da Praça de Maio, da Argentina. Elas se reuniam numa igreja no bairro nobre de Miramar e caminhavam pela elegante Quinta Avenida. Esses protestos públicos eram raros na Cuba pós-revolucionária. Pela primeira vez em anos, as manifestantes não foram perturbadas, mas, quando alcançaram a notoriedade em março de 2010 – depois que um dissidente preso morreu de greve de fome –, elas foram recebidas por contraprotestos ou actos de repudio de apoiadores do governo. O cardeal cubano Jaime Ortega interveio e começou um processo de negociações com Raúl Castro que resultou não apenas na restauração da liberdade para as passeatas das Damas, mas também num acordo para a libertação dos prisioneiros. A maioria foi solta e se mudou para a Espanha em julho de 2010. Alguns anos depois, com a crise da economia espanhola e o fim de seus benefícios como refugiados, sua condição se tornou precária. Alguns voltaram a se mudar, dessa vez para os Estados Unidos.[47]

Revelações da WikiLeaks em 2011 confirmaram parte do que o governo cubano vinha há muito afirmando sobre esses e outros dissidentes. As Damas tinham, de fato, solicitado fundos dos Estados Unidos.[48] As organizações dissidentes, admitiu o diretor da Seção de Interesses dos EUA, pareciam mais interessadas em disputar umas com as outras por acesso aos fundos norte-americanos. "Temos pouquíssimas evidências de que as principais organizações dissidentes tenham muita repercussão entre os cubanos comuns", escreveu ele. "Pesquisas informais que realizamos entre candidatos a vistos e refúgios mostraram um conhecimento quase nulo sobre personalidades ou projetos dissidentes (...). Eles têm pouco acesso aos cubanos mais jovens e, quando conseguem transmitir sua mensagem, esta não tem nenhum apelo a esse segmento da sociedade."[49]

Um tipo diferente de protesto – este quase ignorado pelos Estados Unidos – surgiu entre intelectuais cubanos quando Luis Pavón Tamayo, criador do "pavonato" que caracterizou o *quinquenio gris* dos anos 1970, recebeu uma homenagem na televisão cubana em 2007. Naquela que ficou conhecida como "guerra de e-mails", escritores e artistas cubanos protestaram contra a tentativa de edulcorar o que tinha sido a pior era da censura cubana. Quando o ministro da cultura aceitou se encontrar com os manifestantes, eles exigiram – e receberam – um pedido de desculpas e uma retratação da rede de televisão estatal que havia exibido o programa. O jornalista norte-americano Marc Frank, um veterano correspondente no país, chamou esse acontecimento de "o protesto mais importante [realizado por intelectuais] durante a revolução" e concluiu que a reação do governo "revelou o quanto Cuba tinha mudado ao longo das décadas, bem como o poder da internet".[50]

Políticas norte-americanas: A era Bush

As políticas norte-americanas em relação a Cuba continuaram a combinar uma retórica rígida, atividades subversivas e poucas aberturas econômicas. James Cason, indicado pelo presidente Bush a diretor da Seção de Interesses dos EUA em Cuba, assumiu um papel ativo na promoção e no apoio a grupos de oposição na ilha. Suas atividades conseguiram aumentar a visibilidade internacional da oposição de Cuba. Mas também contribuíram para a onda de prisões em março de 2003. Os grupos dissidentes tinham sido infiltrados, e foram acusados de aceitar presentes e dinheiro de Cason e de outras organizações estrangeiras, além de fornecer informações com o objetivo claro de derrubar o governo de Cuba.

O embargo comercial foi aliviado em 2000, quando o Congresso dos Estados Unidos permitiu a venda de alimentos e quantidades limitadas de medicamentos. Em 2004, Cuba tinha passado a ser o terceiro maior recebedor de alimentos exportados dos Estados Unidos, que eram o principal fornecedor de alimentos para Cuba.[51] As prateleiras das lojas de dólar ficaram repletas de marcas norte-americanas. As exportações norte-americanas para Cuba aumentaram até 2008, chegando a mais de US$700 milhões. A partir de então, outras fontes, incluindo o Brasil e o Canadá, substituíram os Estados Unidos como principais parceiros da ilha e as exportações de alimentos norte-americanos para Cuba caíram para US$350 milhões em 2013.[52]

Embora o governo norte-americano aceitasse os pedidos de agricultores dos Estados Unidos de acesso ao mercado cubano, Bush dificultou as visitas de cubano-americanos a parentes em Cuba. Em meados de 2004, os Estados Unidos limitaram as visitas familiares a parentes imediatos a uma vez a cada três anos, além de restringir as remessas a membros familiares imediatos. A comunidade cubano-americana ficou, como era de se esperar, dividida em relação a essas medidas. Alguns imigrantes mais velhos tinham poucos laços familiares restantes em Cuba e suas posturas antirrevolucionárias continuavam tão virulentas como sempre foram. Para eles, as restrições às visitas familiares pareciam uma boa medida. Por outro lado, a maioria dos imigrantes pós-1980 e, especialmente, pós-1994 tinham laços familiares próximos e posturas políticas mais moderadas. Mesmo os que se consideravam contra o governo cubano viam as restrições como um ataque ao povo cubano, e não ao regime.

Em 2000, o candidato Bush recebeu 82% dos 450 mil votos cubano-americanos na Flórida. Em 2004, pouco depois da adoção das novas restrições, pesquisas mostraram que seu apoio tinha caído para entre 60% e 70%. Entre os cubanos nascidos nos Estados Unidos, apenas 32% apoiavam o presidente. "Nós, cubanos mais velhos, vivemos dentro do monstro e sabemos que precisamos continuar lutando contra o velho ditador. É isso que o presidente Bush planeja fazer", explicou um cubano mais velho, justificando seu apoio a Bush. "O presidente Bush está pedindo que escolhamos entre ideologia e família. É uma pergunta idiota. Não me faça escolher", rebateu um jovem anunciando que pretendia votar no candidato democrata John Kerry. Outro imigrante recente acrescentou, em 2008, "não penso nas pessoas de lá como peões a serem manipulados (...). Eles incluem meus pais. Incluem minha irmã. Sinto muito por eles. Não quero prejudicar o governo cubano se isso fizer mal a eles".[53]

Cuba, Venezuela e a ALBA

A eleição de Hugo Chávez na Venezuela em 1998 mudou bastante a dinâmica das relações interamericanas. Cuba nunca tinha sido tão isolada quanto sugeriam os governantes norte-americanos. No Terceiro Mundo e entre os países não alinhados, Cuba era uma liderança, ao passo que os Estados Unidos eram muitas vezes isolados; mesmo entre aliados dos Estados Unidos, nenhum seguiu o exemplo norte-americano de cortar relações com a ilha. Mesmo assim, Susan Eckstein pôde afirmar com razão, num capítulo intitulado "Da solidariedade comunista à solitária comunista" que, além de perder o bloco soviético, "Cuba nos anos 1990 também enfrentou dificuldades com seus vizinhos latino-americanos. Cuba perdeu aliados regionais quando uma intervenção norte-americana derrubou o general Manuel Noriega em dezembro de 1989* e quando os sandinistas foram derrotados nas eleições nicaraguenses de fevereiro de 1990".[54]

Pouco mais de uma década depois, eram claramente os Estados Unidos que tinham ficado isolados no hemisfério, quando partidos de esquerda ganharam eleições no Chile, no Brasil, na

Argentina e na Nicarágua, enquanto Hugo Chávez, na Venezuela, afirmava estar seguindo o exemplo cubano. No Equador e na Bolívia, vozes de inspiração indígena pelo "*buen vivir*" – um tipo de desenvolvimento econômico que incorporava os direitos da natureza e se opunha à ênfase no consumo – faziam uma contraparte aos economistas cubanos que afirmavam que o objetivo de bem-estar humano precisava transcender a priorização mesquinha no aumento do PIB.[55]

A Venezuela também tinha algo de que os cubanos precisavam desesperadamente: petróleo. Chávez assinou um pacto inicial de cinco anos para vender petróleo a Cuba a preços controlados – em parte em troca de serviços médicos, entre outros serviços – em 2000. O pacto foi estendido em dezembro de 2004, quando Chávez e Castro lançaram a Alternativa (posteriormente Aliança) Bolivariana para as Américas, um modelo socialista alternativo para a integração econômica das Américas. A ALBA se apresentou como rival direta da integração capitalista neoliberal proposta pelo presidente Bush na Área de Livre Comércio das Américas (ALCA). O pacto inicial expandiu o acordo de petróleo em troca de médicos entre Cuba e Venezuela: em troca de cerca de 100 mil barris de petróleo subsidiados por dia, Cuba forneceria 30 mil profissionais de saúde para o programa Barrio Adentro da Venezuela, além de treinar dezenas de milhares de venezuelanos nas escolas médicas de Cuba e na Venezuela. O Barrio Adentro segue o modelo cubano de oferecimento de serviços de saúde amplos, sem custo, em bairros pobres e periféricos. Em 2006, o programa foi expandido para incluir a Bolívia, onde a Venezuela financiou um programa para o envio de médicos e a

* *Nota da edição brasileira: aliado íntimo dos EUA, Noriega foi agente da CIA e participou de diversas ações sujas da agência, que envolveram atentados, assassinatos políticos e pesado tráfico de drogas. Em 1983, tornou-se ditador do Panamá, cargo que continuou acumulando com o de chefe do tráfico de drogas na região. No final dos anos 80, entrou em atrito com seus antigos patrões norte-americanos e ensaiou uma aproximação com Cuba, mas acabou derrubado pelos EUA em 1989.*

instalação de unidades de saúde.[56] Em 2007, o economista Carmelo Mesa-Lago diz que a Venezuela estava "se aproximando do papel de grande subsidiário que a União Soviética representara de 1960 a 2000".[57] O apoio venezuelano facilitou o recuo de Cuba das medidas econômicas capitalistas do início do século, uma vez que oferecia uma alternativa às empresas privadas e estrangeiras. Mas a exportação de médicos extenuou o sistema de saúde de Cuba, que já estava em dificuldades: 35% a 48% dos médicos do país estavam trabalhando no exterior em 2010, ao passo que outros haviam trocado a medicina por profissões mais lucrativas em moeda forte.[58]

Apesar da morte de Chávez em 2013, a relação de Cuba com a Venezuela, assim como seu lugar numa América Latina cada vez mais assertiva e disposta a se opor à hegemonia norte-americana, se fortaleceu. Os países latino-americanos se uniram contra os Estados Unidos quando estes se recusaram a permitir que Cuba participasse da Sexta Cúpula das Américas em Cartagena em 2012. Vários presidentes decidiram não comparecer em virtude da exclusão de Cuba, e as nações da Alba declararam que boicotariam todas as futuras cúpulas que excluíssem Cuba. Além disso, os países latino-americanos decidiram ignorar a OEA por completo e formar uma organização alternativa, a Comunidade de Estados Latino-Americanos e Caribenhos (CELAC) – que excluía os Estados Unidos e o Canadá – em 2011. Sem estar sujeita ao veto norte-americano, a CELAC escolheu Raúl Castro como seu segundo presidente em 2013 e realizou sua segunda cúpula em Havana em 2014.

A posição de Cuba entre os países latino-americanos, independentemente da ideologia política, também foi fortalecida em 2012 quando a ilha recebeu as negociações entre o governo conservador da Colômbia de Juan Manuel Santos e uma das organizações de guerrilha de esquerda mais antigas na ativa, as FARC. "Vim agradecer a Cuba e à região por sua defesa da paz", declarou Santos, forte aliado dos Estados Unidos na cúpula da CELAC de 2014.[59]

Barack Obama e Raúl Castro: Uma nova relação?

Dez presidentes norte-americanos, a partir de Dwight D. Eisenhower, haviam tentado derrubar Fidel Castro e acabar com a Revolução Cubana. Poucos meses depois que Fidel cedeu a presidência em 2008, Barack Obama foi eleito presidente dos Estados Unidos, com promessas de "mudança".

Até os cubano-americanos – tradicionalmente o grupo mais resistente a qualquer abertura à Cuba – estavam mudando. Uma pesquisa realizada um mês após a eleição de Obama mostrou que 55% dos cubanos no sul da Flórida apoiavam o fim do embargo e 65% queriam a reinstituição de relações diplomáticas.[60] Isso os aproximava da população norte-americana como um todo, que, por uma margem de 71%, acreditava que as relações diplomáticas deveriam ser retomadas.[61] Em 2008, 65% dos cubanos da Flórida votaram em John McCain (contra Barack Obama); em 2012, a cisão entre Obama e o republicano Mitt Romney era quase meio a meio.[62]

Na Cúpula das Américas em Trinidad, poucos meses depois do início do seu mandato, Obama reiterou que "os Estados Unidos buscam um recomeço com Cuba".[63] Apenas o congresso poderia derrubar o embargo, mas Obama usou sua autoridade presidencial para revogar as restrições da era Bush sobre as viagens à ilha e remessas de afro-cubanos em 2009, e para facilitar as viagens com razões religiosas, educacionais e pessoais em 2011. Obama também cedeu à pressão de outros Estados-membros para permitir que a OEA removesse seu banimento a Cuba. Depois disso, seu "recomeço" estagnou. Enquanto Raúl Castro pedia diálogos entre os dois governos sobre todos os tópicos, sem prerrequisitos, a administração Obama continuou a insistir que o diálogo seria limitado a menos que Cuba conduzisse reformas internas.

Os Estados Unidos recusaram até aceitar as exigências básicas de Cuba de que libertassem os integrantes dos Cinco Cubanos que ainda estavam presos, tirassem Cuba da lista de Estados que patrocinavam o terrorismo, acabassem com o bloqueio e cessassem suas tentativas, secretas ou não, de interferir nos assuntos internos de Cuba. Em dezembro de 2009, autoridades cubanas prenderam Alan Gross, subcontratado da Agência dos Estados Unidos para o Desenvolvimento Internacional (USAID), que estava distribuindo equipamentos secretos de telecomunicação por satélite para grupos judaicos na ilha como parte da campanha de promoção da democracia da agência. Por mais que a esposa de Gross e as organizações judaicas norte-americanas pedissem à administração Obama para negociar a libertação dele, o Departamento do Estado dos EUA insistia que ela deveria ser incondicional. Em certos aspectos, a continuação da detenção dele foi boa para os objetivos políticos dos Estados Unidos: concentrar-se no caso Gross permitiu que Washington ignorasse as mudanças profundas que haviam acontecido em Cuba e justificasse a continuidade do embargo econômico.

A prisão de Gross não impediu que a USAID mantivesse suas atividades ilegais em Cuba. Desde 2010, a agência pôs em prática planos para instalar uma plataforma de mensagens semelhante ao *Twitter*, financiada em sigilo, chamada *ZunZuneo*. A ideia era iniciar o serviço com conteúdos inofensivos e, quando a plataforma se generalizasse, começar a usá-la para difundir materiais políticos voltados para a mudança do regime. Outro projeto da USAID recrutou jovens latino-americanos para entrar em Cuba em segredo fazendo-se de turistas a fim de "identificar possíveis atores de mudança social" enquanto organizavam eventos como uma oficina de prevenção do HIV. A USAID chegou até a se infiltrar e financiar grupos de hip-hop para tentar alimentar sentimentos antigovernistas entre os jovens.[64]

Obama retomou a política das eras de Reagan e Bush de negar rotineiramente vistos de visita aos Estados Unidos para intelectuais cubanos, mesmo quando estes foram convidados a se apresentar no Latin American Studies Association Congress [Congresso da Associação de Estudos Latino-Americanos] ou como visitantes em universidades norte-americanas. Vários estudiosos que cito neste livro como os que forçaram os limites da liberdade de expressão em Cuba e que escreveram livros em coautoria com estudiosos norte-americanos estiveram entre os muitos que, de repente, ouviram que suas visitas seriam "prejudiciais aos interesses dos Estados Unidos". Não se sabe se a administração estava cedendo aos interesses dos cubanos de direita no congresso, buscando preservar a lenda de que não havia diversidade de pensamento em Cuba ou se acreditava que permitir que os norte-americanos ouvissem essas vozes comprometeria a justificativa e o apoio público do embargo, mas o resultado é que é extremamente difícil para os norte-americanos ter acesso às vozes cubanas.[65]

Em uma ação muito comentada, Obama ofereceu um aperto de mão a Raúl Castro numa cerimônia fúnebre para Nelson Mandela ao fim de 2013. Enquanto alguns viram esse ato como um mero gesto de educação, outros afirmaram que demonstrava o reconhecimento tácito do presidente norte-americano da estatura de Cuba na África, onde sua contribuição para acabar com o apartheid é muito celebrada. Assim como outros momentos de otimismo sobre a melhora das relações com Cuba que surgiram durante os dois mandatos do presidente Obama, este também teve vida curta, uma vez que revelações sobre as atividades secretas de sua administração vieram à tona logo na sequência.

Análise das mudanças

Estudiosos e analistas apresentam diferentes análises das mudanças na política econômica cubana a partir dos anos 1990. Carmelo Mesa-Lago descreve um ciclo que caracterizou a estratégia de Cuba desde os primeiros anos da revolução. Períodos de pragmatismo (1970-1986, 1993-1996, 2008-presente), em que políticas econômicas eram mais orientadas ao mercado, alternaram com períodos de idealismo (1960-1970, 1986-1993, 1996-2008), em que o controle estatal, incentivos morais e ideais socialistas receberam mais destaque. No entanto, até mesmo Mesa-Lago e seu colaborador Jorge Pérez-López sugerem que as reformas orientadas ao mercado de Raúl Castro pós-2008 parecem mais profundas e duradouras do que nos ciclos anteriores.[66] Antoni Kapcia afirma que uma base ideológica comum subjaz a todas as políticas de Cuba, mas que as estratégias alternaram entre a confiança nas estruturas e a nas mobilizações para instaurá-las.[67] Eckstein afirma que o pragmatismo sempre governou as políticas cubanas, enquanto o idealismo era mobilizado para justificar decisões tomadas por motivos muito práticos – muitas vezes porque havia poucas outras opções. Corrales viu a recentralização como prova de que as reformas de mercado eram uma falsa promessa e afirma que as reformas de Raúl pós-2008 também são "hesitantes e confusas" demais para serem eficazes.[68] Julia Sweig considera o conjunto de aberturas de mercado até 2014 uma "situação incerta" a que "falta uma definição completa ou mais convincente (...) um híbrido público-privado com formas múltiplas de produção, propriedade e investimento, além de um Estado social mais enxuto e maior liberdade pessoal".[69] Para o estudioso cubano Rafael Hernández e o cubano-americano Jorge Domínguez, "as transformações constituem um novo paradigma. Deixaram de conceber as novas políticas como um 'mal necessário' para vê-las como uma 'necessidade estratégica'. O governo está 'deixando correr'".[70]

Em certo sentido, o debate sobre se as políticas cubanas são motivadas por ideologia ou pragmatismo, e se as mudanças recentes de Raúl vão durar ou se darão lugar a outras mudanças, é inútil. Em cada período e em cada país, os objetivos e posturas dos governos são realizados no mundo real e dentro de limites e estruturas fora de seu controle. Nenhum órgão de governo existe sem ideologia e nenhum órgão de governo pode impor sua ideologia no vácuo. Todo governo ajustou e transformou seus programas quando as circunstâncias mudavam.

Alguns economistas cubanos têm afirmado desde os anos 1990 que uma dessocialização total e uma imersão no mercado global seriam devastadoras para o país. As vantagens de Cuba e o seu futuro devem se apoiar em seu capital humano. Em vez de competir com outros países pobres num nivelamento por baixo oferecendo mão de obra barata a empresas industriais ou um destino de férias a baixo custo para estrangeiros, Cuba deve competir no campo internacional com seus pontos fortes específicos: sua beleza natural – ecoturismo; seus médicos e profissionais de saúde – turismo de saúde, exportação de médicos e atração de estudantes estrangeiros; e sua força de trabalho qualificada e com alto nível educacional – promovendo exportações em biotecnologia, medicamentos e outros produtos de alto valor.[71] Tanto os reformistas de mercado como os recentralizadores parecem reconhecer essa lógica. Mas só porque ela faz sentido não significa que seja fácil encontrar uma forma de atingir esses objetivos.

Uma mesa-redonda recente organizada pela revista cubana *Temas* examinou a questão de como as reformas econômicas das últimas décadas afetaram o bem-estar da população. Economistas cubanos defendem há muito tempo que a pobreza em Cuba deve ser medida de maneira diferente de como é medida em outros países. Em virtude da força do setor de serviços sociais de Cuba, medidas de baixa renda em Cuba não necessariamente têm as mesmas implicações que níveis de baixa *renda* em outros países latino-americanos.[72] Em 2013, porém, alguns desses mesmos analistas retornaram mais seriamente à questão dos salários.

Os participantes concordaram que as reformas de mercado tinham aberto muitas oportunidades novas no setor privado. Mas essas oportunidades não estavam disponíveis a todos. "A atualização do modelo econômico e social do país não se refletiu nos salários", explicou a economista Betsy Anaya. Um salário de um funcionário público em 2013 não valia 50% de seu valor de 1989. Baixos salários e preços altos significavam que 60% a 75% da renda de uma família era gasta em alimentos básicos.[73] Em 2003, a economista María del Carmen Zabala podia afirmar que a pobreza, como era conhecida em outros países, não existia em Cuba, uma vez que as necessidades básicas eram garantidas pelo Estado.[74] Em 2013, ela estava mais cautelosa. "Mesmo no caso da saúde e da educação", observou ela, "as famílias têm despesas se querem receber serviços melhores ou aproveitar todas as oportunidades." Outra economista, da plateia, insistiu: "Precisamos admitir que existe pobreza hoje no nosso país e precisamos criar políticas para enfrentá-la".[75]

O modelo econômico de Cuba ainda está claramente num período de grandes transições. Embora as decisões e políticas do governo representem um papel significativo na situação econômica, também é importante lembrar que a economia não é uma ciência exata. Nenhum economista conseguiu ainda apresentar uma solução infalível para os problemas da pobreza e da desigualdade que afetam o Terceiro Mundo e até mesmo o Primeiro. No entanto, a exaustão da população cubana com as exortações, mobilizações e sacrifícios que caracterizaram as primeiras décadas da revolução sugere que uma ressurreição daquele estilo de governo é improvável a esta altura.

Conclusão

Duas visões conflitantes de Cuba parecem alternar-se no imaginário norte-americano. Uma é a visão caribenha, de Cuba como destino turístico, quente, pitoresca, cercada por praias, com muita música, bebida e sexo. As pessoas nessa Cuba são felizes e despreocupadas. A outra é a visão soviética, de Cuba como um Estado policial reprimido, sombrio e cinza, onde os cidadãos vivem em medo constante.

As duas visões são fruto de uma imaginação estrangeira, Cubas inventadas pelas visões de mundo de estrangeiros. A verdadeira Cuba, como qualquer país, é diversa e complexa. Sua história ao longo dos últimos cinquenta anos de revolução também é diversa e complexa, e tudo menos estática.

Estudar a história é aprender a extraordinária dificuldade de, em qualquer ponto no tempo, prever acontecimentos futuros. Simplesmente existem incógnitas demais, contingências demais, capazes de derrubar mesmo os prognósticos mais bem fundamentados.

Existem, porém, vários aspectos diferentes da realidade atual de Cuba que representarão um papel no desenrolar dos acontecimentos no país ao longo dos próximos meses e anos.

Um é o envelhecimento da população. O maior acesso ao tratamento de saúde, as campanhas de saúde pública e as maiores oportunidades de educação e emprego para as mulheres causaram uma transição demográfica que inclui menores taxas de natalidade e expectativas de vida mais longas. Em outras palavras, isso significa que não haverá um número suficiente de jovens economicamente ativos para sustentar o número crescente de idosos. O diretor do Centro de População e Desenvolvimento afirmou categórico: "No passado, havia muitos netos para cuidar de nossos avós, e agora temos mais avós do que netos".[1]

Nos países mais ricos do planeta, essa transição aconteceu lentamente, ao longo das últimas décadas. Muitos países ricos dependem da imigração de regiões mais pobres para preencher essa lacuna: nos Estados Unidos, os imigrantes pagam impostos para sustentar a Segurança Social, colhem e processam alimentos, e trabalham em casas de repouso que oferecem alimento e abrigo à geração do *baby boom* que envelhece. Resta ver como Cuba e outros países latino-americanos se adaptarão a essas dificuldades.

Um segundo fator importante será o contexto internacional. Ao longo da última década e meia, os latino-americanos fizeram uma passagem marcada para a esquerda e Cuba desfrutou do benefício de fortes laços econômicos e políticos na região. Mas a política latino-americana no último século se caracterizou for rápidas alternâncias entre direita e esquerda, e as próximas décadas podem trazer mudanças imprevisíveis. As mudanças econômicas globais, incluindo efeitos potencialmente desastrosos da mudança climática, também podem afetar muito o contexto do desenvolvimento de Cuba. Por fim, as hostilidades norte-americanas, secretas ou diretas, em relação a Cuba podem aumentar ou diminuir nos próximos anos.

Dentro do país, as decisões do partido e do governo vão se cruzar e se misturar de forma complexa com as aspirações populares, as quais podem ser expressas dentro e fora do sistema. Espero que este livro tenha mostrado que, por mais que os cubanos possam criticar seu governo e seu sistema econômico, a maioria definitivamente não quer que os Estados Unidos imponham sua versão de democracia eleitoral pluripartidária e capitalismo de livre mercado no país. Embora possam invejar a prosperidade norte-americana, sua experiência histórica e seu conhecimento do mundo contemporâneo (pensemos no Iraque, no Afeganistão, no Haiti e na Guatemala) mostram que esse tipo de prosperidade raramente é consequência das intervenções norte-americanas no exterior.

Um efeito a longo prazo da Revolução Cubana é o grau em que os cubanos responsabilizam o governo e suas políticas pelas experiências cotidianas e pelo bem-estar da população. A revolução alimentou a ideia de que todos os aspectos da sociedade e da economia são sujeitos ao controle humano. Em outros países da América Latina e até mesmo nos Estados Unidos, os cidadãos podem culpar o destino, forças sobrenaturais, forças da natureza, seus colegas ou a si próprios pelas dificuldades e pelos obstáculos que enfrentam. Tanto dentro como fora do país, os cubanos responsabilizam sobretudo seu governo. Os líderes de Cuba podem ter uma concentração de poder que lhes permite certa autonomia no governo, mas também são sujeitos a um nível extraordinário de escrutínio nacional e internacional.

Não pretendo resumir a experiência revolucionária cubana ou dar um julgamento global sobre ela. A revolução foi profundamente audaciosa, experimental e diversa. Evoluiu sob circunstâncias muito adversas. Criou uma igualdade econômica inaudita e mostrou ao mundo que é possível, sim, para um país pobre do Terceiro Mundo, alimentar, educar e oferecer tratamento de saúde para sua população. Ela promoveu uma criatividade artística e intelectual impressionante, ao mesmo tempo em que criou burocracias sufocantes e limitações a liberdades que seriam impensáveis para muitos nos Estados Unidos. Ela também mostrou a extraordinária dificuldade que é vencer o subdesenvolvimento econômico.

A história da Revolução Cubana ainda está acontecendo, e as previsões mais esclarecidas se provaram erradas repetidas vezes. Saí de Cuba depois de minha última visita em fevereiro de 2013 ao mesmo tempo otimista e pessimista, mas, principalmente, curiosa sobre o que aconteceria nos anos seguintes.

Uma das melhores coisas sobre estudar o passado, um país ou uma cultura diferente é que isso pode nos permitir ver nossa própria realidade de outro ponto de vista. Temos o hábito de tomar nosso contexto histórico como único. Até ficarmos cara a cara com outras possibilidades, é difícil para nós sequer conceber a existência delas. Para sermos capazes de imaginar um mundo melhor para todos nós, não consigo pensar em nada melhor do que começar a estudar a Revolução Cubana.

Adendo à edição brasileira

A retomada de relações diplomáticas com os Estados Unidos

Pouco antes de a edição brasileira deste livro ir para a gráfica os presidentes de Cuba e dos Estados Unidos soltaram uma bomba. Eles vinham negociando em segredo havia mais de um ano, com a mediação do papa Francisco e do governo canadense. Os líderes dos dois países anunciaram terem concordado em instituir relações diplomáticas completas, incluindo a requalificação de suas Seções de Interesses como embaixadas plenas. Os membros restantes dos Cinco Cubanos foram soltos, assim como Alan Gross e outro agente norte-americano não nomeado, que estava preso em Cuba.

Como a quebra das relações tinha sido iniciada e aplicada pelos Estados Unidos, a maior parte das mudanças precisava vir do lado norte-americano. Afinal, Raúl Castro vinha pedindo a abertura de negociações desde os seus primeiros dias no cargo. No acordo, Obama aceitou aliviar as restrições sobre viagens e remessas, e reconsiderar sua definição de Cuba como um Estado patrocinador de terrorismo. O diretor da USAID,* que havia patrocinado as polêmicas atividades secretas em Cuba, anunciou na mesma época que estava deixando o cargo. O presidente norte-americano se referiu ao processo como "as mudanças mais significativas nas nossas políticas nos últimos cinquenta anos" e afirmou que os Estados Unidos estavam "mudando sua relação com o povo de Cuba".**

Em Cuba, a população celebrou as grandes melhoras das relações. Linhas-duras entre os exilados cubanos, como o republicano Marco Rubio (da Flórida) e o democrata Robert Menendez (de New Jersey), ficaram furiosos, mas muitos cubano-americanos, especialmente da nova geração, aplaudiram as ações.

Mudança de direção? Uma perspectiva norte-americana

Em grande parte de sua presidência, Obama havia trabalhado na direita. Durante seu primeiro mandato, quando os democratas tinham maioria tanto na Câmara como no Senado, ele priorizou o bipartidarismo e uma reforma de saúde favorável às companhias de seguro. Depois que os democratas perderam o controle da Câmara em 2011, os apoiadores mais liberais do presidente defenderam o fato de Obama não promover medidas progressistas, afirmando que as suas mãos estavam atadas. Com a aproximação das eleições de meio de mandato de 2014, eles defenderam suas escolhas dizendo que quaisquer concessões à esquerda enfraqueceriam os democratas em novembro. Depois que, mesmo assim, os democratas perderam, cedendo o controle do Senado aos republicanos, Obama pareceu mudar de estratégia. Em 20 de novembro, anunciou uma grande Ação Executiva

---

* *Sigla em inglês da Agência dos Estados Unidos para o Desenvolvimento Internacional, subordinada ao Departamento de Estado.*

** *http://www.whitehouse.gov/the-press-office/2014/12/17/statement-president-cuba-policy-changes.*

para estender o status temporário de um grande número de imigrantes sem documentos. Depois, em 17 de dezembro, veio seu anúncio sobre Cuba. Finalmente, Obama estava usando seus poderes executivos para colocar em vigor algumas mudanças que desafiavam a extrema-direita.

Em ambos os casos, as iniciativas do presidente vieram em condições de forte pressão interna e externa, e tiveram grandes limitações. Jovens ativistas imigrantes vinham questionando o presidente, recebendo cada vez mais visibilidade ao longo dos meses e anos que precederam sua decisão. No caso de Cuba, o discurso chegou na esteira de uma série de constrangimentos para os Estados Unidos, quando os desconcertantes programas secretos com o objetivo de promoção da "sociedade civil" em Cuba foram revelados e telegramas do WikiLeaks mostraram que os "dissidentes" apoiados pelos EUA tinham pouca importância na sociedade cubana. Obama reiterou o objetivo norte-americano de mudar as políticas internas e externas de Cuba, mas explicou que os cinquenta anos de hostilidade não tinham atingido o objetivo e que era hora de uma nova linha de ação. No entanto, "continuaremos a apoiar a sociedade civil de lá", ele garantiu aos céticos. "Respeito a paixão e compartilho do compromisso com a liberdade e a democracia."

Também em ambos os casos, as iniciativas do presidente foram limitadas pelo fato de que apenas o Congresso era capaz de alterar leis fundamentais. Portanto, com relação a Cuba, o embargo ou bloqueio econômico continuou firme em vigor. O Congresso poderia até enfraquecer ou impedir as propostas do Executivo, recusando-se a financiar ou aprovar seus componentes constituintes.

Discussões cubanas sobre a mudança

A mídia norte-americana buscou reações nas ruas de Miami e de Havana, e entre alguns "dissidentes" escolhidos em Cuba. De modo geral, ela ignorou os estudiosos e acadêmicos cubanos que vinham preparando o terreno para a melhora das relações ao longo de muitas décadas, visitando os Estados Unidos (quando o Departamento do Estado dos EUA permitia), colaborando em pesquisas, apresentações e publicações com colegas norte-americanos, enquanto se opunham às medidas norte-americanas e insistiam no direito de Cuba de mudar a seu próprio modo e em seu próprio ritmo, não seguindo as ordens de seu vizinho ao norte.

A revista cubana progressista *Temas* reúne intelectuais cubanos críticos do regime desde o início dos anos 1990. Não são esses os "dissidentes" apoiados e defendidos pelo Departamento do Estado dos EUA para gerar uma mudança do regime. Eles são cubanos progressistas engajados nacional e internacionalmente na discussão das mudanças, forçadas ou desejadas, que vêm acontecendo em Cuba desde a queda do bloco soviético.

A *Temas* respondeu ao anúncio de Obama pedindo a pesquisadores de ambos os países para analisarem uma série de questões, e publicaram as respostas no blog da revista, Catalejo.* Do lado norte-americano participaram acadêmicos bem conhecidos, como os cientistas políticos Jorge Domínguez (Universidade de Harvard) e William LeoGrande (American University), e a historiadora Margaret Crahan (Columbia). Mas, embora os leitores cubanos tivessem acesso a essas vozes, os leitores norte-americanos tinham pouco acesso aos cubanos.

Os acadêmicos, tanto os de Cuba como os dos Estados Unidos, elogiaram unanimemente a diminuição das hostilidades. O economista Pedro Monreal advertiu, porém, que "as novas políticas entre os dois países têm o potencial de influenciar positivamente o desenvolvimento de Cuba, mas é preciso esclarecer que, por si só, essas políticas não bastarão para tornar Cuba mais próspera economicamente, tampouco gerar a democracia popular ou a justiça social". Todas as palavras são importantes aqui. Enquanto os Estados Unidos em geral e Obama explicitamente em seu discurso afirmam defender a "democracia" em Cuba, Monreal salienta

---

* *http://temas.cult.cu/blog/201501/el-17d-secuencias-y-consecuencias/.*

que a democracia no estilo norte-americano não é a única opção. "Democracia popular" com "justiça social", no estilo cubano, sugere um objetivo revolucionário com implicações muito diferentes.

Uma das questões que a *Temas* colocou foi pouco tratada pela mídia norte-americana: em que grau os acontecimentos do hemisfério afetam a reaproximação entre EUA e Cuba? "Qualquer avanço nas relações entre Cuba e EUA é compatível com a estrutura das relações hemisféricas que se caracterizam principalmente pela heterogeneidade política", segundo Monreal. "Já ficou claro há muitos anos que os Estados Unidos não conseguiram 'alinhar' as estruturas inter-hemisféricas para negociar e cooperar segundo sua vontade. Por isso, além dos frequentes desacordos no cerne das organizações tradicionais, foram formadas outras organizações que excluíram os Estados Unidos." As relações entre EUA e Cuba

> terão um impacto nas relações inter-hemisféricas em pelo menos três áreas: a possível reconfiguração da dinâmica que os governos relativamente mais "radicais" (por exemplo, Equador, Venezuela ou Bolívia) podem promover nas entidades hemisféricas tradicionais como a OEA e o BID; a eventual mudança nas relações entre essas entidades (OEA e BID) e outras às quais os Estados Unidos não pertencem (como a CELAC); e uma maior capacidade para Cuba de contribuir na cooperação inter-hemisférica, incluindo o trabalho conjunto com os Estados Unidos, começando pela recente cooperação bem-sucedida no combate ao ebola.

Monreal responsabilizou "a resistência do povo cubano" por impulsionar Obama rumo à nova abertura política. Ele insistiu que

> A chamada "normalização" das relações entre Cuba e os Estados Unidos inclui sem dúvida aspectos que podem ser positivos para o povo cubano, como o

crescimento de exportações e empregos, e um eventual "dividendo de paz". Mas também contém elementos latentes que não seriam considerados "normais" pela maioria dos cubanos, como a possível "tijuanização" do mercado trabalhista. Poderia ser desastroso para a sociedade cubana se permitíssemos que o processo de normalização fosse regido por valores de mercado (como "eficiência" ou "racionalidade econômica") (...). A estrada rumo ao bem-estar nacional num novo contexto de relações com os Estados Unidos deve ser decidida pelo povo cubano segundo seus próprios valores e interesses, e não resultar da "mão invisível" do mercado. A "normalização", seja lá como a entendermos, deve ser gerida por políticas bem calculadas.

Monreal conclui que

> um contexto favorável que garanta uma verdadeira participação política para a maioria dos cidadãos – impedindo especialmente que a desigualdade distorça o processo político – seria a melhor garantia de que o reencontro da sociedade cubana com a sociedade capitalista mais imponente que já existiu não leve a uma "normalização" das relações como as que existiram durante o período "republicano" em Cuba, tampouco reproduza aqui o "modelo" que caracteriza a ação do capital norte-americano em muitos países latino-americanos e caribenhos.

Carlos Alzugaray, analista político e membro do conselho editorial da *Temas*, comentou que os estereótipos dominavam as impressões que cada país tinha em relação ao outro.

> Para a maioria dos cubanos, os Estados Unidos são uma potência imperialista que tradicionalmente se

opôs à nossa independência nacional e, portanto, tudo que vem de nosso vizinho ao norte deve ser visto com desconfiança. Para a maioria dos norte-americanos, o governo de Cuba é uma terrível ditadura comunista que constituiu uma ameaça aos Estados Unidos. Esses estereótipos criam desconfiança e impedem a possibilidade de relações civilizadas.

Alzugaray insistiu que a mudança deve ser vista no contexto das relações interamericanas. Contrapondo-se às manifestações de figuras da esquerda latino-americana e cubana de que "nada mudou, a mesma luta continua, mas em novas formas", Alzugaray fala de

> uma análise alternativa, da qual compartilho, afirma que o que ocorreu é um sinal de que os Estados Unidos estão mudando. Precisamos aproveitar essa mudança segundo os nossos interesses (...). Os Estados Unidos estão num processo claro de extensão imperial excessiva (...). Ao enfrentar sua perda de poder, um setor da elite está fazendo pressão por mudanças no comportamento internacional do país.

O professor de relações internacionais da Universidade de Havana Jesús Arboleya argumentou, em termos ainda mais vigorosos, que "a retomada das relações com Cuba respondeu a uma necessidade urgente dos Estados Unidos de preservar o sistema pan-americano" em resposta ao declínio de seu poder.

Assim como Monreal, Alzugaray destaca que manter a independência cubana durante o processo de melhora das relações é essencial.

> Os cidadãos e instituições devem pensar muito e agir rapidamente para promover tudo que estiver em

> nosso interesse nacional. Isso pode significar se aproveitar das circunstâncias econômicas, comerciais e financeiras sem fazer nenhuma concessão em relação à nossa independência, autodeterminação e segurança.

O cientista político Rafael Hernández criticou o "surgimento da neocubanologia" nos Estados Unidos, que "confundiu o cachimbo da paz com um ato de prostração política e com o fim do socialismo. Eles atribuem a mudança não a Washington, mas a Havana ('a era dos Castros'; 'o fim próximo da aliança com a Venezuela') e afirmam que o principal resultado será a 'abertura de uma transição' ('depois dos Castros') na qual 'os Estados Unidos serão o agente mais confiável'". Assim como os outros citados, Hernández destacou o contexto hemisférico como um dos principais fatores que pressionaram os Estados Unidos a reduzir as hostilidades.

> Embora não haja outros partidos comunistas nos governos, e o sistema político cubano não seja necessariamente admirado por muitos governos, o hemisfério é um lugar muito mais confortável para a ilha do que é para os Estados Unidos. Está claro que a presença de Cuba na Cúpula do Panamá daqui a três meses será resultado dessa mudança hemisférica, e não uma decisão ou concessão dos Estados Unidos. Para eles, a opção de boicotar a cúpula em função da presença cubana teria sido uma emenda pior do que o soneto. Essa questão certamente representou um papel na decisão de Obama de colocar todas as suas cartas cubanas na mesa em 17 de dezembro.

Hernández apresentou uma crítica bem matizada à política imperial norte-americana.

> Provavelmente não apenas o presidente Obama, mas o indivíduo Barack acredita na vantagem de "promover valores" norte-americanos (como dito em seu discurso) em Cuba e em outros países, pois, do seu ponto de vista, eles são universais. E onde não são aceitos (África, Oriente Médio, China, Afeganistão, Rússia, e assim por diante) existe um déficit que precisa ser corrigido. Nós cubanos devemos entender que essa postura reflete mais um etnocentrismo cultural do que uma ideologia. Se queremos uma relação e uma coexistência com essa sociedade ao norte, precisamos nos basear em certas virtudes (paciência, perseverança, prudência), e distinguir entre seu impulso imperialista e esse etnocentrismo, ainda que os dois estejam interligados.

O longo histórico de relações entre EUA e Cuba, para Hernández, traz dificuldades e esperanças particulares para o futuro. Por um lado, os Estados Unidos demandam exercer maior controle sobre Cuba do que sobre outros países.

> Ainda que Obama tenha se referido à lógica da política norte-americana em relação à China ou ao Vietnã para justificar a mudança na linha de ação em relação a Cuba, os Estados Unidos veem os asiáticos como estranhos habitantes das Antípodas, não pequenas ilhas "abaixo dos EUA" que até recentemente estavam em sua "posse". Para a cultura do Grande Irmão, o governo chinês pode impedir que um grupo organizado se aproxime da Praça da Paz Celestial por qualquer que seja o motivo; e os vietnamitas podem prender seus blogueiros contrários ao governo, sem prejudicar as relações com os Estados Unidos. Na verdade, as relações bilaterais nos últimos vinte anos incluíram encon-

tros anuais para discutir suas diferenças em relação a direitos humanos e democracia.

No entanto, também existem vantagens comparáveis no relacionamento cultural entre os Estados Unidos e Cuba. Os cubanos são mais norte-americanos no ponto de vista cultural do que a maioria do hemisfério. Os norte-americanos costumam ver Havana como uma capital menos estrangeira do que as outras, e também mais segura. Se vierem, podem ver com seus próprios olhos que os cubanos não precisam tanto dos Estados Unidos para "ajudar o povo cubano a se autoajudar na passagem para o século XXI" (como disse Obama em seu discurso). Em vez disso, precisam que os Estados Unidos parem de impedir o seu acesso à tecnologia. Seria melhor para as duas sociedades se encontrarem sem tentar interferir nos assuntos uma da outra, como vizinhos que compartilham da mesma paixão por beisebol, Studebakers, jazz latino, eletrodomésticos, hip-hop, modernidade, dos mesmos gostos cinematográficos e lugares históricos como Nova York e Havana, entre muitas outras coisas.

Conclusão

Quando os norte-americanos pensam em Cuba, a primeira coisa que lhes vem à cabeça é "comunismo". As palavras de Hernández nos lembram que, assim como qualquer outro país, Cuba é diversa, multifacetada, intrigante, confusa e dinâmica. Espero que este livro ajude a oferecer uma visão mais multifacetada da história revolucionária de Cuba e que as novas aberturas nas relações permitam que mais norte-americanos viajem a Cuba para vê-la com seus próprios olhos.

Linha do tempo

1492 Cristóvão Colombo desembarca em Cuba.

1868 Grito de Yara deflagra a Guerra dos Dez Anos (iniciando a luta pela independência).

1879 Guerra Chiquita (segunda fase da Guerra de Independência).

1886 Abolição da escravatura.

1891 José Martí publica *Nossa América*.

1895 Guerra de Independência Cubana renovada.

1898 Intervenção norte-americana/ Guerra hispano-Americana em Cuba.

1899 Surge a Alianza de Trabajadores, de inspiração anarquista.

1901 Constituição de 1901 incorpora Emenda Platt.

1902 Retirada norte-americana.

1912 Rebelião liderada pelo Partido Independente de Color é derrotada pelo exército cubano e exército norte-americano. Acredita-se que entre 3 mil e 6 mil afro-americanos rebeldes foram mortos.

1920 Primer Congreso Obrero Independiente.

1922 Fundação da FEU – Federación Estudantil Universitária

1925 Fundação da Confederación Nacional de Obreros de Cuba (CNOC). Fundação do primeiro Partido Comunista Cubano. Gerardo Machado presidente.

1929 Julio Antonio Mella, o mais popular dos líderes comunistas cubanos (mas em rota de colisão com a direção stalinista), é assassinado misteriosamente no México.

1933 Machado é derrubado, Carlos Manuel de Céspedes é empossado, depois substituído por Ramón Grau San Martín. Mas quem governa de fato é o chefe das Forças Armadas, coronel Fulgencio Batista.

1934 Constituição de 1934; Emenda Platt anulada.

1935 Greve Geral liderada pelo trotskista Partido Bolchevique-Leninista.

1940 Fulgencio Batista é eleito presidente com o apoio do Partido Comunista. Constituição de 1940.

1944 Grau San Martín é eleito presidente, contra o candidato de Fulgencio Batista.

1947 Fundação do Partido Ortodoxo.

1952 Fulgencio Batista dá seu golpe de estado.

1953 No dia 26 de julho, um grupo de 135 guerrilheiros, liderados por Fidel e Raúl Castro, tentam tomar o Quartel Moncada, em Santiago de Cuba. O ataque fracassa. Seis guerrilheiros morrem durante o combate, e 55 são assassinados depois de presos e torturados. Fidel é condenado a quinze anos de prisão.

1954 O presidente Getúlio Vargas se suicida e deixa sua carta testamento. Uma cópia chega às mãos de Fidel e tem impacto nas discussões de seu grupo.

1955 Fidel é anistiado e parte para o exílio, primeiro nos EUA e depois no México, onde organiza o Movimento 26 de Julho. Raúl Castro, também exilado, conhece o médico Ernesto Che Guevara, no Hospital Central da Cidade do México.

Já bem envolvido em negócios com a Máfia norte-americana, Fulgencio Batista incentiva o surgimento de cassinos e boates. Cuba torna-se um dos centros mundiais do tráfico de drogas.

1956 Em abril acontece a Conspiración de los Puros, uma tentativa de golpe militar contra Fulgencio Batista, liderada pelo coronel Ramón Barquín. Os conspiradores são presos e acontece um expurgo no exército cubano, na época um dos maiores e mais bem equipados (pelos EUA) da América Latina.

Dezembro: O iate Granma chega à costa de Cuba trazendo do México o grupo de guerrilheiros liderados por Fidel. Entre eles, Ernesto Che Guevara. O desembarque é desastroso. Tropas de Fulgencio Batista os esperam. Dos 82 guerrilheiros, apenas dezesseis conseguem escapar e vão para Sierra Maestra.

Fulgencio Batista aumenta a repressão contra todos os movimentos de oposição, com prisões aleatórias e fuzilamentos públicos. Calcula-se que a repressão de Batista matou 20 mil pessoas.

1958 No Brasil, o Comitê de Exilados Cubanos denuncia a repressão política que acontece em Cuba.

Batalha na cidade de Santa Clara define a derrota de Fulgencio Batista.

1959 Às três horas da manhã do dia 1º de janeiro, Batista foge do país, com uma fortuna avaliada em pelo menos US$300 milhões de dólares. Neste mesmo dia, entram as tropas lideradas por Che Guevara.

No dia 8 de janeiro, Fidel chega a Havana. Tem 32 anos.

Proclamação da primeira reforma agrária;

Fundação da Casa de las Américas;

Fundação do ICAIC.

1960 Lei da Reforma Urbana.

Criação dos CDRs e da FMC.

EUA impõem embargo econômico.

Fidel fecha o jornal *Solidariedad Gastronómica*, da anarquista Asociación Libertaria de Cuba.

1961 EUA e Cuba rompem as relações diplomáticas. E os EUA impõem o embargo econômico total, que agora também abarca alimentos e remédios.

Invasão à Playa Girón (Baía dos Porcos).

Campanha de Alfabetização.

Fidel Castro define a revolução como socialista.

Che Guevara, Ministro das Indústrias, vem ao Brasil e é condecorado com a Ordem do Cruzeiro do Sul, por Jânio Quadros.

Início das perseguições contra o trotskista Partido Obrero Revolucionario – POR. Os trotskistas, assim como os anarquistas, haviam apoiado a Revolução desde os tempos da guerrilha, como parte da rede Ação e Sabotagem, ligada ao Movimento 26 de Julho.

1962 Crise dos Mísseis.

Fidel é excomungado pelo Papa João XXIII.

Cuba é expulsa da OEA (Organização dos Estados Americanos). O Brasil se abstém de votar.

1963 Primeira missão médica de Cuba no exterior, na Argélia.

O regime endurece de vez contra a oposição de esquerda: os líderes do POR são presos e condenados a penas que variam de dois a nove anos de prisão.

1964 Após o golpe militar, o governo brasileiro rompe relações com Cuba. Centenas de brasileiros irão exilar-se em Cuba. Vários terão treinamento de guerrilha na esperança de repetirem no Brasil a vitória revolucionária cubana.

1965 Criação das UMAPs.

Che Guevara desaparece da vida pública. Correm boatos de que estaria preso, ou morto. Ressurge no Congo, participando da guerrilha local.

Começa o "êxodo de Camarioca", que permitiu a emigração de 100 mil pessoas até 1973.

1966 EUA aprovam Lei de Ajuste Cubano.

Che Guevara chega à Bolívia, com documentos falsos, para participar da guerrilha local.

No Brasil, catorze militantes do Movimento Nacional Revolucionário, organizado por Leonel Brizola, tentam iniciar um movimento guerrilheiro na serra do Caparaó, na fronteira de Minas com o Espírito Santo. O plano fracassa e todos os guerrilheiros são presos.

1967 Che Guevara é assassinado por militares bolivianos com o apoio da CIA. Tinha 39 anos.

1970 Colheita de 10 milhões de toneladas.

1972 Cuba entra para o COMECON.

1975 Primeiro Congresso do Partido Comunista de Cuba, no qual Fidel é confirmado secretário-geral; investigação do Comitê do Senado dos EUA sobre planos de assassinato contra Fidel Castro; Cuba envia forças para Angola para ajudar o MPLA a lutar pela independência de Portugal e a repelir a invasão sul-africana.

Código Familiar.

1976 Constituição de 1976 define Cuba como um Estado socialista.

1977 Tropas cubanas apoiam a Etiópia contra a Somália. Quinze mil soldados cubanos foram enviados à região. Quatrocentos deles morreram.

1980 Êxodo de Mariel. Cerca de 130 mil pessoas deixam o país rumo à Florida.

1982 Código de investimento estrangeiro.

Primeira missão de empresários brasileiros a Cuba desde o rompimento de relações entre os dois países, em 1964.

1983 Os EUA invadem Granada, uma aliada de Cuba. Tropas norte-americanas trocam tiros com militares cubanos que estavam no país auxiliando na construção de um aeroporto. A invasão norte-americana é condenada pelas Nações Unidas como "violação flagrante das leis internacionais", por 122 votos a nove.

1986 Campanha de retificação reverte aberturas de mercado.

Brasil retoma suas relações diplomáticas com Cuba.

1989 Queda do bloco soviético gera crise econômica. Despenca o comércio com a União Soviética, que nesse ano era de US$ 3,6 bilhões.

1991 Declaração do Período Especial em Tempo de Paz.

1992 Emendas constitucionais permitem investimentos estrangeiros em empresas conjuntas.

Os últimos assessores russos deixam o país.

A Lei Torricelli fortalece o embargo norte-americano.

1993 Legalização do dólar.

Criação de UPBCs para transformar fazendas estatais em cooperativas.

1994 Reinstituição de mercados agrícolas.

"Crise das balsas". Fidel permite a saída de balseiros rumo aos EUA.

1995 Clinton introduz a política "Wet Foot, Dry Foot"; autorização de *paladares*.

O turismo supera o açúcar como maior fonte de divisas.

1996 Discurso de Raúl Castro sinaliza diminuição do ritmo de reformas econômicas.

A Lei Helms-Burton piora ainda mais o embargo norte-americano, ao permitir que empresas estrangeiras também sejam punidas por terem negócios em Cuba.

1997 Uma equipe de antropólogos argentinos e cubanos localiza os restos mortais de Che Guevara em uma vala comum em Vallegrande.

1998 Cuba cria a Escola Latino-Americana de Medicina.

O papa João Paulo II visita Cuba; fundação do Projeto Varela.

Eleição de Hugo Chávez na Venezuela.

Prisão dos Cinco Cubanos, acusados de espionagem pelo governo norte-americano.

Governo Fernando Henrique Cardoso faz um financiamento de US$15 milhões de dólares para Cuba.

Fidel visita o Brasil.

1999 Caso Elián Gonzalez.

2000 Exceção no embargo econômico permite exportação de alimentos e remédios dos EUA para Cuba.

Chaves e Fidel assinam o Acordo Integral de Cooperação, pelo qual a Venezuela fornece petróleo em troca de serviços cubanos, principalmente na área da saúde.

Governo FHC, através do BNDES, coloca US$28 milhões de dólares em um financiamento de ônibus turísticos em Cuba.

2001 Presidente chinês Jiang Zemin visita Cuba.

2002 O ex-presidente norte-americano Jimmy Carter visita o país e é recebido por Fidel Castro.

O governo Bush inclui Cuba na lista dos países do "Eixo do Mal", "Estados que patrocinam o terrorismo".

2003 Introdução do peso conversível.

Prisão de 75 dissidentes.

União Europeia anuncia sanções econômicas contra Cuba.

2004 Criação da ALBA, iniciando com troca de petróleo por médicos entre Cuba e Venezuela.

2005 Melhoram as relações com a União Europeia, que suspende as sanções decretadas em 2003.

2006 Ano da Revolução Energética; Fidel Castro cede a presidência temporariamente a seu irmão Raúl e renuncia como primeiro secretário do Partido Comunista.

2008 Assembleia Nacional elege Raúl Castro como presidente de Cuba.

Lula visita Cuba e diz desejar que Cuba se torne "o parceiro número 1" do Brasil.

2009 Em seu discurso de abertura da Assembleia da ONU, Lula pede o fim do embargo contra Cuba.

Autoridades cubanas prendem Alan Gross, agente terceirizado da USAID.

2010 Dissidentes presos em 2003 são liberados em acordo mediado pela Espanha e pela Igreja Católica; revitalização do trabalho autônomo, e redução das restrições à contratação de funcionários.

2011 Sexto Congresso do Partido Comunista de Cuba elege Raúl Castro como primeiro secretário, aprova *lineamientos* (diretrizes) para a reforma política e econômica; nova lei habitacional permite que os cubanos comprem e vendam imóveis.

2013 Nova lei de migração permite que os cubanos viajem ao exterior sem obter um visto de saída.

No funeral de Nelson Mandela, Raúl Castro e Barack Obama trocam um aperto de mãos.

Governo brasileiro lança o programa Mais Médicos, com o objetivo de suprir a carência de médicos no interior do país e nas periferias das grandes cidades. O plano inclui a vinda de profissionais estrangeiros, entre eles médicos cubanos, o que provoca grande polêmica no país.

2014 Permissão que os cubanos comprem automóveis novos e importados de concessionárias estatais.

A presidente Dilma Rousseff comparece à inauguração da primeira fase do Porto de Mariel (oeste de Cuba), construído em parte com financiamento do governo brasileiro.

Obama anuncia a retomada das relações diplomáticas entre os dois países e a revisão do status de Cuba como "estado patrocinador do terrorismo". Os últimos três dos Cinco Cubanos são libertados pelos EUA. E Cuba liberta um espião norte-americano e também Alan Gross.

Glossário

***abakuá*.** Religião/sociedade secreta cubana baseada em tradições igbo/calabar.

ALBA. Alternativa [posteriormente, Aliança] Bolivariana para América Latina e Caribe.

ANAP. Asociación Nacional de Agricultores Pequeños (Associação Nacional de Pequenos Agricultores).

apartheid turístico. Sistema de exclusão dos cubanos dos lugares voltados a turistas estrangeiros.

CDR. Comités de Defensa de la Revolución (Comitês de Defesa da Revolução).

CEA. Centro de Estudios sobre América (Centro de Estudos sobre a América).

CELAC. Comunidade de Estados Latino-Americanos e Caribenhos.

Cinco Cubanos. Agentes de espionagem cubanos que se infiltraram em organizações cubano-americanas, presos por autoridades norte-americanas em 1998.

CNC. Consejo Nacional de Cultura (Conselho Nacional de Cultura).

CNOC. Confederación Nacional Obrera de Cuba (Confederação Trabalhista Nacional de Cuba, 1920-1939).

COMECON. Council for Mutual Economic Assistance (Conselho para Assistência Econômica Mútua), bloco de cooperação econômica patrocinado pela União Soviética, 1949-1991.

CORU. Comando de Organizaciones Revolucionarios Unidos (Comando de Organizações Revolucionárias Unidas), coalizão contrarrevolucionária com base em Miami.

CTC. Central de Trabajadores de Cuba (Federação de Trabalhadores de Cuba).

CUC. Peso Convertible Cubano (peso conversível cubano).

ELAM. Escuela Latino-Americana de Medicina (Escola Latino-Americana de Medicina).

FEU. Federación Estudantil Universitaria (Federação Estudantil Universitária).

FMC. Federación de Mujeres Cubanas (Federação de Mulheres Cubanas).

***foco*.** Teoria de guerra de guerrilha baseada na instigação da mobilização popular através de ações revolucionárias de pequena escala.

FRD. Frente Revolucionario Democrático (Frente Revolucionária Democrática), organização de Miami patrocinada pela CIA.

FSLN. Frente Sandinista de Libertação Nacional (Nicarágua).

***Granma*.** Navio que levou Fidel Castro e seus companheiros a Cuba em 1958 para reiniciar a revolução; órgão oficial do Partido Comunista Cubano (jornal); província no leste de Cuba.

***guajiro*.** Termo cubano para lavrador, camponês, rural.

***hombre nuevo*.** Ideia de Che Guevara de que a revolução poderia criar o "homem novo".

ICAIC. Instituto Cubano de Arte e Industria Cinematográficos (Instituto Cubano de Arte e Indústria Cinematográfica).

INDER. Instituto Nacional de Deportes, Educación Física, y la Recreación (Instituto Nacional de Esportes, Educação Física e Recreação).

Brothers to the Rescue. Organização cubano-americana formada em 1991 para patrulhar o Estreito da Flórida e trazer emigrantes de Cuba em jangadas para os EUA.

jinetero/a. Prostituta ou michê; por extensão de sentido, pessoa que vive às custas de estrangeiros, fornecendo serviços legais ou ilegais.

mambises. Combatentes da independência cubana.

Moncada. Quartel militar da era de Batista, local do assalto de 1953 do Movimento 26 de Julho que deu início à Revolução Cubana.

Movimento 26 de Julho. Movimento revolucionário liderado por Fidel Castro, nomeado em homenagem ao Assalto ao Quartel Moncada em 26 de julho de 1953.

MPLA. Movimento Popular de Libertação de Angola.

OPP. Órganos de Poder Popular (Órgãos de Poder Popular).

paladar. Pequenos restaurantes.

PAE. Programa de Ajuste Estrutural.

palo monte. Religião cubana baseada em tradições congolenses.

PCC. Partido Comunista de Cuba.

período especial. Período Especial, iniciado em 1991.

PIC. Partido Independiente de Color (Partido Independente de Cor).

Platt, Emenda. Incorporada na Constituição de Cuba de 1901, a Emanda Platt transformou Cuba num protetorado norte-americano.

PSP. Partido Socialista Popular (nome oficial do partido comunista de Cuba, de 1944 a 1962).

quinquenio gris. Período de repressão artística e intelectual de 1975 a 1979.

santería. Religião cubana baseada em tradições iorubás e católicas.

UBPC. Unidad Básica de Producción Cooperativa (Unidade Básica de Produção Cooperativa).

UJC. Unión de Jóvenes Comunistas (União de Jovens Comunistas).

UMAP. Unidades Militares de Ayuda a la Producción (Unidades Militares de Ajuda à Produção).

UNEAC. Unión Nacional de Escritores y Artistas Cubanos (União Nacional de Escritores e Artistas Cubanos).

USAID. United States Agency for International Development (Agência dos Estados Unidos para o Desenvolvimento Internacional).

Varela, Projeto. Movimento de oposição para libertação política em Cuba.

Via Dois. Medida de Clinton para enfraquecer o governo cubano através do apoio a dissidentes.

viandas. Categoria popular de alimentos incluindo raízes ricas em amido e bananas.

Notas

Introdução

1 Gallup, "Favorability: People in the News", www.gallup.com/poll/1618/Favorability-People-News.aspx. Resultados de agosto de 2006.

2 Exemplos incluem o historiador Thomas M. Leonard, *Fidel Castro: A Biography*; o historiador Robert E. Quirk, Fidel Castro; o cientista político John Gerassi, *Fidel Castro: A Biography*; os jornalistas Georgie Ann Geyer, *The Untold Story of Fidel Castro*; Volker Skierka, Fidel Castro: A Biography; e Tad Szluc, *Fidel: A Critical Portrait*. Além disso, ver o diplomata britânico Leycester Coltman, *The Real Fidel Castro*; o físico Peter G. Bourne, *A Biography of Fidel Castro*; Nestor Kohan e Nahuel Scherma, *A Graphic Novel Life of Fidel Castro*; e Ignacio Ramonet, Fidel Castro: *My Life: A Spoken Autobiography*.

3 Manifesto da Junta Cubana de Renovación Nacional, citado em Pérez, *Cuba: Between Reform and Revolution*, p. 236.

4 Kozol, *Children of the Revolution*, p. 171.

5 Telegrama da Embaixada Norte-Americana em Cuba para o Departamento do Estado dos EUA, 4 de setembro de 1959. *Foreign Relations of the United States (FRUS) 1958–60*, VI, p. 596.

6 Rubottom, January 14, 1960, *FRUS 1958–60*, VI, p. 742.

7 "President Bush Discusses Cuba Policy", 24 de outubro de 2007, http://georgewbush-whitehouse.archives.gov/news/releases/2007/10/20071024-6.html.

8 Remarks of Senator Barack Obama: Renewing U.S. Leadership in the Americas, 23 de maio de 2008, http://www.realclearpolitics.com/articles/2008/05/renewing_us_leadership_in_the.html.

9 Ver Winn, *Victims of the Chilean Miracle*, e Davis, *Victims of the Miracle*.

10 Adorno, "Havana and Macondo", p. 376.

11 Black, "Introduction: Understanding the Persistence of Inequity", p. 3.

12 Fagen, "Latin America and the Cold War", p. 6. Ver também Fagen, "Studying Latin American Politics".

13 Smith, "Memoirs from LASA's 14th President", p. 20.

14 Smith, "Memoirs from LASA's 14th President", p. 20.

15 Smith, "Memoirs from LASA's 14th President", p. 21.

16 Pérez-Stable, "Review: The Field of Cuban Studies", p. 250; Kirk e McKenna, "Trying to Address the Cuban Paradox".

17 Pérez, "History, Historiography, and Cuban Studies", p. 66.

18 Vilas, "Is Socialism still an Alternative for the Third World?".

19 Vilas, "Is Socialism still an Alternative for the Third World?".

20 Discurso de Fidel Castro Ruz, presidente do Conselho de Estado e do Conselho de Ministros da República de Cuba, na Cerimônia de Abertura da Conferência do Cone Sul do Grupo dos 77, Havana,

12 de abril de 2000, www.g77.org/summit/ceniai.inf.cu/f120400i.html.

21 World Public Opinion, "Cubans Show Little Satisfaction with Opportunities and Individual Freedom", 10 de janeiro de 2007, www.worldpublicopinion.org/pipa/articles/brlatinamericara/300.php?lb=brla&pnt=300&nid=&id=. Ver também Gallup News Service, "Just One in Four Urban Cubans Satisfied with Personal Freedoms", 18 de dezembro de 2006, www.gallup.com/poll/25915/Just-One-Four-Urban-Cubans-Satisfied-Personal-Freedoms.aspx.

22 International Republican Institute, "Cuban Public Opinion Survey", 5 de setembro–4 de outubro de 2007, http://www.iri.org/news-events-press-center/news/iri-survey-shows-majority-cubans-want-vote-castro%E2%80%99s-replacement.

23 World Public Opinion, "Latin American Publics are Skeptical about U.S. – But Not about Democracy", 7 de março de 2007, www.worldpublicopinion.org/pipa/articles/brlatinamericara/328.php?nid=&id=&pnt=328&lb=brla.

24 Steve Crabtree e Jesús Ríos, "Opinion Briefing: Latin America's Leftists". 21 de janeiro de 2009, www.gallup.com/poll/113902/opinion-briefing-latin-america-leftists.aspx.

Capítulo 1

1 Ver, por exemplo, Rodríguez Exposito, *Hatuey, el primer libertador de Cuba.*

2 Ver Yaremko, "Gente bárbara".

3 Pérez, *Cuba: Between Reform and Revolution*, pp. 38, 46.

4 Bergad *et al.*, *The Cuban Slave Market*, 1790–1880, p. 38.

5 Ortiz, *Cuban Counterpoint*, p. 103.

6 A primeira citação é de "Mi Raza", publicado em *Patria* (Nova York), 16 de abril de 1893. O ensaio é reproduzido em Vitier e García Marruz, *José Martí*; a citação está na p. 161. A segunda vem de um discurso proferido no Liceo Cubano em Tampa, 26 de novembro de 1891. Ver Poyo, "*With All and For the Good of All*".

7 Bolívar, *Selected Writings of Bolívar*, p. 732.

8 José Martí, "Nuestra América", *El Partido Liberal*, Cidade do México, 30 de janeiro de 1891; traduzido [para o inglês] Shnookal e Muñiz (eds), *José Martí Reader*, pp. 111–20.

9 Opatrný, U. S. *Expansionism and Cuban Annexationism in the 1850s.*

10 Pérez, *Cuba and the United States*, p. 47.

11 Poyo, "Evolution of Cuban Separatist Thought"; Poyo, "*With All and For the Good of All*".

12 O historiador Louis A. Pérez, Jr. usou a frase como título de seu livro sobre as relações entre EUA e Cuba, *Cuba and the United States: Ties of Singular Intimacy.*

13 Helg, *Our Rightful Share.*

14 Sobre a importância do voto e do acesso ao sistema político do país

para a população negra de Cuba, ver La Fuente, A Nation for All.

15 Para o debate acerca dos imigrantes das Índias Ocidentais em Cuba: Chomsky, "Barbados or Canada?".

16 Pérez, *Cuba: Between Reform and Revolution*, p. 192.

17 Pérez, *Cuba: Between Reform and Revolution*, pp. 197–8.

18 Jenks, *Our Cuban Colony*; Nearing e Freeman, Dollar Diplomacy.

19 Bemis, *The Latin American Policy of the United States*.

20 Foner, *The Spanish-Cuban-American War*; Pérez, *Cuba: Between Reform and Revolution*, p. 178.

21 Roig de Leuchsenring, *La Enmienda Platt and Análisis y consecuencias de la intervención norteamericana en los asuntos interiores de Cuba*; Healy, "One War from Two Sides". Ver também Corbitt, "Cuban Revisionist Interpretations of Cuba's Struggle for Independence", Quinn, "Cuban Historiography in the 1960s", e Pérez de la Riva, *La república neocolonial*.

22 Pérez, *Cuba: Between Reform and Revolution*, p. 226.

23 Pérez, *Cuba: Between Reform and Revolution*, p. 201.

24 Díaz-Briquets and Pérez-López, *Corruption in Cuba*, p. 71.

25 Pérez, *Cuba: Between Reform and Revolution*, p. 234.

26 Moore, *Nationalizing Blackness*, p. 105.

27 Pérez, *Cuba: Between Reform and Revolution*, p. 270.

28 Pérez, *Cuba: Between Reform and Revolution*, p. 268.

29 Pérez, *Cuba: Between Reform and Revolution*, p. 269.

30 Pérez, *Cuba: Between Reform and Revolution*, p. 275.

31 Ver Liss, *Roots of Revolution*, p. 109.

32 Pérez, *Cuba: Between Reform and Revolution*, p. 284.

33 De la Fuente, *A Nation for All*, p. 253.

34 Benjamin, Collins, e Scott, *No Free Lunch*, pp. 2, 3, 5; Pérez, *Cuba: Between Reform and Revolution*, pp. 295, 297.

35 Dorfman, "Che, Guevara".

36 A artista cubana Sandra Ramos apresenta uma imagem visual dessa saudação na Figura 1.2, também visualizável em www.thefrasergallery.com/artwork/Sandra-Ramos/Webpages/Seremos.html.

37 Carlos Puebla, "Para nosotros siempre es 26". Letras desta e de outras canções de Puebla estão disponíveis em http://www.lyricsbox.com/carlos-puebla-lyrics-2p9t2.html.

38 Liss, *Roots of Revolution*, p. 112.

39 O texto está disponível em muitas versões, incluindo on-line no Castro Internet Archive em www.marxists.org/history/cuba/archive/castro/1953/10/16.htm.

40 Sweig, *Inside the Cuban Revolution*, p. 9.

41 O jornal está disponível on-line em www.granma.cubaweb.cu.

42 Carlos Puebla, "Para nosotros siempre es 26".

43 Ver Pérez, *Lords of the Mountain*.

44 Feinsilver, *Healing the Masses*, p. 31.

45 Ferrer, *Insurgent Cuba*, p. 43.

46 Citado, entre outros lugares, em "The Cuban Revolution: An Eternal

Triumph", em *Sierra Maestra Online, the Official Newspaper of Santiago de Cuba*, 19 de julho de 2008. Ver também o discurso de Castro de 3 de janeiro de 1959 em Santiago, http://lanic.utexas.edu/project/castro/db/1959/19590103.html. Raúl Castro reiterou o sentimento em 1o de janeiro de 2009, comemorando o quinquagésimo aniversário do triunfo. "The Ejército Rebelde [o Exército Rebelde] voltou a pegar nas armas dos *mambises*", proclamou ele. "Dessa vez, com Fidel, os *mambises* entraram em Santiago de Cuba." Discurso de Raúl Castro em 1o de janeiro de 2009, Santiago de Cuba, www.cuba.cu/gobierno/rauldiscursos/2009/ing/r010109i.html.

47 Sweig, *Inside the Cuban Revolution.*

48 Guerra, *Visions of Power*, pp. 14-17.

49 *New York Times*, 24 de fevereiro de 1957; DePalma, The Man Who Invented Fidel.

50 Ver Benjamin, *The United States and the Origins of the Cuban Revolution*; Morley, *Imperial State and Revolution*; Paterson, *Contesting Castro.*

51 Castañeda, *Utopia Unarmed* e *Compañero.*

52 Silverman, *Man and Socialism in Cuba*, p. 5.

53 Blanco e Benjamin, *Cuba: Talking About Revolution*, p. 18.

54 Gosse, *Where the Boys Are.* A "velha esquerda" nos Estados Unidos e na Europa Ocidental na primeira metade do século XX foi moldada pela Revolução Russa e pelos partidos formados por ela. A Nova Esquerda que se desenvolveu nos anos 1960, incluindo os movimentos estudantis e antiguerra, rejeitou a política autoritária vertical da URSS e de grande parte da Velha Esquerda.

55 "Education in Venezuela: Fatherland, Socialism, or Death: Venezuela's Schools Receive Orders to Create the 'New Man'", *The Economist*, 11 de outubro de 2007.

56 Memorando de uma conversa, Departamento do Estado dos EUA, Washington, 18 de setembro de 1959. *Foreign Relations of the United States (FRUS) 1958-60*, documento 362.

Capítulo 2

1 *Pachanga* se refere, literalmente, a uma forma alegre de dança/música cubana dos anos 1950; a frase lembra o protesto da anarquista Emma Goldman contra o caráter puritano e autoritário das organizações revolucionárias, e seu pedido por uma revolução que incluísse liberdade, beleza, alegria e dança.

2 Por exemplo, ver o clássico de Rostow, *The Stages of Economic Growth.* Foi publicada uma terceira edição em 1990.

3 Ver Prebisch, *The Economic Development of Latin America and its Principal Problems.*

4 Ver Brunendius, *Revolutionary Cuba*, pp. 10–12; Hamilton, "The Cuban Economy".

5 Brunendius, *Revolutionary Cuba*, p. 13.

6 Brunendius, *Revolutionary Cuba*, p. 14.

7 Citado em Pérez, *On Becoming Cuban*, p. 368.

8 Roger de Lauria, citado em Pérez, *On Becoming Cuban*, p. 355.

9 José Martí, "Our America", *El Partido Liberal* (Cidade do México), 5 de março de 1892.

10 Pérez, *Between Reform and Revolution*, pp. 320–1.

11 Benjamin, Collins, e Scott, *No Free Lunch*, p. 17.

12 Guerra, *Visions of Power*, pp. 69, 72, 150.

13 Feinsilver, *Healing the Masses*, p. 157.

14 Fagen, *The Transformation of Political Culture in Cuba*, p. 35.

15 Leiner, "The 1961 Cuban National Literacy Campaign", pp. 174–5.

16 Ver Quiroz, "Martí in Cuban Schools", em Font e Quiroz, *The Cuban Republic and José Martí*, p. 81.

17 Feinsilver, *Healing the Masses*, p. 32.

18 Discurso de Fidel Castro, 28 de setembro de 1960, citado em Fagen, *Transformation of Political Culture*, p. 69.

19 Fagen, *Transformation of Political Culture*, pp. 70–1.

20 Fagen, *Transformation of Political Culture*, p. 73.

21 Discurso de março de 1968, citado em Benjamin, Collins, e Scott, *No Free Lunch*, p. 110.

22 Alfredo Prieto, "Otra vez los soviéticos", *7 Días* [Santo Domingo], 3 de julho 2009, http://www.7dias.com.do/.

23 República de Cuba, Constitución Política de Cuba, 1976, artigo 5. Disponível em muitos lugares, incluindo Georgetown University Political Database of the Americas. http://pdba.georgetown.edu/Constitutions/Cuba/cuba1976.html.

24 Citado em Roman, *People's Power*, p. 92.

25 Bengelsdorf, *The Problem of Democracy in Cuba*, p. 117.

26 Bengelsdorf, *The Problem of Democracy in Cuba*, pp. 110-111.

27 Roman, *People's Power*, p. 83.

28. Artigo 7.

29 Eckstein, *Back from the Future*, pp. 47, 58.

30 Domínguez, Cuba: *Order and Revolution*, p. 202.

31 Benjamin, Collins e Scott, *No Free Lunch*, capítulo 5.

32 Feinsilver, *Healing the Masses*, p. 37.

33 Feinsilver, "Cuban Medical Diplomacy".

34 Kozol, *Children of the Revolution*, pp. 105–6.

35 Dilla Alfonso, "Cuba: The Changing Scenarios of Governability", p. 60.

36 Roca, "The *Comandante* in His Economic Labyrinth", p. 91. Ele descreve a retificação como "centralista, personalista, antimercado, anti-incentivo, com forte ênfase em valores políticos e ideológicos".

37 Ver LeoGrande e Thomas, "Cuba's Quest for Economic Independence"; Eckstein, *Back from the Future*, capítulo 3. Eckstein conclui que "um dos principais motivos para iniciar o 'processo de retificação' foi fiscal" (p. 79).

38 Guerra, *Visions of Power*, p. 18 e Capítulo 2.

39 Guerra, *Visions of Power*, p. 19.

40 Lockwood, *Castro's Cuba*, Cuba's Fidel, p. 136.

41 Fornet, "El quinquenio gris: revisitando el término".

42 González Echevarría, "Criticism and Literature in Revolutionary Cuba", p. 168. Para outros relatos das políticas culturais e da produção cultural de Cuba desde a revolução, ver Craven, "Cuban Art and Culture"; Ripoll, "Writers and Artists in Today's Cuba"; Casal, "Literature and Society".

Capítulo 3

1 Ortiz, *Cuban Counterpont*, p. 98.

2 Silvio Rodríguez, "Canción urgente para Nicaragua".

3 Bonsal, Cuba, *Castro, and the United States*, pp. 42–3.

4 Braddock para Departamento do Estado dos EUA, 6 de janeiro de 1959. F*oreign Relations of the United States (FRUS) 1958–60*, VI, p. 346. Esses mesmos empresários haviam pedido anteriormente que os Estados Unidos apoiassem um golpe militar para evitar uma vitória revolucionária; nesse caso, o embaixador norte-americano decidiu não seguir seu conselho, embora concordasse que os Estados Unidos "não deveriam ser [um] expectador silencioso". Em vez de um golpe, ele aconselhou o Departamento do Estado a convencer Batista a ceder a presidência a um civil apoiado pelo exército – talvez uma diferença mais teórica do que prática. Esse incidente é descrito em Paterson, *Contesting Castro*, p. 201.

5 Bonsal, *Cuba, Castro, and the United States*, p. 28.

6 Memorando do secretário--assistente do Estado para o assistente especial para relações interamericanas (Hill). "Briefing Memorandum-Cuba", 6 de fevereiro de 1959. *FRUS 1958–60*, p. 397.

7 Diretor do Gabinete de Assuntos Mexicanos e Caribenhos (Weiland) para secretário-assistente do Estado para assuntos interamericanos (Rubottom), 19 de fevereiro de 1959. *FRUS, 1958–60*, VI, p. 406.

8 Telegrama da Embaixada Norte-Americana em Cuba para o Departamento do Estado dos EUA, 11 de maio de 1959. *FRUS 1958–60*, VI, pp. 507–8.

9 Pérez, *Cuba: Between Reform and Revolution*, p. 320.

10 Bonsal, *Cuba, Castro, and the United States*, p. 72.

11 Telegrama do Departamento do Estado dos EUA, 22 de maio de 1959. *FRUS 1958–60*, VI, p. 510.

12 Telegrama do Departamento do Estado dos EUA, 23 de maio de 1959. *FRUS 1958–60*, VI, pp. 511–12.

13 Memorando de conversa, 1o de junho 1959, *FRUS 1958–60*, VI, p. 518.

14 Telegrama para o Departamento do Estado dos EUA, 12 de junho de 1959, *FRUS 1958–60*, VI, pp. 529–30.

15 Nota do Ministro do Estado dos EUA Roa para o embaixador norte--americano em Cuba (Bonsal), 15 de junho de 1959. *FRUS 1958–60*, pp. 531–34.

16 Telegrama do Departamento do Estado dos EUA para a em Cuba, 25 de junho de 1959. *FRUS 1958–60*, VI, p. 543. O encontro com Robert Kleberg, proprietário do King Ranch no Texas, e Jack Malone, gerente de suas propriedades cubanas, é descrito em Memorando de conversa, Departamento do Estado dos EUA, Washington, 24 de junho de 1959. *FRUS 1958–60*, VI, pp. 539–41. Eu seu telegrama à Embaixada Norte-Americana, Herter observou especificamente que "de sério interesse para o departamento é o relato de apropriação das propriedades pecuárias de Kleberg e outros norte-americanos" (p. 543).

17 Memorando do diretor do Gabinete de Assuntos Econômicos Regionais Interamericanos, 1o de julho de 1959. *FRUS 1958–60*, pp. 546–51; a citação é da p. 548.

18 Telegrama da Embaixada Norte-Americana em Cuba para o Departamento do Estado dos EUA, 7 de julho de 1959. *FRUS 1958–60*, pp. 553–54.

19 Telegrama da Embaixada Norte-Americana em Cuba para o Departamento do Estado dos EUA, 4 de setembro de 1959. *FRUS 1958–60*, VI, p. 596.

20 Memorando de uma conversa entre o embaixador norte-americano em Cuba (Bonsal) e o Ministro do Estado dos EUA Roa, 23 de julho de 1959. *FRUS 1958–60*, p. 572.

21 Aerograma da Embaixada Norte--Americana em Cuba para o Departamento do Estado dos EUA, 2 de agosto de 1959. *FRUS 1958–60*, VI, pp. 581–2.

22 Secretário-assistente do Estado para assuntos interamericanos do assistente especial John C. Hill, 18 de setembro de 1959. *FRUS 1958–60*, VI, p. 605.

23 28 de dezembro de 1959. *FRUS 1958–60*, VI, pp. 716–20.

24 Paterson, "Fixation with Cuba", p. 126. Ele está citando Robert Anderson, Memorando, 19 de janeiro de 1961.

25 Rubottom, 14 de janeiro de 1960. *FRUS 1958–60*, VI, p. 743.

26 4 de novembro de 1959. *FRUS 1958–60*, VI, p. 652.

27 Esse documento foi citado em Congresso dos EUA, Senado, *Alleged Assassination Plots*, p. 92.

28 Por exemplo, Fidel Castro entregou ao senador George McGovern uma lista com 24 tentativas de assassinato contra ele. A CIA admitiu "relações operacionais" com nove dos pretensos assassinos, mas alegou que não tinha planejado explicitamente as tentativas de assassinato. Por isso, o comitê não incluiu essas nove em sua investigação (Congresso dos EUA, Senado, *Alleged Assassination Plots*, p. 71). Aos poucos, foram surgindo informações a respeito do financiamento da CIA de outras tentativas de assassinato, incluindo uma realizada por Felix Rodriguez durante o treinamento da CIA para a invasão à Baía dos Porcos. Ver Rodriguez e Weisman, *Shadow*

Warrior, pp. 65–6. Segundo Fabián Escalante, do Departamento de Segurança do Estado de Cuba, a inteligência cubana descobriu 624 planos com envolvimento da CIA entre 1958 e 2000. Ver "'La lucha político-ideológica fue en todas partes', entrevista al General (r) Fabián Escalante", *Temas* 56 (set.–dez., 2008).

29 Congresso dos EUA, Senado, *Alleged Assassination Plots*, p. 85.

30 Congresso dos EUA, Senado, *Alleged Assassination Plots*, p. 74.

31 Por exemplo, um contato da CIA que tinha concordado em colocar veneno na refeição de Castro foi demitido de seu cargo no gabinete de Castro antes de executar o plano.Ver Escalante, CIA *Targets Fidel*, p. 41.

32 26 de novembro de 1959. *FRUS 1958–60*, VI, pp. 680–1.

33 4 de dezembro de 1959. *FRUS 1958–60*, VI, pp. 689–91.

34 Reunião Departamento do Estado dos EUA – Estado-Maior Conjunto dos EUA, 8 de janeiro de 1960. *FRUS 1958–60*, VI, pp. 731–4.

35 Conferência de imprensa, 26 de janeiro de 1960. *FRUS 1958–60*, VI, p. 767.

36 Ver Escalante, *The Cuba Project*, e introdução de Escalante ao fortemente censurado *CIA Targets Fidel*.

37 Congresso dos EUA, Senado, *Alleged Assassination Plots*, pp. 92–3.

38 Documento preparado pelo Comitê 5412, 16 de março de 1960. *FRUS 1958–60*, VI, pp. 850–1.

39 Turkel, 1o de julho de 1959. *FRUS 1958–60*, VI, pp. 546–8.

40 *New York Times*, 20 de fevereiro de 1960; 19 de fevereiro de 1960. Também citado em Blum, *Killing Hope*.

41 *New York Times*, 5 de março de 1960; 6 de março de 1960.

42 Para uma útil cronologia dos acontecimentos, com acesso a muitos documentos confidenciais revelados, ver o *site* do National Security Archives na Universidade George Washington, www.gwu.edu/~nsarchiv/bayofpigs/chron.html. Ver também Kornbluh, *Bay of Pigs Declassified*.

43 Hunt, *Give Us This Day*, p. 40.

44 Hunt, *Give Us This Day*, p. 45.

45 Ele descreve essa infiltração de um mês em Rodriguez e Weisman, *Shadow Warrior*, pp. 71–82. O agente da CIA Rolando Martínez foi um dos que o buscaram e o levaram de volta aos Estados Unidos (p. 82).

46 Rodriguez e Weisman, *Shadow Warrior*, p. 84.

47 Hunt, *Give Us This Day*, p. 38.

48 Paterson, "Fixation with Cuba", p. 133. Ele cita uma entrevista com Richard Bissell realizada por Lucien Vandenbroucke, 18 de maio de 1984, em Congresso dos EUA, Senado, *Alleged Assassination Plots*, e Thomas Powers, "Inside the Department of Dirty Tricks", *Atlantic Monthly* CCXLIV (agosto de 1979), p. 40.

49 Nitze Report, citado em Schoultz, *That Infernal Little Cuban Republic*, p. 172.

50 Branch e Crile, "The Kennedy Vendetta", p. 50.

51 McNamara testimony, 11 de julho de 1975, em Congresso dos EUA, Senado, *Alleged Assassination Plots*, p. 158.

52 Corn, *Blond Ghost*, é uma biografia pormenorizada de Shackley. O capítulo 4 detalha o período durante o qual ele dirigiu a estação em Miami.

53 Branch e Crile, "The Kennedy Vendetta", pp. 51–2; Portes e Stepick, *City on the Edge*, p. 126. Rodriguez confirma o caráter gigantesco e peculiar da operação em Miami: "A estação em Miami foi a única operação totalmente instalada nos Estados Unidos continentais (...). Em meados da década de 1960, ela possuía centenas de funcionários (...). Dezenas de abrigos e, literalmente, centenas de exilados cubanos como eu que trabalhavam como agentes para nossos responsáveis norte-americanos" (Rodriguez e Weisman, *Shadow Warrior*, pp. 100–1).

54 Rodriguez e Weisman, *Shadow Warrior*, p. 52.

55 Branch e Crile, "The Kennedy Vendetta", p. 56.

56 Branch e Crile, "The Kennedy Vendetta", p. 58.

57 Congresso dos EUA, Senado, *Alleged Assassination Plots*, p. 140.

58 SGA Minutes, 10 de agosto 1962, em Congresso dos EUA, Senado, *Alleged Assassination Plots*, p. 163.

59 Corn, *Blond Ghost*, p. 87. Ele cita memorandos antes confidenciais da CIA, de John McCone e McGeorge Bundy.

60 Garthoff, *Reflections on the Cuban Missile Crisis*, pp. 16–18. Ele cita Congresso dos EUA, Senado, *Alleged Assassination Plots*, pp. 139–43; Prados, *Presidents' Secret Wars*, pp. 210–13; e Schlesinger, *Robert Kennedy and His Times*, pp. 477–80 para informações gerais sobre a MONGOOSE; e Agência Central de Inteligência, "Memorandum of MONGOOSE Meeting Held on Thursday, October 4, 1962" (agora revelado), citado em Prados, *Presidents' Secret Wars*, p. 213, e Congresso dos EUA, Senado, *Alleged Assassination Plots*, p. 147, para o encontro em 4 de outubro.

61 Corn, *Blond Ghost*, p. 62. Os dois foram capturados e confessaram basicamente a mesma história que Martínez corroborou a Crile e Branch dez anos antes. Ver Corn, p. 90n.

62 Garthoff, *Reflections on the Cuban Missile Crisis*, pp. 78–9. Ele cita a tradução da carta enviada a Washington pelas Nações Unidas (telegrama n. 1802, USUN to State, 15 de novembro 1962, p. 3, secreto; agora revelado).

63 Memorando de Helms, 10/16/62, em Congresso dos EUA, Senado, *Alleged Assassination Plots*, p. 146; depoimento de Gilpatric, 8 de julho de 1975, em Congresso dos EUA, Senado, Alleged Assassination Plots, p. 159.

64 Ver Chang e Kornbluh, *The Cuban Missile Crisis*, 1962.

65 Algumas das publicações que resultaram desse movimento incluem Blight e Welch, *On the Brink*; Blight, *The Shattered Crystal Ball*; Allyn, Blight, e Welch, *Back to the Brink* e *Cuba On the Brink*.

66 Existem várias compilações de documentos disponíveis on-line, na JFK Library, www.jfklibrary.org/Historical+Resources/JFK+in+History/Cuban+Missile+Crisis.htm; no National Security Archive (incluindo documentos cubanos, soviéticos e do bloco

oriental revelados), www.gwu.edu/~nsarchiv/nsa/cuba_mis_cri/index.htm; e na Library of Congress, http://www.archives.gov/research/alic/reference/military/cuban-missile-crisis.html.

67 Schoultz, *That Infernal Little Cuban Republic*, pp. 186–7.

68 McNamara, "Forty Years after Thirteen Days" e "A Conversation in Havana"; Schoultz, *That Infernal Little Cuban Republic*, p. 187.

69 Alfredo Prieto, comunicação pessoal, janeiro de 2010.

70 Landsdale Memo, 30 de outubro 1962; depoimento de Bundy, 11 de julho de 1975, em Congresso dos EUA, Senado, *Alleged Assassination Plots*, pp. 148, 170. Ver Corn, Blond Ghost, p. 94, para o papel da crise dos mísseis no fim da MONGOOSE. Depoimento de Bundy, 11 de julho de 1975, em Congresso dos EUA, Senado, *Alleged Assassination Plots*, p. 170.

71 Memorando para Grupo Especial, 19 de junho 1963, em Congresso dos EUA, Senado, *Alleged Assassination Plots*, p. 173. CIA Review Staff para Comitê Seleto, 11 de julho de 1975, em Congresso dos EUA, Senado, *Alleged Assassination Plots*, p. 173; Ayers, *The War that Never Was*, pp. 100, 147–8, 166; Corn, *Blond Ghost*, pp. 103, 109–29.

72 Esse episódio é descrito em Congresso dos EUA, Senado, *Alleged Assassination Plots*, pp. 86–90, e Escalante, CIA Targets Fidel, pp. 78–103.

73 Escalante, CIA *Targets Fidel*, p. 90.

74 Escalante, CIA *Targets Fidel*, pp. 97–102.

75 McClintock, *Instruments of Statecraft*, p. 205, citando Marchetti e Marks, *The CIA and the Cult of Intelligence*, p. 290n; e Powers, *The Man who Kept the Secrets*, p. 199.

76 Memorando do Grupo Especial, 7 de abril de 1964, em Congresso dos EUA, Senado, *Alleged Assassination Plots*, p. 177.

77 Corn, *Blond Ghost*, pp. 111–12, citando documentos revelados da CIA. Ayers recebeu a informação de que seu grupo de comando receberia "um relato de segurança e seria terminado com o pagamento de um mês adiantado" (Ayers, *The War that Never Was*, p. 197). Ele recebeu a opção de continuar a trabalhar com equipes de infiltração, mas apenas para coleta de informações, visto que as operações de comando estavam sendo interrompidas gradualmente.

78 Corn descreve alguns dos crimes cometidos posteriormente por ex-contatos da CIA em Cuba (*Blond Ghost*, pp. 117–18).

79 Marks, *The Search for the "Manchurian Candidate"*, pp. 197–8.

80 Garthoff, *Détente and Confrontation*, p. 88.

81 Ronald Reagan, "Address to the Nation on the Situation in Nicaragua", 16 de março de 1986. Ronald Reagan Presidential Library, www.reagan.utexas.edu/archives/speeches/1986/31686a.htm.

82 *New York Times*, 12 de dezembro de 1964.

83 Stein, "Inside Omega 7". Esse "legado assassino" é descrito em Hinckle e Turner, *Deadly Secrets*, capítulo 10.

84 Dinges e Landau, *Assassination on Embassy Row*, p. 251.

85 Dinges e Landau, *Assassination on Embassy Row*, p. 251n.

86 Stein, "Inside Omega 7".

87 Por exemplo, Garfield e Santana, "The Impact of the Economic Crisis and the U.S. Embargo on Health in Cuba"; Kirkpatrick, "Role of the USA in Shortage of Food and Medicine in Cuba"; Kuntz, "The Politics of Suffering"; American Association of World Health, *Denial of Food and Medicine*.

Capítulo 4

1 Portes e Stepick, *City on the Edge*, p. 100.

2 Domínguez, "Cuba since 1959", p. 100.

3 Pérez, *Between Reform and Revolution*, p. 266.

4 Brown e Patten, "Hispanics of Cuban Origin".

5 García, "Exiles, Immigrants, and Transnationals", p. 149.

6 García, *Havana USA*, p. 14.

7 Brown e Patten, "Hispanics of Puerto Rican Origin" e "Hispanics of Dominican Origin".

8 Chomsky, *They Take Our Jobs!*, p. 68.

9 García, *Havana USA*, p. 23.

Para mais informações sobre a Operation Peter Pan, ver Torres, *The Lost Apple* e Conde, *Operation Pedro Pan*. Ambos os autores são "filhos de Peter Pan", que estudaram e escreveram a respeito de eventos que determinaram suas próprias vidas.

10 Brown e Patten, "Hispanics of Cuban Origin".

11 Portes e Stepick, *City on the Edge*, p. 17.12; Masud-Piloto, *From Welcomed Exiles to Illegal Immigrants*, pp. 80–3.

13 García, *Havana USA*, pp. 93–4.

14 Sawyer, *Racial Politics in Post--Revolutionary Cuba*, p. 160.

15 Portes e Stepick, *City on the Edge*, p. 33.

16 Portes e Stepick, *City on the Edge*, p. 139.

17 Portes e Stepick, *City on the Edge*, p. 33.

18 Martí Noticias, "En Cuba residen 108.588 ciudadanos con pasaporte español", 20 de março de 2014. http://www.martinoticias.com/content/cuba-residen-108588-ciudadanos-pasaporte-espa%C3%B1ol/33182.html

19 Citado em Gleijeses, "Cuba's First Venture in Africa", p. 161.

20 Fanon, *Black Skin, White Masks and The Wretched of the Earth; James, The Black Jacobins;* Williams, *Capitalism and Slavery*; Rodney, *How Europe Underdeveloped Africa*.

21 Guridy, *Forging Diaspora*, p. 15.22; Parascandola, Look for Me All Around You, p. 2.

23 "Introduction", em Brock e Castañeda Fuertes, Between Race and Empire, pp. 1–2. Ver também Guridy, *Forging Diaspora*.

24 Gosse, *Where the Boys Are*, pp. 121, 123, 151.

25 Marable, "Race and Revolution in Cuba", p. 91.

26 Marable, "Race and Revolution in Cuba", p. 90.

27 Gleijeses, "Moscow's Proxy", p. 98.

28 See Risquet, "La epopeya de Cuba en Africa Negra", p. 104.

29 Dominguez, "Cuba's Foreign Policy".

30 Gleijeses, "Moscow's Proxy", pp. 103, 144.

31 Ver Moore, *Castro, the Blacks, and Africa*.

32 Ver Gleijeses, *Visions of Freedom*.

33 Gleijeses, *Conflicting Missions*, p. 392; "Moscow's Proxy", p. 98. Ver também Falk, "Cuba in Africa".

34 Zimmermann, *Sandinista*, p. 9.

35 Domínguez, *To Make a World Safe for Revolution*, p. 4.

36 Blight e Brenner, *Sad and Luminous Days*, 107.

37 Gleijeses, *Conflicting Missions*, pp. 31, 32.

38 Gleijeses *Conflicting Missions*, p. 392.

39 Feinsilver, *Healing the Masses*, p. 157; Feinsilver, "Cuban Medical Diplomacy"; Huish, *Where No Doctor Has Gone*, pp. 2, 10; Kirk, "Cuban Medical Internationalism", 252.

40 Ospina, "Cuba Exports Health"; Juan Carlos Chávez, "Cuban Doctors Help Treat Injured", *Miami Herald*, 23 de janeiro de 2010.

41 Kirk, "Cuban Medical Internationalism", p. 252.

42 Feinsilver, "Cuban Medical Diplomacy".

Capítulo 5

1 Craven, *Art and Revolution in Latin America*, p. 85.

2 Fernandes, *Cuba Represent!*, p. 2.

3 González Echevarría, "Criticism and Literature", pp. 154–5.

4 Carpentier, "On the Marvelous Real in America", p. 85.

5 Carpentier, "On the Marvelous Real in America", p. 83.

6 González Echevarría, "Criticism and Literature", p. 169.

7 Smorkaloff, *Readers and Writers in Cuba*, pp. 73, 102, 155.

8 Sarah Rainsford, "Havana Book Fair Feeds Cubans' Hunger for Literature", BBC News, 20 de fevereiro de 2013, http://www.bbc.com/news/world-latin-america-21525595; Aviva Chomsky, "A Visit to Havana: A Book that Takes On Immigration Myths Makes its Cuban Debut", *Beacon Broadside*, 22 de fevereiro de 2013, http://www.beaconbroadside.com/broadside/2013/02/a-visit-to-havana-.html.9; Luis, "Lunes de Revolución y la Revolución de Lunes".

10 Luis, "Lunes de Revolución y la Revolución de Lunes". Algo comparável aconteceu com o cineasta do ICAIC Nicolás Guillén Landrián, cujos documentários foram arquivados ou banidos repetidas vezes nos anos 1960. Ver Guerra, *Visions of Power*, pp. 342-52, e Livon-Grosman, "Nicolasito's Way".

11 "In Hard Times", em Padilla, *Fuera del juego*, p. 130.

12 Fornet, "El quinquenio gris". A frase "guilhotina da censura" vem de Navarro, "Introducción al Ciclo".

13 Padura, *Havana Black: A Lieutenant Mario Conde Mystery*, p. 12.

14 Burgos, "The Story of a Testimonio", p. 53.

15 González Echevarría, "Criticism and Literature", p. 161.

16 Craven, *Art and Revolution in Latin America*, p. 81.

17 Berthier, "Memorias del subdesarrollo/Memories of Underdevelopment", pp. 99, 100.

18 López e Humy, "Sergio Giral on Filmmaking in Cuba", em Martin, *Cinemas of the Black Diaspora*, p. 277. Publicado originalmente em Black Film Review 3:1 (1986–1987), pp. 4–6.

19 "La pasión del cine: conversando de esto y aquello con Sergio Giral", n.d., Ediciones La Gota de Agua, www.edicioneslagotadeagua.com/Archivo/entrevistaconser.html.

20 Moore, *Music and Revolution*, p. 113.

21 Fernandes, *Cuba Represent!*, pp. 118–19.

22 Roberto Zurbano, citado em Fernandes, *Cuba Represent!*, p. 120.

23 Fernandes, *Cuba Represent!*, p. 122.

24 Wunderlich, "Hip Hop Pushes the Limits", pp. 70–71.

25 Pettavino e Pye, *Sport in Cuba*.

26 Sharon Robb, "Treasure Island Cuba Doesn't Just Love Sports Heroes, It Worships Them", *Sun Sentinel* [Flórida], 21 de junho de 1990. http://articles.sun-sentinel.com/1990-06-21/sports/9001140873_1_athletes-alberto-juantorena-heroes.27 Anderson, "Sports of the Times: El Duque's Man Stashes Two More".

28 PBS, "Stealing Home: The Case of Contemporary Cuban Baseball", www.pbs.org/stealinghome/debate/defections.html#mot.

29 Campoy, "Dancers Who Stretch the Limits", p. 96.

30 www.folkcuba.cult.cu/history.htm.

31 Daniel, *Dancing Wisdom*, p. 47.

32 Campoy, "Dancers Who Stretch the Limits", pp. 98–9.

33 Campoy, "Dancers Who Stretch the Limits", pp. 99, 102–3.

34 Benjamin, Collins, e Scott, *No Free Lunch*, pp. 7–8.

35 Alfredo Prieto, comunicação pessoal, janeiro de 2010.

36 Perez, *Caring for Them from Birth to Death*, p. 125.

37 Benjamin, Collins, e Scott, *No Free Lunch*, p. 114.

38 Bunck, Quest for a Revolutionary Culture, p. 17.

39 Bunck, *Quest for a Revolutionary Culture*, p. 42; Fagen, Transformation of Political Culture, p. 17.

40 Guerra, *Visions of Power*, pp. 13, 74.

41 Fagen, *Transformation of Political Culture*, p. 67.

41 Guerra, *Visions of Power*, p. 67.

42 Guerra, *Visions of Power*, p. 5.

43 Guerra, *Visions of Power*, p. 74.

44 Guerra, *Visions of Power*, pp. 14, 17.

45 Domínguez, *Cuba: Order and Revolution*, p. 198.

46 Guerra, *Visions of Power*, p. 151.

47 Guerra, *Visions of Power*, p. 8.

48 Fernandes, *Cuba Represent!*, p. 3.

Capítulo 6

1 de la Fuente, *A Nation for All*, pp. 262, 263.

2 Guerra, *Visions of Power*, p. 160.

3 Serviat, "Solutions to the Black Problem", p. 89.

4 Gosse, "The African American Press Greets the Cuban Revolution", pp. 277–8.

5 Clytus, *Black Man in Red Cuba*, pp. 157–8.

6 Brent, *Long Time Gone*, p. 145.

7 Brent, *Long Time Gone*, pp. 150, 151.

8 Brent, *Long Time Gone*, p. 203.

9 Brent, *Long Time Gone*, p. 174.

10 Sawyer, *Racial Politics in Post--Revolutionary Cuba*, p. 100.

11 Kainz e Vernon-Feagans, "The Ecology of Early Reading Development for Children in Poverty". Ver também Kozol, *The Shame of the Nation*; Frankenberg, Lee, e Orfield, *A Multiracial Society with Segregated Schools*; Orfield e Lee, *Why Segregation Matters*; Orfield e Yun, *Resegregation in American Schools*.

12 De la Fuente, "Race and Discrimination in Cuba's Special Period", p. 319.

13 De la Fuente, "Race and Discrimination in Cuba's Special Period", p. 319.

14 De la Fuente, "Race and Discrimination in Cuba's Special Period", p. 319.

15 Moore, *Castro, the Blacks, and Africa*, p. 16.

16 Sawyer, *Racial Politics in Post--Revolutionary Cuba*, p. xx.

17 Moore, *Castro, the Blacks and Africa*, p. 28.

18 Sawyer, *Racial Politics in Post--Revolutionary Cuba*, p. 6.

19 Smith e Padula, *Sex and Revolution*, p. 45.

20 Randall, T*o Change the World*, pp. 103–4.

21 República de Cuba, Ley N. 1289, Código de la Familia, artigo 27. Disponível em http://www.cepal.org/oig/doc/cub_1975_ley_1289_codfamilia.pdf.

22 Smith e Padula, *Sex and Revolution*, capítulos 8–9.

23 Safa, *The Myth of the Male Breadwinner*, p. 154.

24 Smith e Padula, *Sex and Revolution*, p. 133.

25 Benjamin, Collins e Scott, *No Free Lunch*, p. 28.

26 A Associação Americana de Psicologia definia homossexualidade como um transtorno psiquiátrico

até 1973. Apesar da proeminência do movimento de direitos gays nos Estados Unidos, o país só foi descriminalizar a homossexualidade completamente em 2003, e continua a defender práticas discriminatórias no casamento, no exército etc. Em dezembro de 2008, os Estados Unidos se recusaram a assinar uma declaração da ONU que pedia a descriminalização da homossexualidade, mas o presidente Obama voltou atrás dessa decisão em julho de 2009.

27 Lumsden, *Machos, Maricones and Gays*, p. 29.

28 Lancaster, *Life Is Hard*, p. 238.

29 Lekus, "Queer Harvests", p. 255.

30 Lockwood, *Castro's Cuba, Cuba's Fidel*, p. 107.

31 Smith e Padula, *Sex and Revolution*, p. 39.

32 Bunck, *Fidel Castro and the Quest for a Revolutionary Culture in Cuba*, p. 135.

33 Valdés, *Dear First Love*. Ver também Espin, "Leaving the Nation and Joining the Tribe".

34 Ver especialmente seu relato oral, Barreiro, *Panchito: cacique de montaña*.

35 Ver Barnet, *Afro-Cuban Religions*.

36 Ver Yaremko, *U.S. Protestant Missions in Cuba*.

37 Pérez afirma que, nos anos 1950, 400 mil cubanos eram protestantes e que havia mais igrejas e pastores protestantes do que igrejas e padres católicos na ilha. Margaret Crahan, porém, cita estudos de 1957 e 1960 que mostram que entre 50% e 75% dos cubanos se identificavam como católicos, e menos de 10% como protestantes. Pérez, *Cuba and the United States: Ties of Singular Intimacy*; Crahan, "Cuba: Religion and Revolutionary Institutionalization", p. 321.

38 Artigo 54 da Constituição.

39 Ver, por exemplo, Gonzalez, *Afro-Cuban Theology*.

40 Pixley, "Baptists and Liberation Theology".

41 Para mais detalhes sobre Suárez e o centro, ver Institute for Human Rights and Responsibilities, "Centro Memorial Martin Luther King, Jr., in Havana, Cuba", www.kingiannonviolence.info/cmmlk.html, e o site do próprio centro, www.cmlk.com, especialmente a seção sobre a história da Igreja Batista Ebenezer.

Capítulo 7

1 As lojas de dólar funcionavam com base no princípio de um aumento no preço de 140% para todos os itens vendidos. Ver Eckstein, "Dollarization and its Discontents", p. 320.

2 Banco Mundial, "Migration and Development Brief 22", 11 de abril de 2014. http://siteresources.worldbank.org/INTPROSPECTS/Resources/334934-1288990760745/MigrationandDevelopmentBrief22.pdf.

3 Dilla Alfonso, "Cuba: The Changing Scenarios of Governability", p. 65.

4 Enríquez, "Economic Reform and Repeasantization", p. 204.

5 Corrales, "The Gatekeeper State", p. 50. Uriarte afirma que 73% estavam empregados no setor público em 2000 (Uriarte, "Social Policy Responses").

6 Mesa-Lago, *The Cuban Economy Today*, p. 25.

7 Eckstein, "Dollarization and its Discontents", p. 321.

8 Mesa-Lago, *Economic and Social Disparities*, pp. 3, 4.

9 Uriarte, "Social Policy Responses", p. 110.

10 Eckstein, "Dollarization and its Discontents", p. 325.

11 Uriarte, "Social Policy Responses", p. 109.

12 Eckstein, "Dollarization and its Discontents", p. 325; Uriarte, "Social Impact of the Economic Measures", p. 289; Uriarte, "Social Policy Responses", p. 112.

13 Uriarte, "Social Policy Responses", p. 106.

14 Monreal, "Development as an Unfinished Affair", p. 75.

15 Feinsilver, "Cuban Medical Diplomacy".

16 Uriarte, "Social Policy Responses", pp. 116, 117.

17 Uriarte, "Social Policy Responses", pp. 115–16.

18 Corrales, "The Gatekeeper State", pp. 44, 45.

19 Corrales, "The Gatekeeper State", p. 45.

20 Uriarte, "Social Policy Responses", p. 109.

21 Ritter e Rowe, "Cuba: From 'Dollarization' to 'Euroization' or 'Peso Reconsolidation?'".

22 Mesa-Lago, *Economic and Social Disparities*, p. 4.

23 Mesa-Lago, *Economic and Social Disparities*, p. 6.

24 Corrales, "The Gatekeeper State", pp. 57, 59.

25 Enríquez, "Economic Reform and Repeasantization", p. 206.

26 Rossett e Benjamin, *The Greening of the Revolution.*

27 Enríquez, "Economic Reform and Repeasantization", p. 216.

28 Díaz-Briquets e Pérez-López, *Conquering Nature.*

29 Whittle e Rey Santos, "Protecting Cuba's Environment", p. 77.

30 Whittle e Rey Santos, "Protecting Cuba's Environment", p. 84.

31 Houck, "Thinking about Tomorrow".

32 Eckstein, "Dollarization and its Discontents", p. 323. No censo de 2000, 84% dos mais de 1 milhão de cubanos nos Estados Unidos se identificavam como brancos. Ver Blue, "The Erosion of Racial Equality in the Context of Cuba's Dual Economy", p. 57.

33 Ver McGarrity e Cárdenas, "Cuba"; De la Fuente e Glasco, "Are Blacks 'Getting Out of Control'?"; Pérez Sarduy, "¿Qué tienen los negros en Cuba?".

34 Blue, "The Erosion of Racial Equality", pp. 46–7.

35 Htun, "Gender Equality in Transition Policies", p. 137.

36 Shayne, *The Revolution Question*, p. 143.

37 Fusco, "Hustling for Dollars", p. 157.

38 Fusco, "Hustling for Dollars", p. 165.

39 Human Rights Watch, "Cuba: Repression", p. 7.

40 Daniel Williams, "Suddenly, the Welcome Mat Says 'You're Illegal'", *Washington Post*, 20 de agosto de 1994.

41 "12,000 Remain at Guantánamo", *Washington Post*, 19 de agosto de 1995.

42 José Pertierra, "The Cuban Five: A Cold War Case in a Post-Cold War World, Counterpunch (10–12 de julho de 2009), www.counterpunch.org/pertierra07102009.html.

43 Comentário de Tom Miller em Latino USA, KUT Radio, Austin, Texas, 5 de maio de 2006. Transcrição por Walter Lippman disponível em www.walterlippmann.com/docs608.html.

44 Stephenson, "International Educational Flows between the United States and Cuba (1959–2005)", p. 139.

45 Embora esse seja um fenômeno relativamente raro, ver Smith e Morales Domínguez, *Subject to Solution*; Coatsworth e Hernández, *Culturas encontradas*; Dominguez e Hernández, U.S.-Cuba Relations in the 1990s; Dominguez, Pérez Villanueva e Barberia, *The Cuban Economy at the Start of the Twenty-First Century*; Tulchin et al., *Changes in Cuban Society since the 1990s*; Hernández e Domínguez, *Cuba: Updating the Model*; Henken, Celaya, e Castellanos, Cuba.

46 Dilla, "Changing Scenarios of Governability", p. 61.

47 Díaz-Briquets e Pérez-López, *Corruption in Cuba*, pp. 111–13.

48 Frank, *Cuban Revelations*, pp. 86-89.

49 Hernández e Dilla, "Political Culture and Popular Participation", p. 38.

50 Blanco, *Talking About Revolution*, p. 65.

51 Azcuy, "Democracia y derechos humanos", p. 47.

52 Valdés, "Democracia y sistema político", p. 54.

53 Valdés, "Democracia y sistema político", p. 56.

54 Dilla Alfonso, "¿Cuál es la democracia deseable?", p. 186.

55 Valdés, "Democracia y sistema político", pp. 48–9.

56 Prieto, "Made in América", p. 11.

57 Blanco, *Talking About Revolution*, pp. 54–6.

58 Blanco, *Talking About Revolution*, p. 65.

59 Suárez Salazar, "El sistema electoral cubano: apuntes para una crítica", pp. 215, 216, 213.

60 Dilla Alfonso, "¿Cuál es la democracia deseable?", p. 186.

61 Azcuy Henríquez, "Estado y sociedad civil en Cuba", p. 108.

62 Azcuy Henríquez, "Estado y sociedad civil en Cuba", p. 107.63; "Report of the Cuban Communist Party (PCC) Politburo approved at the fifth PCC Central Committee plenum on 24 March; read by Army General Raul Castro". Textos traduzidos pelo FBI, 28 de março de 1996. Ver também Haroldo Dilla Alfonso, "¿Qué pasó con el Centro de Estudios sobre América?", Cubaencuentro, 24 de março de 2011, http://www.cubaencuentro.com/opinion/articulos/que-paso-con-el-centro-de-estudios-sobre-

america-259072; Giuliano, El caso CEA; Álvarez García e González, Núñez, *Intelectuales vs Revolución*.

64 Randall, *To Change the World*, p. 111.

65 Randall, *To Change the World*, p. 112.

66 *Reforma*, 14 de maio de 1996.

67 Mimi Whitefield e Juan O. Tamayo, "Raúl Castro's Attack on Intellectuals Stirs Backlash", *Knight-Ridder News Service*, 6 de maio de 1996.

68 Whitefield e Tamayo, "Raúl Castro's Attack on Intellectuals Stirs Backlash".

69 Ver IPS, "Inusual debate sobre la prostitución abre órgano de prensa", 22 de abril de 1996.

Capítulo 8

1 "Violenta crítica de Raúl Castro contra académicos y periodistas", La Jornada [México], 28 de março de 1996. www.jornada.unam.mx/1996/03/28/cuba.html.

2 A publicação conjunta entre o David Rockefeller Center for Latin American Studies de Harvard e a revista Temas de Cuba em 2013 foi intitulada *Cuba: Updating the Model* [Cuba: Atualizando o modelo] e se referia ao "novo modelo" (p. 15). A blogueira de oposição Yoani Sánchez sugeriu em 2014 que as mudanças em Cuba constituíam uma transição ou, pelo menos, uma "pré-transição". Sánchez, "Are We In Transition?", 9 de julho de 2014. Generation Y. http://generacionyen.wordpress.com/.

3 Mesa-Lago, *The Cuban Economy Today*, p. 25.

4 Pérez-López, "Rectification Redux? Cuban Economic Policy at the End of 2005", p. 1.

5 Pérez-López, "The Cuban Economy in 2005–2006", p. 13.

6 Mesa-Lago, *The Cuban Economy Today*, p. 25.

7 Mesa-Lago, *The Cuban Economy Today*, p. 27.

8 Díaz-Briquets e Pérez-López, *Corruption in Cuba*, p. 18.

9 Corrales, "The Gatekeeper State", p. 48.

10 Mesa-Lago, *The Cuban Economy Today*, p. 29.

11 See Pérez-López, "The Cuban Economy in 2005–2006", p. 10.

12 Corrales, "The Gatekeeper State", pp. 36, 46.

13 See Kapcia, "Batalla de Ideas", e Mesa-Lago e Pérez-López, *Cuba under Raúl Castro*, pp. 141-44.

14 Ritter, "Cuba's Strategic Economic Re-orientation", pp. 147–9.

15 Ritter, "Cuba's Strategic Economic Re-orientation", p. 148.

16 González, "A New 'Cold War'?" p. 65.

17 Ritter, "Cuba's Strategic Economic Re-orientation", p. 151.

18 Dilla, "The Changing Scenarios of Governability", p. 66.

19 Instituto Rebublicano Internacional, "Cuban Public Opinion Survey, 14 de março–12 de abril de 2008", http://www.iri.org/news-events-press-center/news/iri-survey-shows-more-60-percent-cubans-want-democratic-change.

20 Anistia Internacional, "The U.S. Embargo against Cuba", http://www.amnestyusa.org/research/reports/cuba-the-us-embargo-against-cuba-its-impact-on-economic-and-social-rights?page=show.

21 BBC, "Cuban Storms' Damage 'Worst Ever'", BBC News, 16 de setembro 2008. http://news.bbc.co.uk/2/hi/in_depth/7619274.stm

22 Intervención del Presidente Raúl Castro en la Asamblea Nacional del Poder Popular, 20 de dezembro de 2009. Disponível em *CubaDebate*, http://www.cubadebate.cu/opinion/2009/12/20/discurso-de-raul-castro-en-la-asamblea-nacional/#.U-GeSWPCeM1.

23 Roig-Franzia, "Raul Castro Urges Students to Debate 'Fearlessly'", *Washington Post*, 22 de dezembro de 2006.

24 Frank, *Cuban Revelations*, 145-46.

25 Juan O. Tamayo, "Cuba Dismissed 596,500 State Workers since 2009", *Miami Herald*, 24 de fevereiro de 2014.

26 Tim Padgett, "Cuba's Big Layoffs: What to Do with the Unemployed?", *Time Magazine*, 14 de setembro de 2010.

27 Díaz-Briquets e Pérez-López, *Corruption in Cuba*, p. 129. Um pequeno experimento em mercados atacadistas começou em meados de 2014, quando o governo abriu um mercado para insumos agrícolas na Ilha da Juventude. Ver Marc Frank, "Cuba Experiments with Wholesale Markets for farmers", Reuters, 1o de junho de 2014.

28 Damien Cave, "Cuba to Allow Buying and Selling of Property", *New York Times*, 3 de novembro de 2011.

29 Um experimento anterior com ZPEs em 1996-1997 não conseguiu vingar. Ver Willmore, "Export Processing Zones in Cuba"; Arch Ritter, "The Tax Regimen for the Mariel Export Processing Zone: More Tax Discrimination against Cuban Micro-enterprises and Citizens?", *The Cuban Economy*, 26 de setembro de 2013, http://thecubaneconomy.com/articles/2013/09/3802/; José Álvarez, "Foreign Investment in Socialist Cuba", Foundation for Human Rights in Cuba, maio de 2014. http://www.fhrcuba.org/wp-content/uploads/2014/05/FHRC-final-Foreign-Investment-Report-5_09_14.pdf.

30 Para uma crítica detalhada, ver Vidal Alejandro e Everleny Pérez, *La reforma monetaria en Cuba*.

31 De la Torre e A. Ize, *Exchange Rate Unification*, 11.

32 Emilio Morales e Joseph L. Scarpaci, "Remittances Drive the Cuban Economy", *The Havana Consulting Groups*, 11 de junho de 2013. http://thehavanaconsultinggroups.com/index.php?option=com_content&view=article&id=345%3Aremittances-drive-the-cuban-economy&catid=48%3Aremittances&lang=en. Segundo uma pesquisa, 68% dos cubanos que recebiam remessas as recebiam dos Estados Unidos, ao passo que 13% recebiam da Europa (sobretudo Espanha) e 19% da América Latina. Ver Orozco e Hansing, "Remittance Recipients and the Present and Future of Micro-Entrepreneurship Activities in Cuba".

33 Instituto Republicano Internacional, "Cuban Public Opinion Survey, January 20-February 20, 2013". http://

www.iri.org/IRI%20Cuba%20Survey%3A%20Repression%20of%20Free%20Speech%2C%20Civil%20Liberties%20High.

34 Marc Frank, "Cuba Reports Little Progress Five Years into Agricultural Reform", Reuters, 30 de julho de 2013. Um estudo detalhado das importações agrícolas de Cuba mostra que a produção local de frutas, verduras e legumes aumentou muito, mas as importações dominam mercados como óleo vegetal, arroz e rações animais. Ver Altieri e Funes-Monzote, "The Paradox of Cuban Agriculture". Claro, Cuba não é o único país latino-americano a depender de alimentos importados: Porto Rico importa 85% de seus alimentos e o México importa 45%. Ver Enrique Méndez, "Preocupante aumento de la dependencia alimentaria en México, informa la UEC", *La Jornada*, 21 de abril de 2014; EFE, "Puerto Rico importa 85% de lo que come", *El Nuevo Día*, 25 de agosto de 2009.

35 Lumsden, *Machos, Maricones, and Gays*, p. 102.

36 Wintz, "The Church in Cuba",

37 Catholic Relief Services, "Cuba", http://crs.org/cuba/.

38 Philip Pullella, "Pope Says Communism Has Failed in Cuba, Urges Change", Reuters, 23 de março de 2012.

39 Papa Francisco, "Evangelii Gaudium", 24 de novembro de 2013. Disponível em http://apps.washingtonpost.com/g/page/politics/pope-francis-denounces-economic-inequality-consumerism/619/.

40 Hagedorn, Divine Utterances, cap. 9; Catherine Bremer, "Santería Lures Tourist Cash to Cuba", www.reuters.com/article/idUSN2936782720070507.

41 Martínez Furé, "Modas y modos: pseudofolklorismo y folklor", p. 24.

42 Fernandes, *Cuba Represent!*, p. 46.

43 Victoria Burnett, "Cuban Moviemakers Feeling Burden of U.S. Embargo", *New York Times*, 4 de abril de 2014.

44 Stock, *On Location in Cuba*, pp. 15, 16.

45 www.oswaldopaya.org/es/up/VARELA%20PROJECT.pdf.

46 Philip Agee, "Following the Money", Granma International, 30 de julho de 2003. http://archive.today/8Y502.

47 Raphael Minder, "Exiled Cubans Living in Spain Feel Abandoned as Benefits Dry Up", *New York Times*, 1o de junho de 2012; Frank, *Cuban Revelations*, 204.

48 Jonathan Farrar, "Request for HRDF Funds for Cuban Organization", 31 de julho de 2008, https://cablegatesearch.wikileaks.org/cable.php?id=08HAVANA613&q=cuban%20for%20for%20funds%20hrdf%20organizations%20request.

49 Jonathan Farrar, "Public Criticism Touches a Nerve in the Dissident Community", 15 de abril de 2009, http://internacional.elpais.com/internacional/2010/12/16 actualidad/1292129245 4029_850215.html.

50 Frank, *Cuban Revelations*, 86.

51 Mesa-Lago, *The Cuban Economy Today*, p. 20.

52 U.S.-Cuba Trade and Economic Council, Inc., "2013-2001 U.S. Export Statistics for Cuba", abril de 2014. http://www.cubatrade.org/CubaExportStats.pdf; Marc Frank, "U.S. food sales to Cuba continued decline in 2011", Reuters, 22 de fevereiro de 2012.

53 John M. Glionna, "Bush's Cuban American Support May Be Slipping", *Los Angeles Times*, 21 de setembro de 2004; Miguel Bustillo e Carol J. Williams, "Cuban Americans' Attitudes Shift", *Los Angeles Times*, 26 de fevereiro de 2008.

54 Eckstein, *Back from the Future*, pp. 95–6.

55 Al Campbell resume a postura dos economistas cubanos: enquanto a economia capitalista busca promover o crescimento econômico, "uma economia socialista (...) se foca no bem-estar da população". Campbell, "Introduction", em *Cuban Economists on the Cuban Economy*, editado por Al Campbell, 2. Fidel Castro articulou a crítica em 2009 ao jornalista norte-americano Saul Landau: "Se buscarmos uma sociedade de consumo, nunca resolveremos nossos problemas. Olha o nosso país. Depois que as pessoas compram um carro, querem outro e então um barco e um avião. O consumismo não pode coexistir com a sobrevivência do planeta". Landau, "Fidel on Obama and Consumerism". Em certos sentidos, o buen vivir e o socialismo cubano refletem a ênfase do populista argentino Juan Perón em formas de consumo coletivas e não mercadológicas. Ver Elena, *Dignifying Argentina*.

56 Feinsilver, "Cuban Medical Diplomacy".

57 Mesa-Lago, "The Cuban Economy in 2006–2007", p. 10.

58 Mesa-Lago e Vidal-Alejandro, "The Impact of the Global Crisis on Cuba's Economy and Social Welfare", 704.

59 Caracol Radio, "'Vengo a agradecer a Cuba y a la región el apoyo a la paz': Santos", 28 de janeiro de 2014. http://www.caracol.com.co/noticias/actualidad/vengo-a-agradecer-a-cuba-y-a-la-region-el-apoyo-a-la-paz-santos/20140128/nota/2065176.aspx.

60 Ballvé, "On the 50th Anniversary of the Cuban Revolution, Obama Should Signal an End to the Embargo", *The Progressive*, 29 de dezembro de 2008, www.progressive.org/mp/balve122908.html. Esses dados se mantiveram em 2014. Ver Grenier, "2014 FIU Cuba Poll".

61 CNN, "Poll: Three-quarters favor relations with Cuba", 10 de abril de 2009. www.cnn.com/2009/POLITICS/04/10/poll.cuba/.

62 Juan O. Tamayo, "Did Obama or Romney Win the Cuban-American Vote?", *Miami Herald*, 12 de novembro de 2012.

63 Sheryl Gay Stolberg e Alexei Barrionuevo, "Obama Says U.S. Will Pursue Thaw with Cuba", *New York Times*, 17 de abril de 2009.

64 Ver Desmond Butler e Jack Gillum, "US Sent Operatives Undercover in Anti-Cuba Scheme", *Boston Globe*, 4 de agosto de 2014.

65 William M. LeoGrande, "Denying Visas to Cuban Scholars Cripples Obama's Policy of Engagement", *Huffington Post*, 14 de junho de

2014. http://www.huffingtonpost.com/william-m-leogrande/denying-visas-to-cuban-sc_b_5494140.html.

66 Mesa-Lago e Pérez-López, *Cuba Under Raúl Castro.*

67 Kapcia, "Batalla de Ideas".

68 Corrales, "The Cuban Paradox".

69 Sweig e Bustamante, "Cuba after Communism".

70 Hernández e Domínguez, *Cuba, Updating the Model*, 20.

71 Ver, por exemplo, os ensaios de Pedro Monreal e Julio Carranza em Monreal (ed.), *Development Prospects in Cuba.*

72 Ver, por exemplo, Ferriol Murúaga, "Pobreza en condiciones de reforma económica" e Hernández, "Con los pobres de la tierra".

73 Chappi Docurro, "Ganarse el pan".

74 Hernández, "Con los pobres de la tierra", p. 2.

75 Chappi Docurro, "Ganarse el pan".

Conclusão

1 Patricia Grogg, "Cuba Faces Challenge of Aging Population", *Inter Press Service News Agency*, 14 de setembro de 2012. http://www.ipsnews.net/2012/09/cuba-faces-challenge-of-aging-population/.

Bibliografia

ADORNO, Rolena. "Havana and Macondo: The Humanities in U.S. Latin American Studies, 1940–2000". In: *The Humanities and the Dynamics of Inclusion since World War II*. Editado por David A. Hollinger. Baltimore: Johns Hopkins University Press, 2006.

ALLYN, Bruce J.; Blight, James G.; David A. Welch. *Back to the Brink: The Moscow Conference on the Cuban Missile Crisis*. Lanham, MD: University Press of America, 1991.

______. *Cuba on the Brink: Fidel Castro, the Missile Crisis and the Collapse of Communism*. Nova York: Pantheon, 1993.

ALTIERI, Miguel A.; Monzote, Fernando R. Funes. "The Paradox of Cuban Agriculture". *Monthly Review* 63: 8, janeiro de 2012.

ÁLVAREZ GARCÍA, Alberto F.; NÚÑEZ, Gerardo González. *Intelectuales vs Revolución: El caso del Centro de Estudios sobre América*. Montreal: Ediciones Arte DT, 2001.

AMERICAN Association of World Health. *Denial of Food and Medicine. The Impact of the U.S. Embargo on Health and Nutrition in Cuba*. Washington, DC: American Association of World Health, 1997.

ANDERSON, Dave. "Sports of the Times: El Duque's Man Stashes Two More". *New York Times*, 11 de fevereiro de 1999.

ANISTIA Internacional. "The U.S. Embargo Against Cuba: Its Impact on Economic and Social Rights". *Amnesty International Publications*, 2009.

AYERS, Bradley Earl. *The War that Never Was: An Insider's Account of CIA Covert Operations against Cuba*. Indianápolis: Bobbs Merrill, 1976.

AZCUY, Hugo. "Democracia y derechos humanos". In: *Cuba en las Américas: Una perspectiva sobre Cuba y los problemas hemisféricos*. Editado por Centro de Estudios sobre América. Havana: Centro de Estudios sobre América, 1995.

AZCUY HENRÍQUEZ, Hugo. "Estado y sociedad civil en Cuba". *Temas* 4, 1995.

BARNET, Miguel. *Afro-Cuban Religions*. Princeton: Markus Wiener, 2001.

BARREIRO, José. *Panchito: cacique de montaña*. Santiago de Cuba: Ediciones Catedral, 2001.

BEMIS, Samuel Flagg. *The Latin American Policy of the United States: An Historical Interpretation*. Nova York: Harcourt, Brace, 1943.

BENGELSDORF, Carollee. *The Problem of Democracy in Cuba: Between Vision and Reality*. Nova York: Oxford University Press, 1994.

BENJAMIN, Jules R. *The United States and the Origins of the Cuban Revolution: An Empire of Liberty in an Age of National Liberation*. Princeton: Princeton University Press, 1990.

BENJAMIN, Medea, Joseph Collins; Scott, Michael. *No Free Lunch: Food and Revolution in Cuba Today*. San Francisco: Institute for Food and Development Policy, 1984.

BERGAD, Laird W.; García, Fe Iglesias; Barcia, María del Carmen. *The Cuban Slave Market, 1790–1880*. Cambridge: Cambridge University Press, 1995.

BERTHIER, Nancy. "Memorias del subdesarrollo/Memories of Underdevelopment". In: *The Cinema of Latin America*. Editado por Alberto

Elena e María Díaz López. Londres: Wallflower Press, 2003, pp. 99–108.

BLACK, Jan Knippers. "Introduction: Understanding the Persistence of Inequity". In: *Latin America, its Problems and its Promise: A Multidisciplinary Introduction*. 4. ed. Editado por Jan Knippers Black. Boulder: Westview Press, 2005.

BLANCO, Juan Antonio; Benjamin, Medea. *Cuba: Talking About Revolution*. Melbourne, Austrália: Ocean Press, 1994.

BLIGHT, James G. *The Shattered Crystal Ball: Fear and Learning in the Cuban Missile Crisis*. Savage, MD: Rowman and Littlefield, 1990.

BLIGHT, James G.; Brenner, Philip. *Sad and Luminous Days: Cuba's Struggle with the Superpowers after the Missile Crisis*. Lanham, MD: Rowman & Littlefield, 2007.

BLIGHT, James G.; WELCH, David A. *On the Brink: Americans and Soviets Reexamine the Cuban Missile Crisis*. Nova York: Hill and Wang, 1989.

BLUE, Sarah A. "The Erosion of Racial Equality in the Context of Cuba's Dual Economy". *Latin American Politics & Society* 49: 3, outono 2007, pp. 35–68.

BLUM, William. *Killing Hope: U.S. Military and CIA Interventions since World War II*. Atualizado ed., Monroe, ME: Common Courage Press, 2008.

BOLÍVAR, Simón. *Selected Writings of Bolívar*, vol. II, compilado por Vicente Lecuna e editado por Harold A. Bierck, Jr. Londres: Colonial Press, 1951.

BONSAL, Philip Wilson. *Cuba, Castro, and the United States*. Pittsburgh: University of Pittsburgh Press, 1971.

BOURNE, Peter G. *Fidel: A Biography of Fidel Castro*. Nova York: Dodd, Mead and Company, 1986.

BRANCH, Taylor; CRILE III, George. "The Kennedy Vendetta: How the CIA Waged a Silent War against Cuba". *Harpers Magazine* CCLI, agosto 1975.

BRENNER, Philip; JIMÉNEZ, Marguerite Rose; KIRK, John M.; LEOGRANDE, William M. eds. *A Contemporary Cuba Reader: Reinventing the Revolution*. Lanham, MD: Rowman & Littlefield, 2007.

______. *A Contemporary Cuba Reader: The Revolution under Raúl Castro*. Lanham, MD: Rowman & Littlefield, 2015.

BRENT, William Lee. *Long Time Gone: A Black Panther's True-Life Story of His Hijacking and Twenty-Five Years in Cuba*. Nova York: Random House/ Times Books, 1996.

BROCK, Lisa; Fuertes, Digna Castañeda eds. *Between Race and Empire: African-Americans and Cubans before the Cuban Revolution*. Filadélfia: Temple University Press, 1998.

BROWN, Anna; PATTEN, Eileen. "Hispanics of Cuban Origin in the United States, 2011". *Pew Hispanic Center*, 19 de junho de 2013. http://www.pewhispanic.org/2013/06/19/hispanics-of-cuban-origin-in-the-united-states-2011.

______. "Hispanics of Dominican Origin in the United States, 2011". *Pew Hispanic Center*, 19 de junho de 2013. http://www.pewhispanic.org/2013/06/19/hispanics-of-dominican-origin-in-the-united-states-2011.

______. "Hispanics of Puerto Rican Origin in the United States, 2011". *Pew Hispanic Center*, 19 de junho de 2013. http://www.pewhispanic.org/2013/06/19/hispanics-of-puerto-rican-origin-in-the-united-states-2011.

BRUNENDIUS, Claes. *Revolutionary Cuba: The Challenge of Economic Growth with Equity*. Boulder: Westview Press, 1984.

BUNCK, Julie. *Fidel Castro and the Quest for a Revolutionary Culture in Cuba*. University Park: Penn State University Press, 1994.

BURGOS, Elisabeth. "The Story of a Testimonio". *Latin American Perspectives* 26: 6, novembro 1999, pp. 53–63.

CAMPBELL, Al, ed. *Cuban Economists on the Cuban Economy*. Gainsville: University Press of Florida, 2013.

______. "Introduction". In: *Cuban Economists on the Cuban Economy*. Editado por Al Campbell. Gainsville: University Press of Florida, 2013.

CAMPOY, Ana. "Dancers Who Stretch the Limits". In: *Capitalism, God, and a Good Cigar*. Editado por Lydia Chávez. Durham: Duke University Press, 2005.

CARPENTIER, Alejo. "On the Marvelous Real in America". In: *Magical Realism: Theory, History, Community*. Editado por Wendy B. Faris e Lois Parkinson Zamora. Durham: Duke University Press, 2003.

CASAL, Lourdes. "Literature and Society". In: *Revolutionary Change in Cuba*. Editado por Carmelo Mesa-Lago. Pittsburgh: University of Pittsburgh Press, 1971.

CASTAÑEDA, Jorge G. Utopia Unarmed: The Latin American Left after the Cold War. Nova York: Alfred A. Knopf, 1993. [Ed. Bras.: *Utopia desarmada: intrigas, dilemas e promessas da esquerda latino-americana*. Tradução de Eric Nepomuceno. São Paulo: Companhia das Letras, 1994.]

______. *Compañero: The Life and Death of Che Guevara*. Nova York: Alfred A. Knopf, 1997. [Ed. Bras.: *Che Guevara: a vida em vermelho*. Tradução de Bernardo Joffily. São Paulo: Companhia das Letras, 1997.]

CHANG, Laurence; Kornbluh, Peter eds. *The Cuban Missile Crisis, 1962: A National Security Archive Documents Reader*. 2. ed. Nova York: The New Press, 1998.

CHAPPI DOCURRO, Tania. "Ganarse el pan: Ingreso y nivel de vida". Pregunta de cada día: Reseña Último Jueves de Temas. Catalejo: El Blog de Temas, 24 de julho de 2013. http://temas.cult.cu/blog/201307/resena-ultimo-jueves-julio/.

CHOMSKY, Aviva. "'Barbados or Canada?' Race, Immigration, and Nation in Early Twentieth Century Cuba". *Hispanic American Historical Review* 80: 3, agosto 2000, pp. 415–62.

______. *They Take Our Jobs! And 20 Other Myths about Immigration*. Boston: Beacon Press, 2007.

CLYTUS, John. *Black Man in Red Cuba*. Coral Gables, FL: University of Miami Press, 1970. [Ed. BRAS.: *Um preto na Cuba comunista*. Tradução de Edmond Jorge. Rio de Janeiro: Freitas Bastos 1971.]

COATSWORTH, John H.; Hernández, Rafael eds. *Culturas encontradas: Cuba y los Estados Unidos*. Havana: Centro Juan Marinello; Cambridge: Harvard University Press, 2001.

COLTMAN, Leycester. *The Real Fidel Castro*. New Haven: Yale University Press, 2005.

CONDE, Yvonne M. *Operation Pedro Pan: The Untold Exodus of 14,048 Cuban Children*. Nova York: Routledge, 1999.

CORBITT, Duvon C. "Cuban Revisionist Interpretations of Cuba's Struggle for Independence". *Hispanic American Historical Review* 43, agosto 1963, pp. 395–404.

CORN, David. *Blond Ghost*. Nova York: Simon and Schuster, 1994.

CORRALES, Javier. "The Gatekeeper State: Limited Economic Reforms and Regime Survival in Cuba". *Latin American Research Review* 39: 2, 2004, pp. 35–65.

______. "The Cuban Paradox". *Foreign Policy*, 6 de janeiro de 2014.

CRAHAN, Margaret E. "Cuba: Religion and Revolutionary Institutionalization". *Journal of Latin American Studies*, 17: 2, 1985, pp. 319–40.

CRAVEN, David. "Cuban Art and Culture". In: Cuba: *A Different America*. Editado por Wilber A. Chaffee e Gary Prevost. Rev. ed. Lanham, MD: Rowman and Littlefield, 1992.

______. *Art and Revolution in Latin America, 1910–1990*. New Haven: Yale University Press, 2006.

DANIEL, Yvonne. *Dancing Wisdom: Embodied Knowledge in Haitian Vodou, Cuban Yoruba, and Bahian Candomblé*. Champaign: University of Illinois Press, 2005.

DAVIS, Shelton H. *Victims of the Miracle: Development and the Indians of Brazil*. Cambridge: Cambridge University Press, 1977. [Ed. BRAS.: *Vítimas do milagre: o desenvolvimento e os índios do Brasil*. Tradução de Jorge Alexandre Faure Pontual. Rio de Janeiro: Zahar, 1978.]

DE LA FUENTE, Alejandro. A *Nation for All: Race, Inequality and Politics in Twentieth-Century Cuba*. Chapel Hill: University of North Carolina Press, 2001.

______. "Recreating Racism: Race and Discrimination in Cuba's Special Period". In: *A Contemporary Cuba Reader: Reinventing the Revolution*. Editado por Philip Brenner, Marguerite Rose Jiménez, John M. Kirk, e William M. LeoGrande. Lanham, MD: Rowman and Littlefield, 2007.

DE LA FUENTE, Alejandro; GLASCO, Laurence. "Are Blacks 'Getting Out of Control'? Racial Attitudes, Revolution, and Political Transition in Cuba". In: *Toward a New Cuba? Legacies of a Revolution*. Editado por Miguel A. Centeno e Mauricio Font. Boulder: Lynne Rienner, 1997.

DE LA TORRE, Augusto; Alain Ize. *Exchange Rate Unification: The Cuban Case*. Washington, DC: The Brookings Institution, December 2013.

DePALMA, Anthony. *The Man Who Invented Fidel: Castro, Cuba, and Herbert L. Matthews of the New York Times*. Nova York: Public Affairs/ Perseus, 2006.

DÍAZ-BRIQUETS, Sergio; Pérez-López, Jorge. *Conquering Nature: The Environmental Legacy of Socialism in Cuba*. Pittsburgh: University of Pittsburgh Press, 2000.

______. *Corruption in Cuba: Castro and Beyond*. Austin: University of Texas Press, 2006.

DILLA ALFONSO, Haroldo. "¿Cuál es la democracia deseable?". In: *La democracia en Cuba y el diferendo con los Estados Unidos*. Editado por Haroldo Dilla Alfonso e William I. Robinson. Havana: Centro de Estudios sobre América, 1995.

______. "Cuba: The Changing Scenarios of Governability". *Boundary 2* 29: 3, 2002, pp. 55–75.

DINGES, John; LANDAU, Saul. *Assassination on Embassy Row*. Nova York: Pantheon, 1980.

DOMÍNGUEZ, Jorge I. *Cuba: Order and Revolution*. Cambridge, MA: Harvard University Press, 1978.

______. "Cuba's Foreign Policy". *Foreign Affairs*, outono 1978.

______. *To Make a World Safe for Revolution: Cuba's Foreign Policy*. Cambridge, MA: Harvard University Press, 1989.

______. "Cuba since 1959". In: *Cuba: A Short History*. Editado por Leslie Bethell. Cambridge: Cambridge University Press, 1993.

DOMINGUEZ, Jorge I.; HERNÁNDEZ, Rafael eds. *U.S.-Cuba Relations in the 1990s*. Boulder: Westview Press, 1989.

DOMINGUEZ, Jorge I.; VILLANUEVA, Omar Everleny Pérez; BARBERIA, Lorena eds. *The Cuban Economy at the Start of the Twenty--First Century*. Cambridge, MA: Harvard University Press, 2004.

DORFMAN, Ariel. "Che Guevara: The Guerrilla". *Time Magazine*, 14 de junho de 1999.

ECKSTEIN, Susan. *Back from the Future: Cuba under Castro*. Nova York: Routledge, 2003.

______. "Dollarization and its Discontents: Remittances and the Remaking of Cuba in the Post-Soviet Era". *Comparative Politics* 36: 3, abril 2004, pp. 313–30.

ELENA, Eduardo. *Dignifying Argentina: Peronism, Citizenship, and Mass Consumption*. Pittsburgh: University of Pittsburgh Press, 2011.

ENRÍQUEZ, Laura. "Economic Reform and Repeasantization in Post-1990 Cuba". *Latin American Research Review* 38: 1, 2003, pp. 202–18.

ESCALANTE, Fabián. *CIA Targets Fidel: The Secret Assassination Report*. Melbourne: Ocean Press, 2002.

______. *The Cuba Project: CIA Covert Operations 1959–1962*. Melbourne: Ocean Press, 2004.

ESPIN, Olivia M. "Leaving the Nation and Joining the Tribe: Lesbian Immigrants Crossing Geographical and Identity Borders". In: *Sexualities*. Editado por Marny Hall. Binghamton, NY: The Hayworth Press, 1996, pp. 99–107.

EVERLENY, Omar. "Ciudad de La Habana: desempeño económico y situación social". In: *La economía cubana en el 2000: desempeño macro-económico y transformación empresarial*. Editado por Centro de Estudios de la Economía Cubana. Havana: CEEC, 2001.

FAGEN, Richard R. *The Transformation of Political Culture in Cuba*. Stanford, CA: Stanford University Press, 1969.

______. "Studying Latin American Politics: Some Implications of a *Dependencia* Approach". *Latin American Research Review* 12: 2, 1977, pp. 3–26.

______. "Latin America and the Cold War: Oh For the Good Old Days?". *LASA Forum* 26, 1995, pp. 5–11.

FALK, Pamela S. "Cuba in Africa". *Foreign Affairs* 55: 5, verão 1987, pp. 1077–96.

FANON, Frantz. *The Wretched of the Earth*. Traduzido por Richard Philcox. Nova York: Grove Press, 2004. [Ed. BRAS.: *Os condenados da terra*. Rio de Janeiro: Civilização Brasileira, 1968; 2. ed., 1979.]

______. *Black Skin, White Masks*. Traduzido por Richard Philcox. Nova York: Grove Press, 2008. [Ed. BRAS.: *Pele negra, máscaras brancas*. Tradução de Renato da Silveira. Salvador: Edufba, 2008.]

FEINSILVER, Julie. *Healing the Masses: Cuban Health Politics at Home and Abroad*. Berkeley: University of California Press, 1993.

______. "Cuban Medical Diplomacy: Where the Left Got It Right". *Council on Hemispheric Affairs*, 2006, www.coha.org/2006/10/cuban-medical-diplomacy-when-the-left-has-got-it-right/.

FERNANDES, Sujatha. *Cuba Represent! Cuban Arts, State Power, and the Making of New Revolutionary Cultures*. Durham: Duke University Press, 2006.

FERRER, Ada. *Insurgent Cuba: Race, Nation, and Revolution, 1868–1898*. Chapel Hill: University of North Carolina Press, 1999.

FERRIOL MURÚAGA, Ángela. "Pobreza en condiciones de reforma económica: El reto a la equidad en Cuba". Artigo apresentado no XXI Congress of the Latin American Studies Association. Chicago, IL. 24-26 de setembro de 1998.

FONER, Philip S. *The Spanish--Cuban-American War and the Birth of American Imperialism, 1895–1902* (Vols. 1, 2). Nova York: Monthly Review Press, 1972.

FOREIGN *Relations of the United States* (FRUS), 1958-60. Volume VI, Cuba. Disponível on-line em https://history.state.gov/historicaldocuments/frus1958-60v06.

FORNET, Ambrosio. "El quinquenio gris: revisitando el término". Ciclo: "La política cultural del período revolucionario: Memoria y reflexión". Havana: Centro Teórico-Cultural Criterios, 31 de janeiro de 2007. http://www.criterios.es/cicloquinqueniogris.htm.

FRANK, Marc. *Cuban Revelations: Behind the Scenes in Havana*. Gainesville: University Press of Florida, 2013.

FRANKENBERG, E.; LEE, C.; ORFIELD, G. *A Multiracial Society with Segregated Schools: Are We Losing the Dream?* Cambridge. MA: The Civil Rights Project at Harvard University, 2003.

FUSCO, Coco. "Hustling for Dollars: *Jineterismo* in Cuba". In: *Global Sex Workers: Rights, Resistance, and Redefinition*. Editado por Kamala Kempadoo e Jo Doezema. Nova York: Routledge, 1998.

GARCÍA, María Cristina. *Havana USA: Cuban Exiles and Cuban Americans in South Florida, 1959–1994*. Berkeley: University of California Press, 1996.

______. "Exiles, Immigrants, and Transnationals: The Cuban Communities of the United States". In *The Columbia History of Latinos in the United States since 1960*. Editado por David G. Gutiérrez. Nova York: Columbia University Press, 2006.

GARFIELD, Richard; SANTANA, S. "The Impact of the Economic Crisis and the U.S. Embargo on Health in Cuba". *American Journal of Public Health 87*, 1997, pp. 15–20.

GARTHOFF, Raymond L. *Reflections on the Cuban Missile Crisis*. Washington, DC: The Brookings Institution, 1987.

______. *Détente and Confrontation: American–Soviet Relations from Nixon to Reagan*. Rev. ed. Washington, DC: The Brookings Institution, 1994.

GERASSI, John. *Fidel Castro: A Biography*. Garden City, NY: Doubleday, 1973.

GEYER, Georgie Ann. *Guerrilla Prince: The Untold Story of Fidel Castro*. 3. ed. Kansas City, MO: Andrews McMeel, 2001.

GIULIANO, Maurizio. *El caso CEA: Intelectuales e inquisidores en Cuba*. Miami: Ediciones Universal, 1998.

GLEIJESES, Piero. "Cuba's First Venture in Africa: Algeria, 1961–1964". *Journal of Latin American Studies* 28: 1, 1996, pp. 159–95.

______. *Conflicting Missions: Havana, Washington, and Africa, 1959–1976*. Chapel Hill: University of North Carolina Press, 2002.

______. "Moscow's Proxy? Cuba and Africa, 1975–1988". *Journal of Cold War Studies* 8:4, 2006, pp. 98–146.

______. *Visions of Freedom: Havana, Washington, Pretoria and the Struggle for Southern Africa*. Chapel Hill: University of North Carolina Press, 2013.

GONZALEZ, Michelle A. *Afro-Cuban Theology: Religion, Race, Culture and Identity*. Gainesville: University Press of Florida, 2006.

GONZÁLEZ, Mónica. "A New 'Cold War'?" *Berkeley Review of Latin American Studies*, primavera 2008, pp. 65–7.

GONZÁLEZ Corzo, Mario A. "Cuba's De-Dollarization Program: Principal Characteristics and Possible Motivations". In: Association for the Study of the Cuban Economy, *Cuba in Transition* 16. Publicações da Sexta Reunião Anual da ASCE, agosto de 2006.

GONZÁLEZ ECHEVARRÍA, Roberto. "Criticism and Literature in Revolutionary Cuba". In: *Cuba: Twenty-Five Years of Revolution, 1959–1984*. Editado por Sandor Halebsky e John M. Kirk. Nova York: Praeger, 1985.

GOSSE, Van. *Where the Boys Are: Cuba, Cold War America and the Making of a New Left*. Londres: Verso, 1993.

______. "The African American Press Greets the Cuban Revolution". In: *Between Race and Empire: African--Americans and Cubans before the Cuban Revolution*. Editado por Lisa Brock e Digna Castañeda Fuertes. Filadélfia: Temple University Press, 1998.

GRENIER, Guillermo J., *et al.* 2014 Florida International University (FIU) Cuba Poll. FIU Cuban Research Institute. https://cri.fiu.edu/research/cuba-poll/.

GUERRA, Lillian. *Visions of Power in Cuba: Revolution, Redemption, and Resistance*, 1959-1971. Chapel Hill: University of North Carolina Press, 2012.

GURIDY, Frank Andre. *Forging Diaspora: Afro-Cubans and African Americans in a World of Empire and Jim Crow*. Chapel Hill: University of North Carolina Press, 2010.

HAGEDORN, Katherine J. *Divine Utterances: The Performance of Afro--Cuban Santería*. Washington, DC: Smithsonian Institution Press, 2001.

HAMILTON, Nora. "The Cuban Economy: Dilemmas of Socialist Construction". In: Cuba: *A Different America*. Editado por Wilber A. Chaffee, Jr. e Gary Prevost. Lanham, MD: Rowman and Littlefield, 1989.

HEALY, David. "One War from Two Sides: The Cuban Assessment of U.S.–Cuban Relations". *Cercles 5*, 2002, pp. 31–8.

HELG, Aline. *Our Rightful Share: The Afro-Cuban Struggle for Equality, 1886–1912*. Chapel Hill: University of North Carolina Press, 1995.

HENKEN, Ted; CELAYA, Miriam; CASTELLANOS, Dimas. *Cuba (Latin America in Focus)*. Santa Bárbara, CA: ABC-CLIO, 2013.

HERNÁNDEZ, Rafael, moderador. "Con los pobres de la tierra". Debate com Ángela Ferriol, Maria del Carmen Zabala e Mayra Espina. Havana: Centro

Cultural Cinematográfico ICAIC, maio de 2003. http://www.temas.cult.cu/debates/libro%201/UJ1-06_Pobreza.pdf.

HERNÁNDEZ, Rafael; DILLA, Haroldo. "Political Culture and Popular Participation". In: *The Cuban Revolution into the 1990s: Cuban Perspectives*. Editado por Centro de Estudios Sobre América. Boulder: Westview Press, 1992.

HERNÁNDEZ, Rafael; DOMÍNGUEZ, Jorge. *Cuba, Updating the Model: Balance and Perspectives of Socialist Transition*. Cambridge, MA: David Rockefeller Center for Latin American Studies, 2013.

HERSH, Seymour M. *The Price of Power: Kissinger in the Nixon White House*. Nova York: Summit Books, 1984.

HINCKLE, Warren; TURNER, William W.. *Deadly Secrets: The CIA–Mafia War against Castro and the Assassination of J.F.K.* Nova York: Thunder's Mouth Press, 1993.

HOUCK, Oliver A. "Thinking about Tomorrow: Cuba's 'Alternative Model' for Sustainable Development". *Tulane Environmental Law Journa*l 16. Special Issue: *Environmental Law and Sustainable Development in 21st Century Cuba*, verão 2003, pp. 521–32.

HTUN, Mala. "Gender Equality in Transition Policies: Comparative Perspectives on Cuba". In: *Looking Forward: Comparative Perspectives on Cuba's Transition*. Editado por Marifeli Pérez-Stable. Notre Dame: University of Notre Dame Press, 2007.

HUISH, Robert. *Where No Doctor Has Gone Before: Cuba's Place in the Global Health Landscape*. Waterloo, Ontário, Canadá: Wilfred Laurier University Press, 2013.

HUMAN Rights Watch. *Cuba: Repression, the Exodus of August 1994, and the U.S. Response*. Nova York: Human Rights Watch, 1994.

HUNT, E. Howard. *Give Us This Day*. Nova York: Arlington House, 1973.

JAMES, C. L. R. *The Black Jacobins: Toussaint L'Ouverture and the San Domingo Revolution*. Londres: Secker and Warburg, 1938.

JANOS, Leo. "The Last Days of the President". *Atlantic*, julho 1973.

Jenks, Leland H. *Our Cuban Colony: A Study in Sugar*. Nova York: Vanguard Press, 1928.

KAINZ, K.; VERNON-FEAGANS, L. "The Ecology of Early Reading Development for Children in Poverty". *The Elementary School Journal*, 107: 5, 2007, pp. 407–27.

KAPCIA, Antoni. "Batalla de Ideas: Old Ideology in New Clothes?". In: *A Changing Cuba in a Changing World*. Editado por Mauricio A. Font. Nova York: Bildner Center for Western Hemisphere Studies, 2008.

KIRK, John M. "Cuban Medical Internationalism under Raúl Castro". In: *A Contemporary Cuba Reader: The Revolution under Raúl Castro*. Editado por Philip Brenner, Marguerite Rose Jiménez, John M. Kirk, e William M. Leogrande. Lanham, MD: Rowman & Littlefield, 2014.

KIRK, John; McKENNA Peter. "Trying to Address the Cuban Paradox". *Latin America Research Review* 34: 2, 199, pp. 214–26.

KIRKPATRICK, A. F. "Role of the USA in Shortage of Food and Medicine in Cuba". *The Lancet* 348, 1996, pp. 1489–91.

KOHAN, Nestor; SCHERMA, Nahuel. *Fidel: A Graphic Novel Life of Fidel Castro*. Nova York: Seven Stories Press, 2008.

KORNBLUH, Peter, ed. *Bay of Pigs Declassified: The Secret CIA Report on the Invasion of Cuba*. Nova York: The New Press, 1998.

KOZOL, Jonathan. *Children of the Revolution: A Yankee Teacher in the Cuban Schools*. Nova York: Dell, 1978.

______. *The Shame of the Nation: The Restoration of Apartheid Schooling in America*. Nova York: Random House, 2005.

KUNTZ, D. "The Politics of Suffering: The Impact of the U.S. Embargo on the Health of the Cuban People. Report of a Fact-Finding Trip to Cuba, June 6–11, 1993". *International Journal of Health Services* 24, 1994, pp. 161–79.

LACEY, Marc. "In Cuba, Hopeful Tenor toward Obama is Ebbing". *New York Times*, 30 de dezembro de 2009.

LANCASTER, Roger N. Life Is Hard: *Machismo, Danger, and the Intimacy of Power in Nicaragua*. Berkeley: University of California Press, 1993.

LANDAU, Saul. "Fidel on Obama and Consumerism". *CounterPunch*, 23-25 de outubro de 2009.

LEINER, Marvin. "The 1961 Cuban National Literacy Campaign". In: *National Literacy Campaigns: Comparative and Historical Perspectives*. Editado por Robert F. Arnove e Harvey J. Graff. Nova York: Plenum Press, 1987.

LEKUS, Ian. "Queer Harvests: Homosexuality, the U.S. New Left, and the Venceremos Brigades to Cuba". In: *Imagining Our Americas: Toward a Transnational Frame*. Editado por Sandhya Rajendra Shukla e Heidi Tinsman. Durham: Duke University Press, 2007.

LEOGRANDE, Leo M.; THOMAS, Julie M. "Cuba's Quest for Economic Independence". *Journal of Latin American Studies* 34:2 (maio 2002), 325–63.

LEONARD, Thomas M. *Fidel Castro: A Biography*. Westport, CT: Greenwood Press, 2004.

LISS, Sheldon B. *Roots of Revolution: Radical Thought in Cuba*. Lincoln: University of Nebraska Press, 1987.

ERNESTO Livon-Grosman. "Nicolasito's Way: Los sinuosos caminos de la estética revolucionaria". La Fuga [Chile]. http://www.lafuga.cl/nicolasitos-way/657.

LOCKWOOD, Lee. *Castro's Cuba, Cuba's Fidel: An American Journalist's Inside Look at Today's Cuba in Text and Picture*. Nova York: Vintage Edition, 1967.

LÓPEZ, Ana M.; HUMY, Nicholas Peter. "Sergio Giral on Filmmaking in Cuba". In: *Cinemas of the Black Diaspora: Diversity, Dependence, and Oppositionality*. Editado por Michael T. Martin. Detroit: Wayne State University Press, 1995, pp. 274–80. Publicado originalmente em *Black Film Review* 3:1, 1986–87, pp. 4–6.

LUIS, William. "Lunes de Revolución y la Revolución de Lunes". *Otro Lunes: Revista Hispanoamericana de Cultura* 1, maio 2007, http://otrolunes.com/archivos/01/html/sumario/este-lunes/este-lunes-n01-a07-p01-200705.html.

LUMSDEN, Ian. *Machos, Maricones, and Gays: Cuba and Homosexuality*. Filadélfia: Temple University Press, 1996.

LUTJENS, Sheryl L. "Restructuring Childhood in Cuba: The State as Family". In: *Children in the Streets of the Americas*. Editado por Roslyn Arlin Mickelson. Nova York: Routledge, 2000.

MARABLE, Manning. "Race and Revolution in Cuba: African American Perspectives". In: *Dispatches from the Ebony Tower: Intellectuals Confront the African American Experience*. Editado por Manning Marable. Nova York: Columbia University Press, 2000.

MARCHETTI, Victor; MARKS, John D. *The CIA and the Cult of Intelligence*. Nova York: Dell, 1974. [Ed. BRAS. *A CIA e o culto da inteligencia*. Rio de Janeiro: Nova Fronteira, 1974.]

MARKS, John. *The Search for the "Manchurian Candidate": The CIA and Mind Control, the Story of the Agency's Secret Efforts to Control Human Behavior*. Nova York: Times Books, 1979.

MARTÍ, José. "Nuestra América". *El Partido Liberal* (Cidade do México), 5 de março de 1892.

MARTÍNEZ FURÉ, Rogelio. "Modas y modos: pseudofolklorismo y folklor". Entrevista realizada por Evangelina Chio, *Revolución y Cultura* 33: 5, setembro–outubro1994, pp. 32–5.

MASUD-PILOTO, Felix Roberto. *From Welcomed Exiles to Illegal Immigrants: Cuban Migration to the U.S., 1959–1995*. Lanham, MD: Rowman and Littlefield, 1996.

McCLINTOCK, Michael. *Instruments of Statecraft*. Nova York: Pantheon, 1992.

McGARRITY, Gayle; CÁRDENAS, Osvaldo. "Cuba". In: *No Longer Invisible: Afro-Latin Americans Today*. Editado por Minority Rights Group. Londres: Minority Rights Publications, 1995, pp. 77–107.

McNAMARA, Robert S. "A Conversation in Havana". *Arms Control Today*, novembro de 2002, www.armscontrol.org/act/2002_11/cubanmissile.

______. "Forty Years after Thirteen Days". *Arms Control Today*, novembro de 2002, www.armscontrol.org/act/2002_11/cubanmissile.

MESA-LAGO, Carmelo. *Growing Economic and Social Disparities in Cuba: Impact and Recommendations for Change*. Miami: University of Miami Institute for Cuban and Cuban-American Studies/Cuba Transition Project, 2002.

______. *The Cuban Economy Today: Salvation or Damnation?* Miami: University of Miami Institute for Cuban and Cuban-American Studies/Cuba Transition Project, 2005.

MESA-LAGO, Carmelo; VIDAL-ALEJANDRO, Pavel. "The Impact of the Global Crisis on Cuba's Economy and Social Welfare". *Journal of Latin American Studies* 42, 2010.

MESA-LAGO, Carmelo, e Jorge Pérez-López. *Cuba under Raúl Castro: Assessing the Reforms*. Boulder: Lynne Rienner, 2013.

MONREAL, Pedro. "Development as an Unfinished Affair: Cuba after the 'Great Adjustment' of the 1990s". *Latin American Perspectives* 29: 3, maio 2002, pp. 75–90.

______. ed. *Development Prospects in Cuba: An Agenda in the Making*. Londres: Institute of Latin American Studies, University of London, 2002.

MOORE, Carlos. *Castro, the Blacks, and Africa*. Los Angeles: Center for Afro-American Studies, UCLA, 1988.

MOORE, Robin. *Nationalizing Blackness: Afrocubanismo and Artistic Revolution in Havana*, 1920–1940. Pittsburgh: University of Pittsburgh Press, 1997.

______. "Black Music in a Raceless Society: Afro-Cuban Folklore and Socialism". *Cuban Studies* 37 (2006), 1–32.

______. *Music and Revolution: Cultural Change in Socialist Cuba*. University of California Press, 2006.

MORLEY, Morris H. *Imperial State and Revolution: The United States and Cuba 1952–1986*. Cambridge: Cambridge University Press, 1987.

NAVARRO, Desidero. "Introducción al Ciclo: 'La política cultural del período revolucionario: Memoria y reflexión'". Havana: Centro Teórico-Cultural Criterios, 31 de janeiro de 2007. http://www.criterios.es/cicloquinqueniogris.htm.

NEARING, Scott; FREEMAN, Joseph. *Dollar Diplomacy: A Study in American Imperialism*. Nova York: B. W. Heubsch and the Viking Press, 1925.

OPATRNÝ, Josef. *U.S. Expansionism and Cuban Annexationism in the 1850s*. Lewiston, NY: E. Mellen Press, 1993.

ORFIELD, G.; LEE, C. *Why Segregation Matters: Poverty and Educational Inequality*. Cambridge, MA: The Civil Rights Project at Harvard University, 2005.

ORFIELD, G.; YUN, J. T. *Resegregation in American Schools*. Cambridge, MA: The Civil Rights Project at Harvard University, 1999.

OROZCO, Manuel; HANSING, Katrin. "Remittance Recipients and the Present and Future of Micro-Entrepreneurship Activities in Cuba". In: Association for the Study of the Cuban Economy, *Cuba in Transition* 21. Publicações da Vigésima Primeira Reunião Anual da ASCE, 2011

ORTIZ, Fernando. *Cuban Counterpoint: Tobacco and Sugar*. Traduzido por Harriet de Onis. Nova York: Alfred Knopf, 1947 Reprint ed. Durham, NC: Duke University Press, 1995.

OSPINA, Hernando Calvo. "Cuba Exports Health". *Le Monde Diplomatique* International Edition, agosto 2006, http://mondediplo.com/2006/08/11cuba.

PADILLA, Heberto. "Fuera del juego". Traduzido por Jorge Guitart. *Dissent Magazine*, primavera 1973.

PADURA, Leonardo. *Havana Black: A Lieutenant Mario Conde Mystery*. Londres: Bitter Lemon Press, 2006.

PARASCANDOLA, Louis J. *Look for Me All Around You: Anglophone Caribbean Immigrants in the Harlem Renaissance*. Detroit: Wayne State University Press, 2005.

PATERSON, Thomas G. "Fixation with Cuba: The Bay of Pigs, Missile Crisis, and Covert War against Castro". In: *Kennedy's Quest for Victory: American Foreign Policy, 1961–1963*. Editado por Thomas G. Paterson. Nova York: Oxford University Press, 1989.

______. *Contesting Castro: The United States and the Triumph of the Cuban Revolution*. Nova York: Oxford University Press, 1994.

PEREZ, Christina. *Caring for Them from Birth to Death: The Practice of Community-Based Cuban Medicine*. Plymouth, UK: Lexington Books, 2008.

PÉREZ JR., Louis A. *Lords of the Mountain: Social Banditry and Peasant Protest in Cuba, 1878–1918*. Pittsburgh: University of Pittsburgh Press, 1989.

______. "History, Historiography, and Cuban Studies: Thirty Years Later". In: *Cuban Studies since the Revolution*. Editado por Damián Fernández. Gainesville: University Press of Florida, 1992.

______. *Cuba: Between Reform and Revolution*. 2. ed. Nova York: Oxford University Press, 1995.

______. *On Becoming Cuban: Identity, Nationality and Culture*. Chapel Hill: University of North Carolina Press, 1999.

______. *Cuba and the United States: Ties of Singular Intimacy*. 3. ed. Athens: University of Georgia Press, 2003.

PÉREZ DE LA RIVA, Juan. *La república neocolonial* (Anuario de Estudios Cubanos vols. 1 e 2). Havana: Instituto Cubano del Libro/Editorial de Ciencias Sociales, 1973, 1979.

PÉREZ SARDUY, Pedro. "¿Qué tienen los negros en Cuba?". *América Negra* 15, 1998, pp. 217–28.

PÉREZ-LÓPEZ, Jorge F. "Rectification Redux? Cuban Economic Policy at the End of 2005". *Cuban Affairs* 1: 1, janeiro 2006.

______. "The Cuban Economy in 2005–2006: The End of the Special Period?". In: Association for the Study of the Cuban Economy, *Cuba in Transition* 16. Proceedings of the Sixteenth Annual Meeting of the ASCE, agosto 2006, pp. 1–13.

PÉREZ-STABLE, Marifeli. "Review: The Field of Cuban Studies". *Latin American Research Review* 26: 1, 1991, pp. 239–50.

PETTAVINO, Paula; PYE, Geralyn. *Sport in Cuba: The Diamond in the Rough*. Pittsburgh: University of Pittsburgh Press, 1994.

PIXLEY, Jorge. "Baptists and Liberation Theology: Mexico, Central America, and the Caribbean". *Baptist History and Heritage*, inverno 2000.

PORTES, Alejandro; STEPICK, Alex. *City on the Edge: The Transformation of Miami*. Berkeley: University of California Press, 1993.

POWERS, Thomas. "Inside the Department of Dirty Tricks". *Atlantic Monthly* CCXLIV, agosto 1979.

______. *The Man who Kept the Secrets: Richard Helms and the CIA*. Nova York: Pocket Books, 1979.

POYO, Gerald E. "Evolution of Cuban Separatist Thought in the Emigré Communities of the United States, 1848–1895". *Hispanic American Historical Review* 66: 3, agosto 1986, pp. 485–507.

______. *"With All, and for the Good of All": The Emergence of Popular Nationalism in the Cuban Communities of the United States*. Durham: Duke University Press, 1989.

PRADOS, John. *Presidents' Secret Wars: CIA and Pentagon Secret Operations since World War II*. Nova York: William Morrow, 1986.

PREBISCH, Raúl. *The Economic Development of Latin America and its Principal Problems*. Nova York: United Nations, 1950.

PRIETO, Alfredo. "Made in América: La imagen de Cuba en el exterior". In: *Cuba en las Américas: Una perspectiva sobre Cuba y los problemas hemisféricos*. Editado por Centro de Estudios sobre América. Havana: Centro de Estudios sobre América, 1995.

QUINN, Kate. "Cuban Historiography in the 1960s: Revisionists, Revolutionaries, and the Nationalist Past". *Bulletin of Latin American Research* 26: 3, 2007, pp. 378–98.

QUIRK, Robert E. *Fidel Castro*. Nova York: W. W. Norton, 1995.

QUIROZ, Alfonso W. "Martí in Cuban Schools". In: *The Cuban Republic and José Martí: Reception and Use of a National Symbol*. Editado por Mauricio Augusto Font e Alfonso W. Quiroz. Lanham, MD: Lexington Books, 2006.

RAMONET, Ignacio. *Fidel Castro: My Life: A Spoken Autobiography*. Nova York: Scribner, 2008.

RANDALL, Margaret. *To Change the World: My Years in Cuba*. New Brunswick, NJ: Rutgers University Press, 2009.

RIPOLL, Carlos. "Writers and Artists in Today's Cuba". In: *Cuban Communism*. Editado por Irving Louis Horowitz. 7. ed. New Brunswick, NJ: Transaction Publishers, 1989.

RISQUET, Jorge. "La epopeya de Cuba en África negra". In: *Cuba y Africa: Historia común de lucha y sangre*. Editado por Piero Gleijeses, Jorge Risquet e Fernando Remírez. Havana: Editorial de Ciencias Sociales, 2007.

RITTER, Archibald R. M. "Cuba's Strategic Economic Re-orientation". In: Association for the Study of the Cuban Economy, *Cuba in Transition* 16. Publicações da Décima-sexta Reunião Anual da ASCE, agosto 2006, pp. 140–54.

RITTER, Archibald R. M.; ROWE, Nicholas. "Cuba: From 'Dollarization' to 'Euroization' or 'Peso Reconsolidation?'". *Latin American Politics and Society* (verão 2002), 99–123.

ROCA, Sergio G. "The *Comandante* in His Economic Labyrinth". In: *Conflict and Change in Cuba*. Editado por Enrique A. Baloyra e James A. Morris. Albuquerque: University of New Mexico Press, 1993.

RODNEY, Walter. *How Europe Underdeveloped Africa*. Londres: Bogle-L'Ouverture Publications, 1972. [*Como a Europa subdesenvolveu a África*. Lisboa: Serra Nova, 1975.]

RODRIGUEZ, Felix I.; WEISMAN, John. *Shadow Warrior: The CIA Hero of a Hundred Unknown Battles*. Nova York: Simon and Schuster, 1989.

RODRÍGUEZ EXPOSITO, Cesar. *Hatuey, el primer libertador de Cuba*. Havana: Cubanacán, 1944.

ROIG DE LEUCHSENRING, Emilio. *La Enmienda Platt: Su interpretación primitiva y sus aplicaciones posteriores hasta 1921*. Havana: Siglo XX, 1922.

______. *Análisis y consecuencias de la intervención norteamericana en los asuntos interiores de Cuba*. Havana: Siglo XX, 1923.

ROMAN, Peter. *People's Power: Cuba's Experience with Representative Government*. Updated edition. Lanham, MD: Rowman & Littlefield, 2003.

ROSSETT, Peter; BENJAMIN, Medea. *The Greening of the Revolution: Cuba's Experiment with Organic Agriculture*. Melbourne: Ocean Press, 1995.

ROSTOW, Walt W. *The Stages of Economic Growth: A Non-Communist Manifesto*. Cambridge: Cambridge University Press, 1960. [Ed. BRAS.: *Etapas do desenvolvimento econômico: um manifesto não comunista*. Tradução de Octavio Alves Velho e Sergio Goes de Paula. Rio de Janeiro: Zahar, 1974.]

SAFA, Helen. *The Myth of the Male Breadwinner: Women and Industrialization in the Caribbean*. Boulder: Westview Press, 1995.

SAWYER, Mark Q. *Racial Politics in Post-Revolutionary Cuba*. Nova York: Cambridge University Press, 2006.

SCHLESINGER JR., Arthur M. *Robert Kennedy and His Times*. Boston: Houghton Mifflin, 1978.

SCHOULTZ, Lars. *That Infernal Little Cuban Republic: The United States and the Cuban Revolution*. Chapel Hill: University of North Carolina Press, 2009.

SERVIAT, Pedro. "Solutions to the Black Problem". In: *AfroCuba: An Anthology of Cuban Writing on Race, Politics and Culture*. Editado por Pedro Pérez Sarduy e Jean Stubbs. Melbourne: Ocean Press, 1993.

SHAYNE, Julie D. *The Revolution Question: Feminisms in El Salvador, Chile, and Cuba*. New Brunswick, NJ: Rutgers University Press, 2004.

SHNOOKAL, Deboarah; MUÑIZ, Mirta, eds. *José Martí Reader: Writings on the Americas*. Melbourne: Ocean Press, 1999.

SILVERMAN, B., ed. *Man and Socialism in Cuba: The Great Debate*. Nova York: Atheneum, 1971.

SKIERKA, Volker. *Fidel Castro: A Biography*. Cambridge: Polity, 2004.

SMITH, Lois M.; PADULA, Alfred. *Sex and Revolution: Women in Socialist Cuba*. Nova York: Oxford University Press, 1996.

SMITH, Peter H. "Memoirs from LASA's 14th President". *LASA Forum* XXXVII (primavera 2006), 20-22.

SMITH, Wayne S.; DOMÍNGUEZ, Esteban Morales, eds. *Subject to Solution: Problems in Cuban-U.S. Relations*. Boulder: Lynne Rienner, 1988.

SMORKALOFF, Pamela Maria. *Readers and Writers in Cuba: A Social History of Print Culture, 1830s–1990s*. Nova York: Garland Reference Library of the Humanities, 1997.

STEIN, Jeff. "Inside Omega 7". *Village Voice*, 10 de março de 1980.

STEPHENSON, Skye. "International Educational Flows between the United States and Cuba (1959–2005): Policy Winds and Exchange Flows". *Cuban Studies* 37, 2006, pp. 122–55.

STOCK, Ann Marie. *On Location in Cuba: Street Filmmaking during Times of Transition*. Chapel Hill: University of North Carolina Press, 2009.

______. "Zooming In: Making and Marketing Films in Twenty-First Century Cuba". In: *A Contemporary Cuba Reader: The Revolution under Raúl Castro*. Editado por Philip Brenner, Marguerite Rose Jiménez, John M. Kirk, e William M. Leogrande. Lanham, MD: Rowman & Littlefield, 2014.

SUÁREZ SALAZAR, Luis. "El sistema electoral cubano: apuntes para una crítica". In: *La democracia en Cuba y el diferendo con los Estados Unidos*. Editado por Haroldo Dilla Alfonso e William I. Robinson. Havana: Centro de Estudios sobre América, 1995.

SWEIG, Julia E. *Inside the Cuban Revolution: Fidel Castro and the Urban Underground*. Cambridge, MA: Harvard University Press, 2002.

SWEIG, Julia E., e Michal J. BUSTAMANTE. "Cuba after Communism: The Economic Reforms that are Transforming the Island". *Foreign Affairs*, jul./ago. 2013

SZULC, Tad. *The Illusion of Peace: Foreign Policy in the Nixon Years*. Nova York: Viking Press, 1978.

______. *Fidel: A Critical Portrait*. Nova York: Morrow, 1986. [Ed. bras.: *Fidel: um retrato critico*. 2. ed. Tradução de Jusmar Gomes. São Paulo: Best Seller, 1987.]

TORRES, María de los Ángeles. *The Lost Apple: Operation Pedro Pan, Cuban Children in the US and the Promise of a Better Future*. Boston, MA: Beacon Press, 2003.

TULCHIN, Joseph S.; BOBEA, Lilian; PRIETO, Mayra P. Espina; HERNÁNDEZ, Rafael, eds. *Changes in Cuban Society since the 1990s*. Woodrow Wilson International Center for Scholars, 2005.

URIARTE, Miren. "Social Policy Responses to Cuba's Economic Crisis of the 1990s". *Cuban Studies* 35, 2004, pp. 105–36.

______. "Social Impact of the Economic Measures". In: *A Contemporary Cuba Reader: Reinventing the Revolution*. Editado por Philip Brenner, Marguerite Rose Jiménez, John M. Kirk, e William LeoGrande. Lanham, MD: Rowman and Littlefield, 2007, pp. 285–91.

VALDÉS, Juan. "Democracia y sistema político". In: *Cuba en las Américas: Una perspectiva sobre Cuba y los problemas hemisféricos*. Editado por Centro de Estudios sobre América. Havana: Centro de Estudios sobre América, 1995.

VALDÉS, Zoé. *Dear First Love: A Novel*. Traduzido por Andrew Hurley. Nova York: Harper Collins, 2002.

VIDAL ALEJANDRO, Pavel; PÉREZ, Omar Everleny. *La reforma monetaria en Cuba: Entre gradualidad y "big bang"*. Washington, DC: The Brookings Institution/Foreign Policy at Brookings, 2013.

VILAS, Carlos M. "Is Socialism Still an Alternative for the Third World?". *Monthly Review*, julho–agosto 1990.

WHITTLE, Daniel; SANTOS, Orlando Rey. "Protecting Cuba's Environment: Efforts to Design and Implement Effective Environmental Laws and Policies in Cuba". *Cuban Studies* 37, 2006, pp. 73–103.

WILLIAMS, Eric. *Capitalism and Slavery*. Chapel Hill: University of North Carolina Press, 1944.

WILLMORE, Larry. "Export Processing Zones in Cuba". In: *The Cuban Economy*. Editado por Archibald R. M. Ritter. Pittsburgh: University of Pittsburgh Press, 2004.

WINN, Peter, ed. *Victims of the Chilean Miracle: Workers and Neoliberalism in the Pinochet Era, 1973–2002*. Durham: Duke University Press, 2004.

WINTZ, Jack. "The Church in Cuba: Is a New Day Dawning?". *St. Anthony's Messenger Magazine*, maio de 1996 (edição on-line), www.americancatholic.org/Messenger/May1996/feature1.asp.

WUNDERLICH, Annelise. "Hip Hop Pushes the Limits". In: *Capitalism, God, and a Good Cigar: Cuba Enters the Twenty-First Century*. Editado por Lydia Chávez. Durham: Duke University Press, 2005.

YAREMKO, Jason M. U.S. *Protestant Missions in Cuba: From Independence to Castro*. Gainesville: University Press of Florida, 2000.

______. "'Gente bárbara': Indigenous Rebellion, Resistance and Persistence in Colonial Cuba, c. 1500-1800". *Kacike: The Journal of Caribbean Amerindian History and Anthropology*, 20 dez. 2006.

ZIMMERMANN, Matilde. *Sandinista: Carlos Fonseca and the Nicaraguan Revolution*. Durham: Duke University Press, 2001.

Impresso na gráfica Voxel, com papel offset 90 gramas